イギリス二〇〇三年性犯罪法

横山　潔　編訳

成　文　堂

編訳者はしがき

本書は、「二〇一一年「二〇〇三年性犯罪法」（救済）（スコットランド）命令」（スコットランド法律的文書第四五号）(Sexual Offences Act 2003 (Remedial) (Scotland) Order 2011) [S.S.I.2011/45] による改正までの正文を含む、「二〇〇三年性犯罪法」本文の邦訳である。

連合王国では、イングランドおよびウェールズ地方において、性犯罪を規制するこれまでの制定法の中核となる法律は、「一九五六年性犯罪法」であった。しかし、その制定後も、必要に応じて、性犯罪関係法律が制定され、公娼の街頭における徘徊・売春勧誘（「一九五九年街頭犯罪法」）、精神障害の女性との不法な性交（「一九五九年精神保健法」）、一四歳未満の児童との重大な品位を欠く行為（「一九六〇年対児童淫行法」）等々の性犯罪行為が、法的規制の対象に加えられてきた。最近では、「一九九七年性犯罪者法」による、性犯罪者の氏名・住所等の警察への届出の義務付け、「二〇〇〇年刑事司法及び裁判所業務法」による、「対児童犯罪」を行った者に対する、児童に接触する業務への就業を禁止する資格剥奪命令の導入、対児童淫行の罪における対象児童の一四歳未満から一六歳未満への年齢引上げ、「二〇〇〇年性犯罪（改正）法」による、同性愛行為の合法年齢の一六歳までの引下げ、「信用ある地位の濫用の罪」の新設等々、性犯罪規制法律は、その都度制定される複数の性犯罪立法によって補充されて、現在へと至っているのが、実情である。

このような立法動向の中にあって、既に指摘したように、性犯罪諸立法を整備・統合することの必要性が認識されるに至り、「二〇〇三年性犯罪法」が、二〇〇三年一一月二〇日に裁可を得て成立し、二〇〇四年五月一日に施行されることとなった。

イギリス政府の示した性犯罪法律改革の要望、新性犯罪法の概要、性犯罪法律改革の要望に対する新性犯罪法の対応は、先に掲載した「イギリス「二〇〇三年性犯罪法」の成立—旧性犯罪法律の包括的整備—」（『比較法雑誌』（日本比較法研究所発行）第三八巻第二号（二〇〇四年九月三〇日））で示したところであるが、これらを実際に裏付けるためにも、そしてまた、立法作業の枢要を知り、イギリス法特有の条項の細部にわたる個々の文言、即ち、これを一言で表現すれば、イギリス性犯罪立法の「規定ぶり」を吟味するためにも、「二〇〇三年性犯罪法」に直接接することが肝要と考え、ここに同法の本文を邦訳することとした。

「二〇〇三年性犯罪法」の制定時の法文邦訳は、『比較法雑誌』（日本比較法研究所発行）第三八巻第二号（二〇〇四年九月三〇日）と同第四号（二〇〇五年三月三〇日）に掲載済みであるが、その後、現在までに、同法に対し、幾多の改正の手が加えられてきている。

本書では、掲載済みの「二〇〇三年性犯罪法」の邦訳正文に、訳語の補正を行ったほか、正文中に法律番号や法律的文書の番号が付されていない法令には、その番号を加えた上で、legislation.gov.uk に掲載されている正文と脚注を基礎にして、「二〇〇三年性犯罪法」のその後の改正を確認し、改正条項を織り込んで、同法本文の全訳を掲載することとした。

「二〇〇三年性犯罪法」の制定後の改正状況では、「不定期間の届出要求の審査」（第八八条Aから第八八条Iまで）、「ホーム住所への立入り」（第九六条A・第九六条B）、「車両、船舶又は航空機の没収、収用」（第六〇条Aから第六〇条Cまで）、「第二章A　閉鎖命令」（第一三六条Aから第一三六条Rまで）のように、連続して数か条が加えられたほか、単独の条項が加えられ、また、既存の条項の文言が改められている。

これらの追加・改廃された条項の記載方法について、新条項が加えられた場合については、新条項を加えた法令条項と改正形態を（　）で付記して、その条項を枠付けで掲載し、既存の条項を改めた場合には、改められた文言に下線を付して、新文言を［ ］で加え、さらにその後に、旧文言を改めた法令条項と改正形態を（ ）で付記して、新文言を織り込んだ新条項を、枠付けで掲載した。そしてその上で、新条項を含む、改正された条文の全体を一覧することができるように、新正文を網掛けで括ることとした。

本法は、第一四二条「適用範囲、留保等」で、適用範囲が規定されている。本法は、イングランドとウェールズ地方に適用される法律であるが、本法律の特定の条文が特定の地方に適用される場合には、該当する条項の見出し脇にその旨を付記した。また、関係する地方において、本法律中の特定の条項や、文言中に記載されている特定の条項を、関係する法令で廃止する場合には、関係条項の末尾や関係文言の後に【 】や（ ）を付して、その旨を附記した。

平成二九年五月

横　山　　潔

目　次

家庭内の児童性犯罪

選択能力に支障がある精神障害者に対する罪

精神障害者に対する勧誘等

確認のための情報

外国旅行禁止命令

性的危害禁止命令

第一章　性犯罪

強姦

第一条　強姦

(1) 次の各号のすべてに該当したときは、この者（A）は、罪を犯したものとする。

(a) Aが故意に自己のペニスを他人（B）の膣、アヌス又は口へ挿入したとき

(b) Bが当該挿入に同意しなかったとき

(c) Bが同意する、とAが合理的に確信していなかったとき

(2) Bが同意すると確信することが合理的か否かは、Bが同意するか否かを確認するためにAが講じたあらゆる措置を含むすべての状況を考慮して、決定するものとする。

(3) 第七五条及び第七六条の規定を、本条に基づく罪に適用する。

(4) 本条に基づく罪により有罪となった者は、正式起訴に基づく有罪宣告により、終身拘禁に処する。

暴行

第二条　膣又はアヌスへの挿入による暴行

(1) 次の各号のすべてに該当したときは、この者（A）は、罪を犯したものとする。

(a) Aが故意に自己の身体の一部又はその他の物を他人（B）の膣又はアヌスへ挿入したとき

(b) 当該挿入が性的であったとき

(c) Bが当該挿入に同意しなかったとき

(d) Bが同意する、とAが合理的に確信していなかったとき

(2) Bが同意すると確信することが合理的か否かは、Bが同意するか否かを確認するためにAが講じたあらゆる措置を含むすべての状況を考慮して、決定するものとする。

(3) 第七五条及び第七六条の規定を、本条に基づく罪に適用する。

(4) 本条に基づく罪により有罪となった者は、正式起訴に基づく有罪宣告により、終身拘禁に処する。

第三条　性的暴行

(1) 次の各号のすべてに該当したときは、この者（A）は、罪を犯したものとする。

(a) Aが故意に他人（B）に接触したとき

(b) 当該接触が性的であったとき

(c) Bが当該接触に同意しなかったとき

(d) Bが同意する、とAが合理的に確信していなかったとき

(2) Bが同意すると確信することが合理的か否かは、Bが同意するか否かを確認するためにAが講じたあらゆる措置を含むすべての状況を考慮して、決定するものとする。

(3) 第七五条及び第七六条の規定を、本条に基づく罪に適用する。

(4) 本条に基づく罪により有罪となった者は、次の各号の定めるところによる。

(a) 略式起訴に基づく有罪宣告により、六か月以下の拘禁若しくは法定上限以下の罰金に処し、又は両者を併科する。

(b) 正式起訴に基づく有罪宣告により、一〇年以下の拘禁に処する。

同意を得ないで性的行為を強制する罪

第四条　同意を得ないで人に対し性的行為を行うように強制する罪

(1) 次の各号のすべてに該当したときは、この者（A）は、罪を犯したものとする。

(a) Aが故意に他人（B）に対しある行為を行うように強制したとき

(b) 当該行為が性的であったとき
(c) Bが当該行為を行うことに同意しなかったとき
(d) Bが同意する、とAが合理的に確信していなかったとき
(2) Bが同意すると確信することが合理的か否かは、Bが同意するか否かを確認するためにAが講じたあらゆる措置を含むすべての状況を考慮して、決定するものとする。
(3) 第七五条及び第七六条の規定を、本条に基づく罪に適用する。
(4) 強制された行為の中に次の各号のいずれかが含まれていたときは、本条に基づく罪により有罪となった者は、正式起訴に基づく有罪宣告により、終身拘禁に処する。
(a) Bのアヌス又は膣へ挿入
(b) 人のペニスをBの口へ挿入
(c) Bの身体の一部を、又はBがその他の物を人のアヌス又は膣へ挿入
(d) Bのペニスを人の口へ挿入
(5) 前項の規定が適用されなかったときは、本条に基づく罪により有罪となった者は、次の各号の定めるところによる。
(a) 略式起訴に基づく有罪宣告により、六か月以下の拘禁若しくは法定上限以下の罰金に処し、又は両者を併科する。
(b) 正式起訴に基づく有罪宣告により、一〇年以下の拘禁に処する。

一三歳未満の児童を対象とする強姦及びその他の罪

第五条　一三歳未満の児童を対象とする強姦

(1) 次の各号のすべてに該当したときは、この者は、罪を犯したものとする。
(a) ある者が故意に自己のペニスを他人の膣、アヌス又は口へ挿入したとき
(b) 他人が一三歳未満であったとき
(2) 本条に基づく罪により有罪となった者は、正式起訴に基づく有罪宣告により、終身拘禁に処する。

第六条　一三歳未満の児童を対象とする、膣又はアヌスへの挿入による暴行

(1) 次の各号のすべてに該当したときは、この者は、罪を犯したものとする。
(a) ある者が故意に自己の身体の一部又はその他の物を他人の膣又はアヌスへ挿入したとき
(b) 当該挿入が性的であったとき
(c) 他人が一三歳未満であったとき
(2) 本条に基づく罪により有罪となった者は、正式起訴に基づく有罪宣告により、終身拘禁に処する。

第七条　一三歳未満の児童を対象とする性的暴行

(1) 次の各号のすべてに該当したときは、この者は、罪を犯したものとする。
(a) ある者が故意に他人に接触したとき
(b) 当該接触が性的であったとき
(c) 他人が一三歳未満であったとき
(2) 本条に基づく罪により有罪となった者は、次の各号の定めるところによる。
(a) 略式起訴に基づく有罪宣告により、六か月以下の拘禁若しくは法定上限以下の罰金に処し、又は両者を併科する。
(b) 正式起訴に基づく有罪宣告により、一四年以下の拘禁に処する。

第八条　一三歳未満の児童に対し性的行為を行うように強制又は勧誘する罪

(1) 次の各号のすべてに該当したときは、この者は、罪を犯したものとする。
(a) ある者が故意に他人（B）に対しある行為を行うように強制又は勧誘したとき
(b) 当該行為が性的であったとき
(c) 他人が一三歳未満であったとき

(2)　強制又は勧誘された行為の中に次の各号のいずれかが含まれていたときは、本条に基づく罪により有罪となった者は、正式起訴に基づく有罪宣告により、終身拘禁に処する。
(a)　Ｂのアヌス又は膣へ挿入
(b)　人のペニスをＢの口へ挿入
(c)　Ｂの身体の一部を、又はＢがその他の物を人のアヌス又は膣へ挿入
(d)　Ｂのペニスを人の口へ挿入
(3)　前項の規定が適用されなかったときは、本条に基づく罪により有罪となった者は、次の各号の定めるところによる。
(a)　略式起訴に基づく有罪宣告により、六か月以下の拘禁若しくは法定上限以下の罰金に処し、又は両者を併科する。
(b)　正式起訴に基づく有罪宣告により、一四年以下の拘禁に処する。

児童性犯罪

第九条　児童との性的行為

(1)　次の各号のすべてに該当したときは、一八歳以上の者（Ａ）は、罪を犯したものとする。
(a)　Ａが故意に他人（Ｂ）に接触したとき
(b)　当該接触が性的であったとき
(c)　次のいずれかであったとき
(i)　Ｂが一六歳未満であった場合において、Ｂが一六歳以上であった、とＡが合理的に確信していなかったとき
(ii)　Ｂが一三歳未満であったとき
(2)　当該接触の中に次の各号のいずれかが含まれていたときは、本条に基づく罪により有罪となった者は、正式起訴に基づく有罪宣告により、一四年以下の拘禁に処する。
(a)　Ａの身体の一部又はその他の物をＢのアヌス又は膣へ挿入
(b)　ＡのペニスをＢの口へ挿入
(c)　Ｂの身体の一部をＡのアヌス又は膣へ挿入
(d)　ＢのペニスをＡの口へ挿入
(3)　前項の規定が適用されなかったときは、本条に基づく罪により有罪となった者は、次の各号の定めるところによる。
(a)　略式起訴に基づく有罪宣告により、六か月以下の拘禁若しくは法定上限以下の罰金に処し、又は両者を併科する。
(b)　正式起訴に基づく有罪宣告により、一四年以下の拘禁に処する。

第一〇条　児童に対し性的行為を行うように強制又は勧誘する罪

(1)　次の各号のすべてに該当したときは、一八歳以上の者（Ａ）は、罪を犯したものとする。
(a)　Ａが故意に他人（Ｂ）に対しある行為を行うように強制又は勧誘したとき
(b)　当該行為が性的であったとき
(c)　次のいずれかであったとき
(i)　Ｂが一六歳未満であった場合において、Ｂが一六歳以上であった、とＡが合理的に確信していなかったとき
(ii)　Ｂが一三歳未満であったとき
(2)　強制又は勧誘された行為の中に次の各号のいずれかが含まれていたときは、本条に基づく罪により有罪となった者は、正式起訴に基づく有罪宣告により、一四年以下の拘禁に処する。
(a)　Ｂのアヌス又は膣へ挿入
(b)　人のペニスをＢの口へ挿入
(c)　Ｂの身体の一部を、又はＢがその他の物を人のアヌス又は膣へ挿入
(d)　Ｂのペニスを人の口へ挿入
(3)　前項の規定が適用されなかったときは、本条に基づく罪により有罪となった者は、

次の各号の定めるところによる。

(a) 略式起訴に基づく有罪宣告により、六か月以下の拘禁若しくは法定上限以下の罰金に処し、又は両者を併科する。

(b) 正式起訴に基づく有罪宣告により、一四年以下の拘禁に処する。

第一一条　児童の面前で性的行為を行う罪

(1) 次の各号のすべてに該当したときは、一八歳以上の者（A）は、罪を犯したものとする。

(a) Aが故意にある行為を行ったとき

(b) 当該行為が性的であったとき

(c) 次の両者を具備している場合において、Aが、性的満足を得るために、当該行為を行ったとき

(i) 他人（B）が現在していた場合か、又はAを観察することができる場所に居た場合

(ii) Aが当該行為を行っていることにBが気づいていることを知りながら、若しくはBが気づいていると確信しながら、又はAが当該行為を行っていることにBが気づくことを意図しながら

(d) 次のいずれかであったとき

(i) Bが一六歳未満であった場合において、Bが一六歳以上であった、とAが合理的に確信していなかったとき

(ii) Bが一三歳未満であったとき

(2) 本条に基づく罪により有罪となった者は、次の各号の定めるところによる。

(a) 略式起訴に基づく有罪宣告により、六か月以下の拘禁若しくは法定上限以下の罰金に処し、又は両者を併科する。

(b) 正式起訴に基づく有罪宣告により、一〇年以下の拘禁に処する。

第一二条　児童に対し性的行為を見つめるように強制する罪

(1) 次の各号のすべてに該当したときは、一八歳以上の者（A）は、罪を犯したものとする。

(a) Aが、性的満足を得るために、故意に、他人（B）に対し第三者がある行為を行っている状況を見つめるように強制し、又は人がある行為を行っている画像を閲覧するように強制したとき

(b) 当該行為が性的であったとき

(c) 次のいずれかであったとき

(i) Bが一六歳未満であった場合において、Bが一六歳以上であった、とAが合理的に確信していなかったとき

(ii) Bが一三歳未満であったとき

(2) 本条に基づく罪により有罪となった者は、次の各号の定めるところによる。

(a) 略式起訴に基づく有罪宣告により、六か月以下の拘禁若しくは法定上限以下の罰金に処し、又は両者を併科する。

(b) 正式起訴に基づく有罪宣告により、一〇年以下の拘禁に処する。

第一三条　児童又は少年が行う児童性犯罪

(1) 一八歳未満の者が、一八歳であったとすれば第九条から前条までの規定に基づく罪に当たる行為を行ったときは、この者は、罪を犯したものとする。

(2) 本条に基づく罪により有罪となった者は、次の各号の定めるところによる。

(a) 略式起訴に基づく有罪宣告により、六か月以下の拘禁若しくは法定上限以下の罰金に処し、又は両者を併科する。

(b) 正式起訴に基づく有罪宣告により、五年以下の拘禁に処する。

第一四条　児童性犯罪の犯行を準備又は促進する罪

(1) 次の各号の両者に該当したときは、この者は、罪を犯したものとする。

(a) 自己が行うことを意図している事項、

他人が行うことを自己が意図している事項又は他人が行うであろうと自己が確信している事項を、世界のいずれの地域であるかを問わず、故意に準備又は促進したとき

(b) それを行うことの中に、第九条から第一三条までの規定に基づく罪の犯行が含まれているとき

(2) 次の各号の両者に該当したときは、この者は、本条に基づく罪を犯していないものとする。

(a) 他人が行うであろうと自己が確信している事項であって、しかし自己が行うことを意図していない事項か、又は他人が行うことを自己が意図していない事項を、この者が準備又は促進したとき

(b) 前項b号に該当する罪が、児童の保護のためにこの者が行った対児童犯罪であったとき

(3) ある者が、次の各号のいずれかのために行為を行った場合において、その行為が、性的満足を得るためでなく、又は第一項b号に該当する罪若しくは児童の当該罪への参加を構成する行為を強制若しくは助長するためでなかったときは、第二項の適用上、この者は、児童の保護のために行為を行ったものとする。

(a) 性的に伝染する感染症から児童を保護するため

(b) 児童の身体の安全を保護するため

(c) 妊娠から児童を保護するため

(d) 助言を与えることによって、児童の情緒的安寧を促進するため

(4) 本条に基づく罪により有罪となった者は、次の各号の定めるところによる。

(a) 略式起訴に基づく有罪宣告により、六か月以下の拘禁若しくは法定上限以下の罰金に処し、又は両者を併科する。

(b) 正式起訴に基づく有罪宣告により、一四年以下の拘禁に処する。

第一五条　児童と会って、性的グルーミング等を行う罪

(1) 次の各号のすべてに該当したときは、一八歳以上の者（A）は、罪を犯したものとする。

(a) Aが、少なくとも事前に二回、他人（B）と会い、又は連絡をして、次のいずれかを行ったとき

(i) 故意にBと会ったとき

(ii) 世界いずれの地域であるかを問わず、Bと会う目的で旅行したとき

(b) Aが、当該時点に、世界いずれの地域であるかを問わず、会っている間又は会った後に、Bに対し又はBについて、自己による関係犯罪の犯行を含む何らかの行為を行うことを意図したとき

（二〇〇八年刑事司法及び移民法（法律第四号）[c.4] 附則一五第一条により、a号とb号の文言を読み替える）

【a号とb号を改める】

(a) Aが、少なくとも事前に二回、他人（B）と会い、又は連絡をして、その後に、次のいずれかを行ったとき

(i) Aが故意にBと会ったとき

(ii) Aが、世界のいずれの地域であるかを問わず、Bと会う目的で旅行し、又は世界のいずれの地域であるかを問わず、Bと会う取決めをしたとき

(iii) Bが、世界のいずれの地域であるかを問わず、Aと会う目的で旅行したとき

(b) Aが、世界のいずれの地域であるかを問わず、iからiiiまでの規定中に定める、Bと会っている間又はBと会っ

た後に、Bに対し又はBについて、自己による関係犯罪の犯行を含む何らかの行為を行うことを意図したとき

(c)　Bが一六歳未満であったとき

(d)　Bが一六歳以上であった、とAが合理的に確信していなかったとき

(2)　前項において

(a)　AがBと会い、又は連絡をしたとは、Aが、世界のいずれの地域であるかを問わずBと会ったこと、又は世界のいずれの地域からの発信若しくは当該地域への発信であるかを問わず、あらゆる方法を用いてBと連絡をしたことをいう。

(b)　「関係犯罪」(relevant offences) とは、次に掲げる罪又は行為のいずれかをいう。

(i)　本章に基づく罪

(ii)　附則三第六一条から第九二条までの規定に該当する罪（二〇〇八年性犯罪（北アイルランド派生的改正）命令（法律的文書第一七七九号）[S.I.2008/1779] 第四条第二項により、iiの文言を削る）

【(iiの文言を削る】

(ii)　削除

(iii)　i又はiiに該当する罪ではないが、イングランド及びウェールズ地方で行われたとすればiに該当する罪に当たると思料される行為であって、イングランド、「及び」ウェールズ、北アイルランド地方外で行われた何らかの行為（二〇〇八年性犯罪（北アイルランド派生的改正）命令（法律的文書第一七七九号）[S.I.2008/1779] 第四条第三項により、下線部を削り、括弧内の文言を加える）

【iiiを改める】

(iii)　iに該当する罪ではないが、イングランド及びウェールズ地方で行われたとすればiに該当する罪に当たると思料される、イングランド及びウェールズ地方外で行われた何らかの行為

(3)　本条において、北アイルランド地方に本条の規定を適用するときは、次の各号の定めるところによる。

(a)　第一項の規定は、二箇所の「一六歳」を「一七歳」と読み替えて効力を有する。

(b)　前項b号iiiの規定は、「イングランド及びウェールズ地方で行われたとすればi」を、「北アイルランド地方で行われたとすればii」と読み替えて効力を有する。

（二〇〇八年性犯罪（北アイルランド派生的改正）命令（法律的文書第一七七九号）[S.I.2008/1779] 第四条第四項により、下線部を削る）

【第三項の文言を削る】

(3)　削除

(4)　本条に基づく罪により有罪となった者は、次の各号の定めるところによる。

(a)　略式起訴に基づく有罪宣告により、六か月以下の拘禁若しくは法定上限以下の罰金に処し、又は両者を併科する。

(b)　正式起訴に基づく有罪宣告により、一〇年以下の拘禁に処する。

【本条は、二〇〇八年性犯罪（北アイルランド）命令（法律的文書第一七六九号）[S.I. 2008/1769 (N.I.2)] 附則三により廃止する】

［北アイルランド地方に適用］

【第一五条の新正文は次のとおり】

第一五条　児童と会って、性的グルーミング等を行う罪

(1)　次の各号のすべてに該当したときは、一八歳以上の者（A）は、罪を犯したものとする。

(a)　Aが、少なくとも事前に二回、他人（B）と会い、又は連絡をして、その後に、次のいずれかを行ったとき

(i)　Aが故意にBと会ったとき

(ii)　Aが、世界のいずれの地域であるかを問わず、Bと会う目的で旅行し、又は世界のいずれの地域であるかを問わず、Bと会う取決めをしたとき

(iii)　Bが、世界のいずれの地域であるかを問わず、Aと会う目的で旅行したとき

(b)　Aが、世界のいずれの地域であるかを問わず、iからiiiまでの規定中に定める、Bと会っている間又はBと会った後に、Bに対し又はBについて、自己による関係犯罪の犯行を含む何らかの行為を行うことを意図したとき

(c)　Bが一六歳未満であったとき

(d)　Bが一六歳以上であった、とAが合理的に確信していなかったとき

(2)　前項において

(a)　AがBと会い、又は連絡をしたとは、Aが、世界のいずれの地域であるかを問わずBと会ったこと、又は世界のいずれの地域からの発信若しくは当該地域への発信であるかを問わず、あらゆる方法を用いてBと連絡をしたことをいう。

(b)　「関係犯罪」(relevant offences) とは、次に掲げる罪又は行為のいずれかをいう。

(i)　本章に基づく罪

(ii)　削除

(iii)　iに該当する罪ではないが、イングランド及びウェールズ地方で行われたとすればiに該当する罪に当たると思料される、イングランド及びウェールズ地方外で行われた何らかの行為

(3)　削除

(4)　本条に基づく罪により有罪となった者は、次の各号の定めるところによる。

(a)　略式起訴に基づく有罪宣告により、六か月以下の拘禁若しくは法定上限以下の罰金に処し、又は両者を併科する。

(b)　正式起訴に基づく有罪宣告により、一〇年以下の拘禁に処する。

信用ある地位の濫用

第一六条　信用ある地位の濫用：児童との性的行為

(1)　次の各号のすべてに該当したときは、一八歳以上の者（A）は、罪を犯したものとする。

(a)　Aが故意に他人（B）に接触したとき

(b)　当該接触が性的であったとき

(c)　AがBに関して信用ある地位にあったとき

(d)　第二項の規定を適用する場合において、AがBに関して信用ある地位にあったという状況をAが知っていたか、又は知ることを合理的に期待することができたとき

(e)　次のいずれかであったとき

(i)　Bが一八歳未満であった場合において、Bが一八歳以上であった、とAが合理的に確信していなかったとき

(ii)　Bが一三歳未満であったとき

(2)　第二項の規定を適用する場合とは、次の各号の両者に該当する場合をいう。

(a)　Aが、第二一条第二項、第三項、第四項又は第五項に該当する状況により、Bに関して信用ある地位にあった場合

(b)　Aが、その他の状況によっては、Bに関して信用ある地位になかった場合

(3)　本条に基づく罪に対する手続中で、他人が一八歳未満であったことが立証された場合において、他人が一八歳以上であったと被告人が合理的に確信していたか否かに関する争点を提起する十分な証拠が提出されなかったときは、当該被告人は、この者が一八歳以上であったと合理的に確信していなかったものとみなすものとする。

(4)　本条に基づく罪に対する手続中で、次の各号の両者に該当した場合において、被告人がこれらの状況を知っていたか否か、又は知ることを合理的に期待することができたか否かに関する争点を提起する十分な証拠が提出されなかったときは、当該被告人は、自己が当該の信用ある地位にあったという状況を知っていたか、又は知ることを合理的に期待することができたものとみなすものとする。

(a)　被告人が、第二一条第二項、第三項、第四項又は第五項に該当する状況により、他人に関して信用ある地位にあったことが立証された場合

(b)　被告人が、その他の状況によっては、他人に関して信用ある地位にあったことが立証されなかった場合

(5)　本条に基づく罪により有罪となった者は、次の各号の定めるところによる。

(a)　略式起訴に基づく有罪宣告により、六か月以下の拘禁若しくは法定上限以下の罰金に処し、又は両者を併科する。

(b)　正式起訴に基づく有罪宣告により、五年以下の拘禁に処する。

【第一六条から第二四条までの規定は、二〇〇八年性犯罪（北アイルランド）命令（法律的文書第一七六九号）［S.I.2008/1769 (N.I.2)］附則三により廃止する】［北アイルランド地方に適用］

第一七条　信用ある地位の濫用：児童に対し性的行為を行うように強制又は勧誘する罪

(1)　次の各号のすべてに該当したときは、一八歳以上の者（A）は、罪を犯したものとする。

(a)　Aが故意に他人（B）に対しある行為を行うように強制又は勧誘したとき

(b)　当該行為が性的であったとき

(c)　AがBに関して信用ある地位にあったとき

(d)　第二項の規定を適用する場合において、AがBに関して信用ある地位にあったという状況をAが知っていたか、又は知ることを合理的に期待することができたとき

(e)　次のいずれかであったとき

(i)　Bが一八歳未満であった場合において、Bが一八歳以上であった、とAが合理的に確信していなかったとき

(ii)　Bが一三歳未満であったとき

(2)　第二項の規定を適用する場合とは、次の各号の両者に該当する場合をいう。

(a)　Aが、第二一条第二項、第三項、第四項又は第五項に該当する状況により、Bに関して信用ある地位にあった場合

(b)　Aが、その他の状況によっては、Bに関して信用ある地位になかった場合

(3)　本条に基づく罪に対する手続中で、他人が一八歳未満であったことが立証された場合において、他人が一八歳以上で

あったと被告人が合理的に確信していたか否かに関する争点を提起する十分な証拠が提出されなかったときは、当該被告人は、この者が一八歳以上であったと合理的に確信していなかったものとみなすものとする。

(4) 本条に基づく罪に対する手続中で、次の各号の両者に該当した場合において、被告人がこれらの状況を知っていたか否か、又は知ることを合理的に期待することができたか否かに関する争点を提起する十分な証拠が提出されなかったときは、当該被告人は、自己が当該の信用ある地位にあったという状況を知っていたか、又は知ることを合理的に期待することができたものとみなすものとする。

(a) 被告人が、第二一条第二項、第三項、第四項又は第五項に該当する状況により、他人に関して信用ある地位にあったことが立証された場合

(b) 被告人が、その他の状況によっては、他人に関して信用ある地位にあったことが立証されなかった場合

(5) 本条に基づく罪により有罪となった者は、次の各号の定めるところによる。

(a) 略式起訴に基づく有罪宣告により、六か月以下の拘禁若しくは法定上限以下の罰金に処し、又は両者を併科する。

(b) 正式起訴に基づく有罪宣告により、五年以下の拘禁に処する。

【第一六条から第二四条までの規定は、二〇〇八年性犯罪（北アイルランド）命令（法律的文書第一七六九号）〔S.I.2008/1769 (N.I.2)〕附則三により廃止する】〔北アイルランド地方に適用〕

第一八条　信用ある地位の濫用：児童の面前で性的行為を行う罪

(1) 次の各号のすべてに該当したときは、一八歳以上の者（A）は、罪を犯したものとする。

(a) Aが故意にある行為を行ったとき

(b) 当該行為が性的であったとき

(c) 次の各号の両者を具備している場合において、Aが、性的満足を得るために、当該行為を行ったとき

(i) 他人（B）が現在していた場合か、又はAを観察することができる場所に居た場合

(ii) Aが当該行為を行っていることにBが気づいていることを知りながら、若しくはBが気づいていると確信しながら、又はAが当該行為を行っていることにBが気づくことを意図しながら

(d) AがBに関して信用ある地位にあったとき

(e) 第二項の規定を適用する場合において、AがBに関して信用ある地位にあったという状況をAが知っていたか、又は知ることを合理的に期待することができたとき

(f) 次のいずれかであったとき

(i) Bが一八歳未満であった場合において、Bが一八歳以上であった、とAが合理的に確信していなかったとき

(ii) Bが一三歳未満であったとき

(2) 第二項の規定を適用する場合とは、次の各号の両者に該当する場合をいう。

(a) Aが、第二一条第二項、第三項、第四項又は第五項に該当する状況により、Bに関して信用ある地位にあった場合

(b) Aが、その他の状況によっては、Bに関して信用ある地位になかった場合

(3) 本条に基づく罪に対する手続中で、他人が一八歳未満であったことが立証された場合において、他人が一八歳以上であったと被告人が合理的に確信していた

か否かに関する争点を提起する十分な証拠が提出されなかったときは、当該被告人は、この者が一八歳以上であったと合理的に確信していなかったものとみなすものとする。
(4)　本条に基づく罪に対する手続中で、次の各号の両者に該当した場合において、被告人がこれらの状況を知っていたか否か、又は知ることを合理的に期待することができたか否かに関する争点を提起する十分な証拠が提出されなかったときは、当該被告人は、自己が当該の信用ある地位にあったという状況を知っていたか、又は知ることを合理的に期待することができたものとみなすものとする。
(a)　被告人が、第二一条第二項、第三項、第四項又は第五項に該当する状況により、他人に関して信用ある地位にあったことが立証された場合
(b)　被告人が、その他の状況によっては、他人に関して信用ある地位にあったことが立証されなかった場合
(5)　本条に基づく罪により有罪となった者は、次の各号の定めるところによる。
(a)　略式起訴に基づく有罪宣告により、六か月以下の拘禁若しくは法定上限以下の罰金に処し、又は両者を併科する。
(b)　正式起訴に基づく有罪宣告により、五年以下の拘禁に処する。

【第一六条から第二四条までの規定は、二〇〇八年性犯罪（北アイルランド）命令（法律的文書第一七六九号）〔S.I.2008/1769(N.I.2)〕附則三により廃止する】〔北アイルランド地方に適用〕

第一九条　信用ある地位の濫用：児童に対し性的行為を見つめるように強制する罪

(1)　次の各号のすべてに該当したときは、一八歳以上の者（A）は、罪を犯したものとする。
(a)　Aが、性的満足を得るために、故意に、他人（B）に対し第三者がある行為を行っている状況を見つめるように強制し、又は人がある行為を行っている画像を閲覧するように強制したとき
(b)　当該行為が性的であったとき
(c)　AがBに関して信用ある地位にあったとき
(d)　第二項の規定を適用する場合において、AがBに関して信用ある地位にあったという状況を、Aが知っていたか、又は知ることを合理的に期待することができたとき
(e)　次のいずれかであったとき
(i)　Bが一八歳未満であった場合において、Bが一八歳以上であった、とAが合理的に確信していなかったとき
(ii)　Bが一三歳未満であったとき
(2)　第二項の規定を適用する場合とは、次の各号の両者に該当する場合をいう。
(a)　Aが、第二一条第二項、第三項、第四項又は第五項に該当する状況により、Bに関して信用ある地位にあった場合
(b)　Aが、その他の状況によっては、Bに関して信用ある地位になかった場合
(3)　本条に基づく罪に対する手続中で、他人が一八歳未満であったことが立証された場合において、他人が一八歳以上であったと被告人が合理的に確信していたか否かに関する争点を提起する十分な証拠が提出されなかったときは、当該被告人は、この者が一八歳以上であったと合理的に確信していなかったものとみなすものとする。
(4)　本条に基づく罪に対する手続中で、次の各号の両者に該当した場合において、被告人がこれらの状況を知っていたか否か、又は知ることを合理的に期待するこ

とができたか否かに関する争点を提起する十分な証拠が提出されなかったときは、当該被告人は、自己が当該の信用ある地位にあったという状況を知っていたか、又は知ることを合理的に期待することができたものとみなすものとする。

(a) 被告人が、第二一条第二項、第三項、第四項又は第五項に該当する状況により、他人に関して信用ある地位にあったことが立証された場合

(b) 被告人が、その他の状況によっては、他人に関して信用ある地位にあったことが立証されなかった場合

(5) 本条に基づく罪により有罪となった者は、次の各号の定めるところによる。

(a) 略式起訴に基づく有罪宣告により、六か月以下の拘禁若しくは法定上限以下の罰金に処し、又は両者を併科する。

(b) 正式起訴に基づく有罪宣告により、五年以下の拘禁に処する。

【第一六条から第二四条までの規定は、二〇〇八年性犯罪（北アイルランド）命令（法律的文書第一七六九号）[S.I.2008/1769 (N.I.2)] 附則三により廃止する】[北アイルランド地方に適用]

第二〇条　信用ある地位の濫用：スコットランド地方で行われた行為

イングランド及びウェールズ地方又は北アイルランド地方（二〇〇八年性犯罪（北アイルランド派生的改正）命令（法律的文書第一七七九号）[S.I.2008/1779] 第五条第二項により、下線部を削る）で行われたとすれば、第一六条から第一九条までの規定に基づく罪を構成すると思料される何らかの行為が、スコットランド地方［又は北アイルランド地方］（二〇〇八年性犯罪（北アイルランド派生的改正）命令（法律的文書第一七七九号）[S.I.2008/1779] 第五条第三項により、括弧内の文言を加える）で行われたときは、これらの行為も、これらの罪を構成するものとする。

【第二〇条を改める】

第二〇条　信用ある地位の濫用：スコットランド地方で行われた行為

イングランド及びウェールズ地方で行われたとすれば、第一六条から第一九条までの規定に基づく罪を構成すると思料される何らかの行為が、スコットランド地方又は北アイルランド地方で行われたときは、これらの行為も、これらの罪を構成するものとする。

【第一六条から第二四条までの規定は、二〇〇八年性犯罪（北アイルランド）命令（法律的文書第一七六九号）[S.I.2008/1769 (N.I.2)] 附則三により廃止する】[北アイルランド地方に適用]

【第二〇条の新正文は次のとおり】

第二〇条　信用ある地位の濫用：スコットランド地方で行われた行為

イングランド及びウェールズ地方で行われたとすれば、第一六条から第一九条までの規定に基づく罪を構成すると思料される何らかの行為が、スコットランド地方又は北アイルランド地方で行われたときは、これらの行為も、これらの罪を構成するものとする。

第二一条　信用ある地位

(1) 第一六条から第一九条までの規定の適用上、次の各号のいずれかに該当したときは、ある者（A）は、他人（B）に関して信用ある地位にあるものとする。

(a) 次の各項の規定を適用するとき

(b) 主務大臣が定めた命令中に規定する条件を具備しているとき

(2) 第二項の規定を適用するときとは、Aが裁判所命令によって、又は制定法に基づいて、ある施設に収容されている一八歳未満の者の世話をする場合において、Bが当該施設に収容されているときをいう。

(3) 第三項の規定を適用するときとは、Aが次の各号のいずれかに該当するホーム又はその他の場所に居住する一八歳未満の者の世話をする場合において、Bが当該場所に居住し、かつ当該場所で収容と扶養の提供又は収容の提供を受けているときをいう。

(a) 一九八九年児童法（法律第四一号）[c.41] 第二三条第二項 [第二二条C第六項]（二〇〇八年児童及び少年法（法律第二三号）[c.23] 附則一第一五条により、下線部を括弧内の文言に読み替える）[イングランド・ウェールズ地方に適用] に従って、又は一九九五年児童（北アイルランド）命令（法律的文書第七五五号）[(S.I.1995/755 (N.I.2))] 第二七条第二項に基づいて、（二〇〇八年性犯罪（北アイルランド派生的改正）命令（法律的文書第一七七九号）[S.I.2008/1779] 第六条第二項a号により、下線部を削る）自治体が収容と扶養の提供を行うホーム又はその他の場所

【a号を改める】

(a) 一九八九年児童法（法律第四一号）[c.41] [第二二条C第六項] [イングランド・ウェールズ地方に適用] に従って、自治体が収容と扶養の提供を行うホーム又はその他の場所

(b) 同法第五九条第一項又は同命令第七五条第一項（二〇〇八年性犯罪（北アイルランド派生的改正）命令）（法律的文書第一七七九号）[S.I.2008/1779] 第六条第二項b号により、下線部を削る）に基づいて、ボランタリー組織が収容の提供を行うホーム又はその他の場所

【b号を改める】

(b) 同法第五九条第一項に基づいて、ボランタリー組織が収容の提供を行うホーム又はその他の場所

(4) 第四項の規定を適用するときとは、Aが次の各号のいずれかに収容され、かつケアを受ける者の世話をする場合において、Bが当該施設に収容され、かつケアを受けているときをいう。

(a) 病院

(b) [ウェールズ地方において、]（二〇一〇年「二〇〇八年保健及びソーシャル・ケア法」（派生的改正第二）命令（法律的文書第八一三号）[S.I.2010/813] 第一三条第二項により、括弧内の文言を加える）独立クリニック

【b号を改める】

(b) ウェールズ地方において、独立クリニック

(c) ケア・ホーム、居住ケアホーム又は私立病院（二〇〇八年性犯罪（北アイルランド派生的改正）命令（法律的文書第一七七九号）[S.I.2008/1779] 第六条第三項a号により、下線部を削る）

【c号を改める】

(c) ケア・ホーム

(d) コミュニティー・ホーム、ボランタリー・ホーム又は児童ホーム（二〇〇八年性犯罪（北アイルランド派生的改正）命令（法律的文書第一七七九

号）[S.I.2008/1779] 第六条第三項b号により、末尾にorを加える）

(d)【d号を改める】（訳文に変更なし）
コミュニティー・ホーム、ボランタリー・ホーム又は児童ホーム

(e) 一九八九年児童法（法律第四一号）[c.41] 第八二条第五項に基づいて提供されたホーム

（二〇〇八年性犯罪（北アイルランド派生的改正）命令（法律的文書第一七七九号）[S.I.2008/1779] 第六条第三項c号により、末尾のorを削る）

(e)【e号を改める】（訳文に変更なし）
一九八九年児童法（法律第四一号）[c.41] 第八二条第五項に基づいて提供されたホーム

(f) 居住家庭センター

（二〇〇八年性犯罪（北アイルランド派生的改正）命令（法律的文書第一七七九号）[S.I.2008/1779] 第六条第三項d号により、f号の文言を削る）

(f)【f号の文言を削る】
削除

(5) 第五項の規定を適用するときとは、Aが教育施設において教育を受けている一八歳未満の者の世話をする場合において、Bが当該施設において教育を受け、Aが教育を受けていないときをいう。

(6) 第六項の規定を適用するときとは、Aが一九九五年児童（北アイルランド）命令（S.I.1995/755（N.I.2））第一五九条又は第一六〇条に基づいてBの後見人に任命されたときをいう。

（二〇〇八年性犯罪（北アイルランド派生的改正）命令（法律的文書第一七七九号）[S.I.2008/1779] 第六条第四項により、第六項の文言を削る）

(6)【第六項の文言を削る】
削除

(7) 第七項の規定を適用するときとは、Aが次の各号のいずれかに基づいて、又はそれに基づいて行う何らかの行為に従って、役務の提供に従事する場合において、その能力により、個人的にBの世話をするときをいう。

(a) 一九七三年雇用及び訓練法（法律第五〇号）[c.50] 第八条から第一〇条までの規定

(b) 二〇〇〇年学習及び技能法（法律第二一号）[c.21] 第一一四条 [二〇〇八年教育及び技能法（法律第二五号）[c.25] 第六八条、第七〇条第一項b号又は第七四条]（二〇〇八年教育及び技能法（法律第二五号）[c.25] 附則一第八一条により、下線部を括弧内の文言に読み替える）

(b)【b号を改める】
二〇〇八年教育及び技能法（法律第二五号）[c.25] 第六八条、第七〇条第一項b号又は第七四条

(8) 第八項の規定を適用するときとは、（対面であると、その他の方法によるとを問わず）Aが次の各号のいずれか [a号に定める地方自治体の職務の執行]（二〇〇八年性犯罪（北アイルランド派生的改正）命令（法律的文書第一七七九号）[S.I.2008/1779] 第六条第五項により、下線部を括弧内の文言に改める）において、指導監督なくして、定期的にBと接触するときをいう。

(a) 一九八九年児童法（法律第四一号）[c.41] 第二〇条又は第二一条に基づく地方自治体の職務の執行において

(b) 一九九五年児童（北アイルランド）命令（法律的文書第七五五号）[S.I.1995/755 (N.I.2)] 第二一条又は第二三条に基づく自治体の職務の執行において

（二〇〇八年性犯罪（北アイルランド派生的改正）命令（法律的文書第一七七九号）[S.I.2008/1779] 第六条第五項により、b号の文言を削る）

【第八項を改める】

(8) 第八項の規定を適用するときとは、（対面であると、その他の方法によるとを問わず）Aが次のa号に定める地方自治体の職務の執行において、指導監督なくして、定期的にBと接触するときをいう。

(a) 一九八九年児童法（法律第四一号）[c.41] 第二〇条又は第二一条に基づく地方自治体の職務の執行において

(b) 削除

(9) 第九項の規定を適用するときとは、（対面であると、その他の方法によるとを問わず）Aが一九八九年児童法（法律第四一号）[c.41] 第七条又は一九九五年児童（北アイルランド）命令第四条（二〇〇八年性犯罪（北アイルランド派生的改正）命令（法律的文書第一七七九号）[S.I.2008/1779] 第六条第六項により、下線部を削る）に基づいて、Bの福祉に関係する事項に関して報告するべき者として、指導監督なくして、定期的にBと接触するときをいう。

【第九項を改める】

(9) 第九項の規定を適用するときとは、（対面であると、その他の方法によるとを問わず）Aが一九八九年児童法（法律第四一号）[c.41] 第七条に基づいて、Bの福祉に関係する事項に関して報告するべき者として、指導監督なくして、定期的にBと接触するときをいう。

(10) 第一〇項の規定を適用するときとは、Aが次の各号のいずれか［a号に定める規定］（二〇〇八年性犯罪（北アイルランド派生的改正）命令（法律的文書第一七七九号）[S.I.2008/1779] 第六条第七項により、下線部を括弧内の文言に改める）に基づいて、Bのために任命された個人アドバイザーである場合において、その能力により、個人的にBの世話をするときをいう。

(a) 一九八九年児童法（法律第四一号）[c.41] 第二三条B第二項又は附則二第一九条C

(b) 一九九五年児童（北アイルランド）命令（法律的文書第七五五号）[S.I.1995/755 (N.I.2)] 第三四条A第一〇項又は第三四条C第二項

（二〇〇八年性犯罪（北アイルランド派生的改正）命令（法律的文書第一七七九号）[S.I.2008/1779] 第六条第七項により、b号の文言を削る）

【第一〇項を改める】

(10) 第一〇項の規定を適用するときとは、Aが次のa号に定める規定に基づいて、Bのために任命された個人アドバイザーである場合において、その能力により、個人的にBの世話をするときをいう。

(a) 一九八九年児童法（法律第四一号）[c.41] 第二三条B第二項又は附則二第一九条C

(b) 削除

(11) 第一一項の規定を適用するときとは、

次の各号の両者に該当するときをいう。

(a)　Bがケア命令、指導監督命令又は教育指導監督命令に服しているとき

(b)　当該命令により、権限が付与された者に、又は当該命令で指名した自治体に付与された職務の執行において、Aが個人的にBの世話をするとき

(12)　第一二項の規定を適用するときとは、Aが次の各号のいずれかに該当する場合において、（対面であると、その他の方法によるとを問わず）その能力により、指導監督なくして、定期的にBの世話をするときをいう。

(a)　一九八九年児童法（法律第四一号）[c.41] 第四一条第一項に基づいて、Bのために任命された当該局の担当官[又は（二〇〇四年児童法第三五条によって付与された意味の枠内における）ウェールズ家庭事件担当官]（二〇〇四年児童法（法律第三一号）[c.31] 附則三第一八条により、括弧内の文言を加える）[イングランド・ウェールズ地方に適用] であった場合

【a号を改める】

(a)　一九八九年児童法（法律第四一号）[c.41] 第四一条第一項に基づいて、Bのために任命された当該局の担当官[又は（二〇〇四年児童法第三五条によって付与された意味の枠内における）ウェールズ家庭事件担当官][イングランド・ウェールズ地方に適用] であった場合

(b)　一九八四年養子縁組準則（法律的文書第二六五号）[S.I.1984/265] の準則六又は準則一八に基づいて、Bの児童後見人に任命された場合

(c)　一九九一年家庭事件準則（法律的文書第一二四七号）[S.I.1991/1247] の準則九・五又は一九九五年児童（北アイルランド）命令（法律的文書第七五五号）[S.I.1995/755 (N.I.2)] 第六〇条第一項（二〇〇八年性犯罪（北アイルランド派生的改正）命令（法律的文書第一七七九号）[S.I.2008/1779] 第六条第八項により、下線部を削る）に基づいて、Bの訴訟のための後見人に任命された場合

【c号を改める】

(c)　一九九一年家庭事件準則（法律的文書第一二四七号）[S.I.1991/1247] の準則九・五に基づいて、Bの訴訟のための後見人に任命された場合

(13)　第一三項の規定を適用するときとは、次の各号の両者に該当するときをいう。

(a)　Bが、制定法によって、若しくはそれに基づいて、犯罪による収容からの釈放に当たって課せられた要求に服しているとき、又は犯罪手続で命ぜられた裁判所命令により課せられた要求に服しているとき

(b)　Aが、当該要求に従って、個人的にBの世話をするとき

【第一六条から第二四条までの規定は、二〇〇八年性犯罪（北アイルランド）命令（法律的文書第一七六九号）[S.I.2008/1769 (N.I.2)] 附則三により廃止する】[北アイルランド地方に適用]

【第二一条の新正文は次のとおり】

第二一条　信用ある地位

(1)　第一六条から第一九条までの規定の適用上、次の各号のいずれかに該当したときは、ある者（A）は、他人（B）に関して信用ある地位にあるものとする。

(a) 次の各項の規定を適用するとき

(b) 主務大臣が定めた命令中に規定する条件を具備しているとき

(2) 第二項の規定を適用するときとは、Aが裁判所命令によって、又は制定法に基づいて、ある施設に収容されている一八歳未満の者の世話をする場合において、Bが当該施設に収容されているときをいう。

(3) 第三項の規定を適用するときとは、Aが次の各号のいずれかに該当するホーム又はその他の場所に居住する一八歳未満の者の世話をする場合において、Bが当該場所に居住し、かつ当該場所で収容と扶養の提供又は収容の提供を受けているときをいう。

(a) 一九八九年児童法（法律第四一号）[c.41]［第二二条C第六項］［イングランド・ウェールズ地方に適用］に従って、自治体が収容と扶養の提供を行うホーム又はその他の場所

(b) 同法第五九条第一項に基づいて、ボランタリー組織が収容の提供を行うホーム又はその他の場所

(4) 第四項の規定を適用するときとは、Aが次の各号のいずれかに収容され、かつケアを受ける者の世話をする場合において、Bが当該施設に収容され、かつケアを受けているときをいう。

(a) 病院

(b) ウェールズ地方において、独立クリニック

(c) ケア・ホーム

(d) コミュニティー・ホーム、ボランタリー・ホーム又は児童ホーム

(e) 一九八九年児童法（法律第四一号）[c.41] 第八二条第五項に基づいて提供されたホーム

(f) 削除

(5) 第五項の規定を適用するときとは、Aが教育施設において教育を受けている一八歳未満の者の世話をする場合において、Bが当該施設において教育を受け、Aが教育を受けていないときをいう。

(6) 削除

(7) 第七項の規定を適用するときとは、Aが次の各号のいずれかに基づいて、又はそれに基づいて行う何らかの行為に従って、役務の提供に従事する場合において、その能力により、個人的にBの世話をするときをいう。

(a) 一九七三年雇用及び訓練法（法律第五〇号）[c.50] 第八条から第一〇条までの規定

(b) 二〇〇八年教育及び技能法（法律第二五号）[c.25] 第六八条、第七〇条第一項b号又は第七四条

(8) 第八項の規定を適用するときとは、（対面であると、その他の方法によるとを問わず）Aが次のa号に定める地方自治体の職務の執行において、指導監督なくして、定期的にBと接触するときをいう。

(a) 一九八九年児童法（法律第四一号）[c.41] 第二〇条又は第二一条に基づく地方自治体の職務の執行において

(b) 削除

(9) 第九項の規定を適用するときとは、（対面であると、その他の方法によるとを問わず）Aが一九八九年児童法（法律第四一号）[c.41] 第七条に基づいて、Bの福祉に関係する事項に関して報告するべき者として、指導監督なくして、定期的にBと接触するときをいう。

⑽　第一〇項の規定を適用するときとは、Aが次のａ号に定める規定に基づいて、Bのために任命された個人アドバイザーである場合において、その能力により、個人的にBの世話をするときをいう。
(a)　一九八九年児童法（法律第四一号）[c.41] 第二三条B第二項又は附則二第一九条C
(b)　削除
⑾　第一一項の規定を適用するときとは、次の各号の両者に該当するときをいう。
(a)　Bがケア命令、指導監督命令又は教育指導監督命令に服しているとき
(b)　当該命令により、権限が付与された者に、又は当該命令で指名した自治体に付与された職務の執行において、Aが個人的にBの世話をするとき
⑿　第一二項の規定を適用するときとは、Aが次の各号のいずれかに該当する場合において、(対面であると、その他の方法によるとを問わず) その能力により、指導監督なくして、定期的にBの世話をするときをいう。
(a)　一九八九年児童法（法律第四一号）[c.41] 第四一条第一項に基づいて、Bのために任命された当該局の担当官［又は（二〇〇四年児童法第三五条によって付与された意味の枠内における）ウェールズ家庭事件担当官］［イングランド・ウェールズ地方に適用］であった場合
(b)　一九八四年養子縁組準則（法律的文書第二六五号）[S.I.1984/265] の準則六又は準則一八に基づいて、Bの児童後見人に任命された場合
(c)　一九九一年家庭事件準則（法律的文書第一二四七号）[S.I.1991/1247] の準則九・五に基づいて、Bの訴訟のための後見人に任命された場合
⒀　次の各号の両者に該当するときをいう。第一三項の規定を適用するときとは、
(a)　Bが、制定法によって、若しくはそれに基づいて、犯罪による収容からの釈放に当たって課せられた要求に服しているとき、又は犯罪手続で命ぜられた裁判所命令により課せられた要求に服しているとき
(b)　Aが、当該要求に従って、個人的にBの世話をするとき

第二二条　信用ある地位：解釈
(1)　次の各項の規定は、前条の目的のために適用する。
(2)　第三項に従うことを条件にして、ある者が一八歳未満の者を定期的にケアすること、訓練すること、指導監督すること、又は単独で保護することにかかわったときは、この者は、これらの者の世話をしたものとする。
(3)　次の各号の両者に該当したときは、この者（A）は、個人的に他人（B）の世話をしたものとする。
(a)　AがBを定期的にケアし、訓練し、指導監督することにかかわったとき
(b)　Bへのかかわりの過程において、（対面であると、その他の方法によるとを問わず）Aが指導監督なくして、定期的にBと接触したとき
(4)　次の各号のいずれかに該当したときは、この者は、教育施設において教育を受けたものとする。
(a)　ある者が当該施設において生徒又は学生として登録を受け、その他名簿に記載されたとき
(b)　本人が登録を受け、その他名簿に記載された別の教育施設との取決めに基

づいて、ある者が当該施設において教育を受けたとき

(5) 前条において

「自治体」(authority)とは

(a) イングランド及びウェールズ地方に関しては、地方自治体をいう。

(b) 北アイルランド地方に関しては、一九九五年児童（北アイルランド）命令（法律的文書第七五五号）[S.I.1995/755 (N.I.2)] 第二条第二項によって付与された意味を有する。

（二〇〇八年性犯罪（北アイルランド派生的改正）命令（法律的文書第一七七九号）[S.I.2008/1779] 第七条aにより、b号の文言を削る）

【b号の文言を削る】

(b) 削除

「ケア・ホーム」(care home)とは、二〇〇〇年ケア基準法（法律第一四号）[c.14] の適用上、ケア・ホームに当たる施設をいう。

「ケア命令」(care order) は

(a) イングランド及びウェールズ地方に関しては、一九八九年児童法（法律第四一号）[c.41] におけると同一の意味を有する。[c]

(b) 北アイルランド地方に関しては、一九九五年児童（北アイルランド）命令（法律的文書第七五五号）[S.I.1995/755 (N.I.2)] におけると同一の意味を有する。

（二〇〇八年性犯罪（北アイルランド派生的改正）命令（法律的文書第一七七九号）[S.I.2008/1779] 第七条b号により、b号の文言を削る）

【b号の文言を削る】

(b) 削除

「児童ホーム」(children's home) は

(a) イングランド及びウェールズ地方に関しては、二〇〇〇年ケア基準法（法律第一四号）[c.14] 第一条によって付与された意味を有する。

(b) 北アイルランド地方に関しては、二〇〇三年保健及び個人社会福祉事業（性質、改善及び規制）（北アイルランド）命令（法律的文書第四三一号）[S.I.2003/431 (N.I.9)]「二〇〇三年命令」(the 2003 Order) 第九条第四項中でd号、f号及びg号が削除されたとすれば、同命令第九条によって付与されたと思料される意味を有する。

（二〇〇八年性犯罪（北アイルランド派生的改正）命令（法律的文書第一七七九号）[S.I.2008/1779] 第七条c号により、b号の文言を削る）

【b号の文言を削る】

(b) 削除

「コミュニティー・ホーム」(community home) は、一九八九年児童法（法律第四一号）[c.41] 第五三条によって付与された意味を有する。

「教育指導監督命令」(education supervision order) は

(a) イングランド及びウェールズ地方に関しては、一九八九年児童法（法律第四一号）[c.41] 第三六条によって付与された意味を有する。

(b) 北アイルランド地方に関しては、一九九五年児童（北アイルランド）命令（法律的文書第七五五号）[S.I.1995/755 (N.I.2)] 第四九条第一項によって付与された意味を有する。

（二〇〇八年性犯罪（北アイルランド派生的改正）命令（法律的文書第一七七九

号）[S.I.2008/1779] 第七条d号により、b号の文言を削る）

(b)　削除

【b号の文言を削る】

(a)　「病院」(hospital)とは
イングランド及びウェールズ地方に関しては、一九七七年国民保健業務法（法律第四九号）[c.49] 第一二八条第一項［二〇〇六年国民保健業務法（法律第四一号）[c.41] 第二七五条第一項若しくは同法第二〇六条第一項］（二〇〇六年国民保健業務（派生的規定）法（法律第四三号）[c.43] 附則一第二三八条により、下線部を括弧内の文言に読み替える）によって付与された意味の枠内における病院をいい、又は二〇〇〇年ケア基準法（法律第一四号）[c.14] 第二条第三項によって付与された意味の枠内における病院に当たるその他の施設をいう。

【a号を改める】（その後再度改める：後述）

(a)　イングランド及びウェールズ地方に関しては、二〇〇六年国民保健業務法（法律第四一号）[c.41] 第二七五条第一項若しくは同法第二〇六条第一項によって付与された意味の枠内における病院をいい、又は二〇〇〇年ケア基準法（法律第一四号）[c.14] 第二条第三項によって付与された意味の枠内における病院に当たるその他の施設をいう。

(b)　北アイルランド地方に関しては、一九七二年保健及び個人社会福祉事業（北アイルランド）命令（法律的文書第一二六五号）[S.I.1972/1265 (N.I.14)] 第二条第二項によって付与された意味の枠内における病院をいい、又は二〇〇三年命令第二条第二項によって付与された意味の枠内における病院に当たるその他の施設をいう。

（二〇一〇年「二〇〇八年保健及びソーシャル・ケア法」（派生的改正第二）命令（法律的文書第八一三号）[S.I.2010/813] 第一三条第三項a号iにより、「病院」の定義を読み替える）

【a号を含めて、「病院」の定義を再度改める】

「病院」(hospital)とは、次の各号のいずれかをいう。

(a)　二〇〇六年国民保健業務法（法律第四一号）[c.41] 第二七五条又は二〇〇六年国民保健業務（ウェールズ）法（法律第四二号）[c.42] 第二〇六条で定義する病院

(b)　その他の施設—

(b)(i)　イングランド地方においては、次項中に列挙する業務のいずれかを提供する施設

(ii)　ウェールズ地方においては、二〇〇〇年ケア基準法（法律第一四号）[c.14] 第二条第三項によって付与された意味の枠内における病院に当たる施設

「独立クリニック」(independent clinic)は

(a)　イングランド及びウェールズ地方に関しては、（二〇一〇年「二〇〇八年保健及びソーシャル・ケア法」（派生的改正第二）命令（法律的文書第八一三号）[S.I.2010/813] 第一三条第三項a号iiにより、下線部を削る）二〇〇〇年ケア基準法第二条によって付与さ

れた意味を有する。

【a号を改める】

(a)　二〇〇〇年ケア基準法第二条によって付与された意味を有する。

(b)　北アイルランド地方に関しては、二〇〇三年命令第二条第二項によって付与された意味を有する。

（二〇〇八年性犯罪（北アイルランド派生的改正）命令（法律的文書第一七七九号）[S.I.2008/1779] 第七条f号により、b号の文言を削る）

【b号の文言を削る】

(b)　削除

「私立病院」(private hospital) は、一九八六年精神保健（北アイルランド）命令（法律的文書第五九五号）[S.I.1986/595 (N.I.4)] 第九〇条第二項によって付与された意味を有する。

「居住ケア・ホーム」(residential care home) とは、二〇〇三年命令の適用上の居住ケアホームに当たる施設をいう。

「居住家庭センター」(residential family centre) は、二〇〇一年保健及び個人社会福祉事業法（北アイルランド）（法律第三号）[c.3] 第二二条によって付与された意味を有する。

（二〇〇八年性犯罪（北アイルランド派生的改正）命令（法律的文書第一七七九号）[S.I.2008/1779] 第七条g号により、「私立病院」「居住ケア・ホーム」「居住家庭センター」の定義を削る）

【「私立病院」「居住ケア・ホーム」「居住家庭センター」の定義を削る】

「指導監督命令」(supervision order) は

(a)　イングランド及びウェールズ地方に関しては、一九八九年児童法（法律第四一号）[c.41] 第三一条第一一項によって付与された意味を有する。

(b)　北アイルランド地方に関しては、一九九五年児童（北アイルランド）命令（法律的文書第七五五号）[S.I.1995/755 (N.I.2)] 第四九条第一項によって付与された意味を有する。

（二〇〇八年性犯罪（北アイルランド派生的改正）命令（法律的文書第一七七九号）[S.I.2008/1779] 第七条h号により、b号の文言を削る）

【b号の定義を削る】

(b)　削除

「ボランタリー・ホーム」(voluntary home) は

(a)　イングランド及びウェールズ地方に関しては、一九八九年児童法（法律第四一号）[c.41] 第六〇条第三項によって付与された意味を有する。

(b)　北アイルランド地方に関しては、一九九五年児童（北アイルランド）命令（法律的文書第七五五号）[S.I.1995/755 (N.I.2)] 第七四条第一項によって付与された意味を有する。

（二〇〇八年性犯罪（北アイルランド派生的改正）命令（法律的文書第一七七九号）[S.I.2008/1779] 第七条i号により、b号の文言を削る）

【b号の定義を削る】

(b)　削除

（二〇一〇年「二〇〇八年保健及びソーシャル・ケア法」（派生的改正第二）命令（法律的文書第八一三号）[S.I.2010/813] 第一三条第三項bにより、第六項を加える）

【第六項を加える】

(6) 病院の定義のb号ⅰ中に記載した業務は、次のとおりとする。

(a) 麻酔状態のもとで、又は静脈注射による沈静状態のもとで行う内科治療

(b) 通常の麻酔状態のもとで行う歯科治療

(c) 分娩業務、及び出産に関連する内科業務

(d) 妊娠中絶

(e) 次の業務を除く整形外科

(i) イア・ピアス及びボディー・ピアス

(ii) 刺青

(iii) 美容目的で行う、薬物の皮下注射

(iv) 電熱を応用した毛根や皮膚小痕の除去

【第一六条から第二四条までの規定は、二〇〇八年性犯罪（北アイルランド）命令（法律的文書第一七六九号）[S.I.2008/1769 (N.I.12)] 附則三により廃止する】[北アイルランド地方に適用]

【第二二条の新正文は次のとおり】

第二二条　信用ある地位：解釈

(1) 次の各項の規定は、前条の目的のために適用する。

(2) 第三項に従うことを条件にして、ある者が一八歳未満の者を定期的にケアすること、訓練すること、指導監督すること、又は単独で保護することにかかわったときは、この者は、これらの者の世話をしたものとする。

(3) 次の各号の両者に該当したときは、この者（A）は、個人的に他人（B）の世話をしたものとする。

(a) AがBを定期的にケアし、訓練し、指導監督することにかかわったとき

(b) Bへのかかわりの過程において、（対面であると、その他の方法によるとを問わず）Aが指導監督なくして、定期的にBと接触したとき

(4) 次の各号のいずれかに該当したときは、この者は、教育施設において教育を受けたものとする。

(a) ある者が当該施設において生徒又は学生として登録を受け、その他名簿に記載されたとき

(b) 本人が登録を受け、その他名簿に記載された別の教育施設との取決めに基づいて、ある者が当該施設において教育を受けたとき

(5) 前条において

「自治体」（authority）とは

(a) イングランド及びウェールズ地方に関しては、地方自治体をいう。

(b) 削除

「ケア・ホーム」（care home）とは、二〇〇〇年ケア基準法（法律第一四号）[c.14] の適用上、ケア・ホームに当たる施設をいう。

「ケア命令」（care order）は

(a) イングランド及びウェールズ地方に関しては、一九八九年児童法（法律第四一号）[c.41] における同一の意味を有する。

(b) 削除

「児童ホーム」（children's home）は

(a) イングランド及びウェールズ地方に関しては、二〇〇〇年ケア基準法（法律第一四号）[c.14] 第一条によって付与された意味を有する。

(b) 削除

「コミュニティー・ホーム」（community home）は、一九八九年児童法

（法律第四一号）［c.41］第五三条によって付与された意味を有する。

「教育指導監督命令」（education supervision order）は

(a) イングランド及びウェールズ地方に関しては、一九八九年児童法（法律第四一号）［c.41］第三六条によって付与された意味を有する。

(b) 削除

「病院」（hospital）とは、次の各号のいずれかをいう。

(a) 二〇〇六年国民保健業務法（法律第四一号）［c.41］第二七五条又は二〇〇六年国民保健業務（ウェールズ）法（法律第四二号）［c.42］第二〇六条で定義する病院

(b) その他の施設―

(b)(i) イングランド地方においては、次項中に列挙する業務のいずれかを提供する施設

(ii) ウェールズ地方においては、二〇〇〇年ケア基準法（法律第一四号）［c.14］第二条第三項によって付与された意味の枠内における病院に当たる施設

「独立クリニック」（independent clinic）は

(a) 二〇〇〇年ケア基準法第二条によって付与された意味を有する。

(b) 削除

【「私立病院」「居住ケア・ホーム」「居住家庭センター」の定義を削る】

「指導監督命令」（supervision order）は

(a) イングランド及びウェールズ地方に関しては、一九八九年児童法（法律第四一号）［c.41］第三一条第一一項によって付与された意味を有する。

(b) 削除

「ボランタリー・ホーム」（voluntary home）は

(a) イングランド及びウェールズ地方に関しては、一九八九年児童法（法律第四一号）［c.41］第六〇条第三項によって付与された意味を有する。

(b) 削除

(6) 病院の定義のb号i中に記載した業務は、次のとおりとする。

(a) 麻酔状態のもとで、又は静脈注射による沈静状態のもとで行う内科治療

(b) 通常の麻酔状態のもとで行う歯科治療

(c) 分娩業務、及び出産に関連する内科業務

(d) 妊娠中絶

(e) 次の業務を除く整形外科

(i) イア・ピアス及びボディー・ピアス

(ii) 刺青

(iii) 美容目的で行う、薬物の皮下注射

(iv) 電熱を応用した毛根や皮膚小痕の除去

第二三条　第一六条から第一九条までの規定：婚姻の例外［配偶者及び登録同性パートナーを除く］（二〇〇四年登録同性パートナーシップ法（法律第三三号）［c.33］附則二七第一七三条第四項により、下線部を括弧内の文言に読み替える）

【見出しを改める】
第二三条　第一六条から第一九条までの規定：配偶者及び登録同性パートナーを除く

(1) 次の各号の両者に該当した場合におい

て、その他の場合であったとすれば、第一六条から第一九条までの規定に基づく、他人（B）に対する罪に当たると思料される、ある者（A）による行為は、これらの条項に基づく罪としないものとする。

(a)　当該時点に、Bが一六歳以上であった場合

(b)　当該時点に、AとBが法律上婚姻していた［か、又は相互に登録同性パートナーであった］（二〇〇四年登録同性パートナーシップ法（法律第三三号）［c.33］附則二七第一七三条第二項により、括弧内の文言を加える）場合

【b号を改める】
(b)　当該時点に、AとBが法律上婚姻していたか、又は相互に登録同性パートナーであった場合

(2)　当該罪に対する手続中で、AとBが当該時点に法律上婚姻していた［当該時点に法律上婚姻していたか、又は相互に登録同性パートナーであった］（二〇〇四年登録同性パートナーシップ法（法律第三三号）［c.33］附則二七第一七三条第三項により、下線部を括弧内の文言に読み替える）ことは、当該被告人が立証するものとする。

【第二項を改める】
(2)　当該罪に対する手続中で、AとBが当該時点に法律上婚姻していたか、又は相互に登録同性パートナーであったことは、当該被告人が立証するものとする。

【第一六条から第二四条までの規定は、二〇〇八年性犯罪（北アイルランド）命令（法律的文書第一七六九号）［S.I.2008/1769 (N.I.2)］附則三により廃止する】［北アイルランド地方に適用］

【第二三条の見出しを含む新正文は次のとおり】

第二三条　第一六条から第一九条までの規定：配偶者及び登録同性パートナーを除く

(1)　次の各号の両者に該当した場合において、その他の場合であったとすれば、第一六条から第一九条までの規定に基づく、他人（B）に対する罪に当たると思料される、ある者（A）による行為は、これらの条項に基づく罪としないものとする。

(a)　当該時点に、Bが一六歳以上であった場合

(b)　当該時点に、AとBが法律上婚姻していたか、又は相互に登録同性パートナーであった場合

(2)　当該罪に対する手続中で、AとBが当該時点に法律上婚姻していたか、又は相互に登録同性パートナーであったことは、当該被告人が立証するものとする。

第二四条　第一六条から第一九条までの規定：信用ある地位が生ずる前の性的関係

(1)　信用ある地位が生ずる前に、ある者（A）と他人（B）との間に性的関係があった場合において、その他の場合であったとすれば、第一六条から第一九条までの規定に基づく、Bに対する罪に当たると思料される、Aによる行為は、これらの条項に基づく罪としないものとする。

(2)　当該時点に、AとBとの間の性交が違法であったと思料されるときは、前項の規定を適用しない。

(3)　第一六条から第一九条までの規定に基づく罪に対する手続中で、当該時点に当

該関係があったことは、当該被告人が立証するものとする。

【第一六条から第二四条までの規定は、二〇〇八年性犯罪（北アイルランド）命令（法律的文書第一七六九号）[S.I.2008/1769(N.I.2)] 附則三により廃止する】[北アイルランド地方に適用]

家庭内の児童性犯罪

第二五条　家庭内の児童構成員との性的行為

(1)　次の各号のすべてに該当したときは、この者（A）は、罪を犯したものとする。

(a)　Aが故意に他人（B）に接触したとき

(b)　当該接触が性的であったとき

(c)　AのBに対する関係が第二七条に該当したとき

(d)　AのBに対する関係が第二七条に該当する関係であることを、Aが知っていたか、又は知ることを合理的に期待することができたとき

(e)　次のいずれかであったとき

(i)　Bが一八歳未満であった場合において、Bが一八歳以上であった、とAが合理的に確信していなかったとき

(ii)　Bが一三歳未満であったとき

(2)　本条に基づく罪に対する手続中で、他人が一八歳未満であったことが立証された場合において、他人が一八歳以上であったと被告人が合理的に確信していたか否かに関する争点を提起する十分な証拠が提出されなかったときは、当該被告人は、この者が一八歳以上であったと合理的に確信していなかったものとみなすものとする。

(3)　本条に基づく罪に対する手続中で、被告人の他人に対する関係が第二七条に該当する関係であったことが立証された場合において、被告人がこのことを知っていたか否か、又は知ることを合理的に期待することができたか否かに関する争点を提起する十分な証拠が提出されなかったときは、当該被告人は、本人の他人に対する関係が当該関係であったことを知っていたか、又は知ることを合理的に期待することができたものとみなすものとする。

(4)　本条に基づく罪により有罪となった者が、当該時点に一八歳以上であったときは、次の各号の定めるところによる。

(a)　第六項の規定を適用する場合にあっては、一四年以下の拘禁に処する。

(b)　その他の場合にあっては

(i)　略式起訴に基づく有罪宣告により、六か月以下の拘禁若しくは法定上限以下の罰金に処し、又は両者を併科する。

(ii)　正式起訴に基づく有罪宣告により、一四年以下の拘禁に処する。

(5)　前項の規定が適用されなかったときは、本条に基づく罪により有罪となった者は、次の各号の定めるところによる。

(a)　略式起訴に基づく有罪宣告により、六か月以下の拘禁若しくは法定上限以下の罰金に処し、又は両者を併科する。

(b)　正式起訴に基づく有罪宣告により、五年以下の拘禁に処する。

(6)　第六項の規定を適用する場合とは、当該接触の中に次の各号のいずれかが含まれている場合をいう。

(a)　Aの身体の一部又はその他の物をBのアヌス又は膣へ挿入

(b)　AのペニスをBの口へ挿入

(c)　Bの身体の一部をAのアヌス又は膣へ挿入

(d)　BのペニスをAの口へ挿入

第二六条　家庭内の児童構成員に対し性的行為を行うように勧誘する罪

(1) 次の各号のすべてに該当したときは、この者（A）は、罪を犯したものとする。

(a) Aが故意に他人（B）に対し自己に接触するように勧誘し、又は他人自身に対し自己によって接触されることを認めるように勧誘したとき

(b) 当該接触が性的であったとき

(c) AのBに対する関係が第二七条に該当したとき

(d) AのBに対する関係が第二七条に該当する関係であることを、Aが知っていたか、又は知ることを合理的に期待することができたとき

(e) 次のいずれかであったとき

(i) Bが一八歳未満であった場合において、Bが一八歳以上であった、とAが合理的に確信していなかったとき

(ii) Bが一三歳未満であったとき

(2) 本条に基づく罪に対する手続中で、他人が一八歳未満であったことが立証された場合において、他人が一八歳以上であったと被告人が合理的に確信していたか否かに関する争点を提起する十分な証拠が提出されなかったときは、当該被告人は、この者が一八歳以上であったと合理的に確信していなかったものとみなすものとする。

(3) 本条に基づく罪に対する手続中で、被告人の他人に対する関係が第二七条に該当する関係であったことが立証された場合において、被告人がこのことを知っていたか否か、又は知ることを合理的に期待することができたか否かに関する争点を提起する十分な証拠が提出されなかったときは、当該被告人は、本人の他人に対する関係が当該関係であったことを知っていたか、又は知ることを合理的に期待することができたものとみなすものとする。

(4) 本条に基づく罪により有罪となった者が、当該時点に一八歳以上であったときは、次の各号の定めるところによる。

(a) 第六項の規定を適用する場合にあっては、正式起訴に基づく有罪宣告により、一四年以下の拘禁に処する。

(b) その他の場合にあっては

(i) 略式起訴に基づく有罪宣告により、六か月以下の拘禁若しくは法定上限以下の罰金に処し、又は両者を併科する。

(ii) 正式起訴に基づく有罪宣告により、一四年以下の拘禁に処する。

(5) 前項の規定が適用されなかったときは、本条に基づく罪により有罪となった者は、次の各号の定めるところによる。

(a) 略式起訴に基づく有罪宣告により、六か月以下の拘禁若しくは法定上限以下の罰金に処し、又は両者を併科する。

(b) 正式起訴に基づく有罪宣告により、五年以下の拘禁に処する。

(6) 第六項の規定を適用する場合とは、関係する勧誘の中に次の各号のいずれかが含まれている場合をいう。

(a) Aの身体の一部又はその他の物をBのアヌス又は膣へ挿入

(b) AのペニスをBの口へ挿入

(c) Bの身体の一部をAのアヌス又は膣へ挿入

(d) BのペニスをAの口へ挿入

第二七条　家族関係

(1) 次の各号のいずれかに該当したときは、ある者（A）の他人（B）に対する関係は、第二七条に該当する。

(a) 当該関係が第二項から第四項までの規定のいずれかに該当するとき

(b)［一九七六年養子縁組法（法律第三六号）［c.36］第三九条又は］（二〇〇八年刑事司法及び移民法（法律第四号）［c.4］附則一五第三条により、括弧内の文言を加える）二〇〇二年養子縁組及び児童法（法律第三八号）［c.38］第六七条（養子縁組によって付与される地位）の規定がなかったとすれば、当該関係がこれらの項のいずれかに該当すると思料されるとき

【b号を改める】

(b) 一九七六年養子縁組法（法律第三六号）［c.36］第三九条又は二〇〇二年養子縁組及び児童法（法律第三八号）［c.38］第六七条（養子縁組によって付与される地位）の規定がなかったとすれば、当該関係がこれらの項のいずれかに該当すると思料されるとき

(2) AのBに対する関係が第二項の規定に該当するときとは、次の各号のいずれかに該当するときをいう。

(a) 両者の一方が他方の父母、祖父母、兄弟姉妹、異父母兄弟姉妹又は伯叔父母であるとき

(b) AがBの里親であるか、又は里親であったとき

(3) AのBに対する関係が第三項の規定に該当するときとは、AとBが同一世帯の中で生活しているか、若しくは生活していたとき、又はAが定期的にBのケア、訓練、指導監督若しくは単独の保護にかかわっているか、若しくはかかわっていた場合において、次の各号のいずれかに該当するときをいう。

(a) AとBの一方が他方の継父母であるか、又は継父母であったとき

(b) AとBが従兄弟姉妹であるとき

(c) AとBの一方が他方の継兄弟姉妹であるか、又は継兄弟姉妹であったとき

(d) AとBの一方の父母又は現在若しくは過去の里親が、他方の里親であるか、又は里親であったとき

(4) AのBに対する関係が第四項の規定に該当するときとは、次の各号の両者に該当するときをいう。

(a) AとBが同一世帯の中で生活しているとき

(b) Aが定期的にBのケア、訓練、指導監督又は単独の保護にかかわっているとき

(5) 本条の適用上

(a)「伯叔母」(aunt) とは、人の父母の姉妹又は半血姉妹をいい、「伯叔父」(uncle) は、これに相当する意味を有する。

(b)「従兄弟姉妹」(cousin) とは、伯叔父母の子をいう。

(c) 次のいずれかに該当したときは、この者は、子の里親とする。

(i) ある者が、一九八九年児童法（法律第四一号）［c.41］第二三条第二項a号又は第五九条第一項a号（地方自治体又はボランタリー組織に代わって行う里子の養育）に基づいて、当該児童の託置を受けた者であるとき

（二〇〇八年少年及び児童法（法律第二三号）［c.23］附則一第一六条により、iを次のiとiaに読み替える）

【iを次のiとiaに改める】

(i) ある者が、一九八九年児童法（法律第四一号）［c.41］第二二条C第六項a号又はb号（地方自治体の託置による里親）に該当する託置において、同条に基づいて、当該児童の託置を受けた者であるとき

(ia) ある者が、同法第五九条第一項a号（ボランタリー組織による託置）に基づいて、当該児童の託置を受けた者であるとき

(ii) ある者が、同法第六六条第一項b号によって付与された意味の枠内で、私的に里子として当該児童を養育するとき

(d) AとBが永続的家族関係の中でパートナーとして同居しているときは、（両者が異性であると、同性であるとを問わず）一方を他方のパートナーとする。

(e) 「継父母」(stepparent) の中には、父母のパートナーが含まれ、「継兄弟」(stepbrother) と「継姉妹」(stepsister) の中には、父母のパートナーの子が含まれる。

【第二七条の新正文は次のとおり】

第二七条　家族関係

(1) 次の各号のいずれかに該当したときは、ある者（A）の他人（B）に対する関係は、第二七条に該当する。

(a) 当該関係が第二項から第四項までの規定のいずれかに該当するとき

(b) 一九七六年養子縁組法（法律第三六号）[c.36] 第三九条又は二〇〇二年養子縁組及び児童法（法律第三八号）[c.38] 第六七条（養子縁組によって付与される地位）の規定がなかったとすれば、当該関係がこれらの項のいずれかに該当すると思料されるとき

(2) AのBに対する関係が第二項の規定に該当するときとは、次の各号のいずれかに該当するときをいう。

(a) 両者の一方が他方の父母、祖父母、兄弟姉妹、異父母兄弟姉妹又は伯叔父母であるとき

(b) AがBの里親であるか、又は里親であったとき

(3) AのBに対する関係が第三項の規定に該当するときとは、AとBが同一世帯の中で生活しているか、若しくは生活していたとき、又はAが定期的にBのケア、訓練、指導監督若しくは単独の保護にかかわっているか、若しくはかかわっていた場合において、次の各号のいずれかに該当するときをいう。

(a) AとBの一方が他方の継父母であるか、又は継父母であったとき

(b) AとBが従兄弟姉妹であるとき

(c) AとBの一方が他方の継兄弟姉妹であるか、又は継兄弟姉妹であったとき

(d) AとBの一方の父母又は現在若しくは過去の里親が、他方の里親であるか、又は里親であったとき

(4) AのBに対する関係が第四項の規定に該当するときとは、次の各号の両者に該当するときをいう。

(a) AとBが同一世帯の中で生活しているとき

(b) Aが定期的にBのケア、訓練、指導監督又は単独の保護にかかわっているとき

(5) 本条の適用上

(a) 「伯叔母」(aunt) とは、人の父母の姉妹又は半血姉妹をいい、「伯叔父」(uncle) は、これに相当する意味を有する。

(b) 「従兄弟姉妹」(cousin) とは、伯叔父母の子をいう。

(c) 次のいずれかに該当したときは、この者は、子の里親とする。

(i) ある者が、一九八九年児童法

（法律第四一号）[c.41] 第二二条C第六項a号又b号（地方自治体の託置による里親）に該当する託置において、同条に基づいて、当該児童の託置を受けた者であるとき

(ia) ある者が、同法第五九条第一項a号（ボランタリー組織による託置）に基づいて、当該児童の託置を受けた者であるとき

(ii) ある者が、同法第六六条第一項b号によって付与された意味の枠内で、私的に里子として当該児童を養育するとき

(d) AとBが永続的家族関係の中でパートナーとして同居しているときは、（両者が異性であると、同性であるとを問わず）一方を他方のパートナーとする。

(e) 「継父母」(stepparent) の中には、父母のパートナーが含まれ、「継兄弟」(stepbrother) と「継姉妹」(stepsister) の中には、父母のパートナーの子が含まれる。

第二八条　第二五条及び第二六条：婚姻の

例外［配偶者及び登録同性パートナーを除く］（二〇〇四年登録同性パートナーシップ法（法律第三三号）[c.33] 附則二七第一七四条第四項により、下線部を括弧内の文言に読み替える）

【見出しを改める】
第二八条　第二五条及び第二六条：配偶者及び登録同性パートナーを除く

(1) 次の各号の両者に該当した場合において、その他の場合であったとすれば、第二五条又は第二六条に基づく、他人（B）に対する罪に当たると思料される、ある者（A）による行為は、これらの条項に基づく罪としないものとする。

(a) 当該時点に、Bが一六歳以上であった場合

(b) 当該時点に、AとBが法律上婚姻していた［か、又は相互に登録同性パートナーであった］（二〇〇四年登録同性パートナーシップ法（法律第三三号）[c.33] 附則二七第一七四条第二項により、括弧内の文言を加える）場合

【b号を改める】
(b) 当該時点に、AとBが法律上婚姻していたか、又は相互に登録同性パートナーであった場合

(2) 当該罪に対する手続中で、AとBが当該時点に法律上婚姻していた［当該時点に法律上婚姻していたか、又は相互に登録同性パートナーであった］（二〇〇四年登録同性パートナーシップ法（法律第三三号）[c.33] 附則二七第一七四条第三項により、下線部を括弧内の文言に読み替える）ことは、当該被告人が立証するものとする。

【第二項を改める】
(2) 当該罪に対する手続中で、AとBが当該時点に法律上婚姻していたか、又は相互に登録同性パートナーであったことは、当該被告人が立証するものとする。

【第二八条の見出しを含む改正正文は次のとおり】
第二八条　第二五条及び第二六条：配偶者及び登録同性パートナーを除く

(1) 次の各号の両者に該当した場合において、その他の場合であったとすれば、

第二五条又は第二六条に基づく、他人（Ｂ）に対する罪に当たると思料される、ある者（Ａ）による行為は、これらの条項に基づく罪としないものとする。

(a)　当該時点に、Ｂが一六歳以上であった場合

(b)　当該時点に、ＡとＢが法律上婚姻していたか、又は相互に登録同性パートナーであった場合

(2)　当該罪に対する手続中で、ＡとＢが当該時点に法律上婚姻していたか、又は相互に登録同性パートナーであったことは、当該被告人が立証するものとする

第二九条　第二五条及び第二六条：家族関係が生ずる前の性的関係

(1)　次の各号のすべてに該当した場合において、その他の場合であったとすれば、第二五条又は第二六条に基づく、他人（Ｂ）に対する罪に当たると思料される、ある者（Ａ）による行為は、これらの条項に基づく罪としないものとする。

(a)　ＡのＢに対する関係が第二七条第二項に該当しない場合

(b)　［一九七六年養子縁組法（法律第三六号）[c.36]　第三九条又は］（二〇〇八年刑事司法及び移民法（法律第四号）[c.4]　附則一五第四条により、括弧内の文言を加える）二〇〇二年養子縁組及び児童法（法律第三八号）[c.38]　第六七条の規定を適用しなかったとすれば、当該関係が同項に該当しない場合

【b号を改める】

(b)　一九七六年養子縁組法（法律第三六号）[c.36]　第三九条又は二〇〇二年養子縁組及び児童法（法律第三八号）[c.38]　第六七条の規定を適用しなかったとすれば、当該関係が同項に該当しない場合

(c)　ＡのＢに対する関係が最初に第二七条に該当するような関係になる前に、ＡとＢとの間に性的関係があった場合

(2)　前項c号に定めた時点に、ＡとＢとの間の性交が違法であったと思料されるときは、前項の規定を適用しない。

(3)　第二五条又は第二六条に基づく罪に対する手続中で、第一項a号からc号までの規定中に定めた事項は、当該被告人が立証するものとする。

【第二九条の新正文は次のとおり】

第二九条　第二五条及び第二六条：家族関係が生ずる前の性的関係

(1)　次の各号のすべてに該当した場合において、その他の場合であったとすれば、第二五条又は第二六条に基づく、他人（Ｂ）に対する罪に当たると思料される、ある者（Ａ）による行為は、これらの条項に基づく罪としないものとする。

(a)　ＡのＢに対する関係が第二七条第二項に該当しない場合

(b)　一九七六年養子縁組法（法律第三六号）[c.36]　第三九条又は二〇〇二年養子縁組及び児童法（法律第三八号）[c.38]　第六七条の規定を適用しなかったとすれば、当該関係が同項に該当しない場合

(c)　ＡのＢに対する関係が最初に第二七条に該当するような関係になる前に、ＡとＢとの間に性的関係があった場合

(2)　前項c号に定めた時点に、ＡとＢとの間の性交が違法であったと思料され

るときは、前項の規定を適用しない。

(3)　第二五条又は第二六条に基づく罪に対する手続中で、第一項a号からc号までの規定中に定めた事項は、当該被告人が立証するものとする。

選択能力に支障がある精神障害者に対する罪

第三〇条　選択能力に支障がある精神障害者との性的行為

(1)　次の各号のすべてに該当したときは、この者（A）は、罪を犯したものとする。

(a)　Aが故意に他人（B）に接触したとき

(b)　当該接触が性的であったとき

(c)　Bが精神障害の故に、又は精神障害に関係する理由のために当該接触を拒否することができなかったとき

(d)　Bが精神障害を有していたこと、及びそれ故に、又はそれに関係する理由のために当該接触を拒否することができないと思われることを、Aが知っていたか、又は知ることを合理的に期待することができたとき

(2)　次の各号のいずれかに該当したときは、Bは、当該接触を拒否することができなかったものとする。

(a)　（行われた行為の性質又は合理的に予見することができるその結果の十分な理解をBが欠いていた故であると、その他の理由のためであるとを問わず）、Bが当該接触に同意するか否かを選択する能力を欠いていたとき

(b)　BがAに当該選択を伝えることができなかったとき

(3)　当該接触の中に次の各号のいずれかが含まれていたときは、本条に基づく罪により有罪となった者は、正式起訴に基づく有罪宣告により、終身拘禁に処する。

(a)　Aの身体の一部又はその他の物をBのアヌス又は膣へ挿入

(b)　AのペニスをBの口へ挿入

(c)　Bの身体の一部をAのアヌス又は膣へ挿入

(d)　BのペニスをAの口へ挿入

(4)　前項の規定が適用されなかったときは、本条に基づく罪により有罪となった者は、次の各号の定めるところによる。

(a)　略式起訴に基づく有罪宣告により、六か月以下の拘禁若しくは法定上限以下の罰金に処し、又は両者を併科する。

(b)　正式起訴に基づく有罪宣告により、一四年以下の拘禁に処する。

第三一条　選択能力に支障がある精神障害者に対し性的行為を行うように強制又は勧誘する罪

(1)　次の各号のすべてに該当したときは、この者（A）は、罪を犯したものとする。

(a)　Aが故意に他人（B）に対しある行為を行うように強制又は勧誘したとき

(b)　当該行為が性的であったとき

(c)　Bが精神障害の故に、又は精神障害に関係する理由のために当該強制又は勧誘を拒否することができなかったとき

(d)　Bが精神障害を有していたこと、及びそれ故に、又はそれに関係する理由のために当該強制又は勧誘を拒否することができないと思われることを、Aが知っていたか、又は知ることを合理的に期待することができたとき

(2)　次の各号のいずれかに該当したときは、Bは、当該強制又は勧誘を拒否することができなかったものとする。

(a)　（当該行為の性質又は合理的に予見することができるその結果の十分な理解をBが欠いていた故であると、その他の理由のためであるとを問わず）、

Ｂが強制又は勧誘された行為を行うことに同意するか否かを選択する能力を欠いていたとき

(b)　ＢがＡに当該選択を伝えることができなかったとき

(3)　強制又は勧誘された行為の中に次の各号のいずれかが含まれていたときは、本条に基づく罪により有罪となった者は、正式起訴に基づく有罪宣告により、終身拘禁に処する。

(a)　Ｂのアヌス又は膣へ挿入

(b)　人のペニスをＢの口へ挿入

(c)　Ｂの身体の一部を、又はＢがその他の物を人のアヌス又は膣へ挿入

(d)　Ｂのペニスを人の口へ挿入

(4)　前項の規定が適用されなかったときは、本条に基づく罪により有罪となった者は、次の各号の定めるところによる。

(a)　略式起訴に基づく有罪宣告により、六か月以下の拘禁若しくは法定上限以下の罰金に処し、又は両者を併科する。

(b)　正式起訴に基づく有罪宣告により、一四年以下の拘禁に処する。

第三二条　選択能力に支障がある精神障害者の面前で性的行為を行う罪

(1)　次の各号のすべてに該当したときは、この者（Ａ）は、罪を犯したものとする。

(a)　Ａが故意にある行為を行ったとき

(b)　当該行為が性的であったとき

(c)　次の両者を具備している場合において、Ａが、性的満足を得るために、当該行為を行ったとき

(i)　他人（Ｂ）が現在していた場合か、又はＡを観察することができる場所に居た場合

(ii)　Ａが当該行為を行っていることにＢが気づいていることを知りながら、若しくはＢが気づいていると確信しながら、又はＡが当該行為を行っていることにＢが気づくことを意図しながら

(d)　Ｂが精神障害の故に、又は精神障害に関係する理由のために当該行為を拒否することができなかったとき

(e)　Ｂが精神障害を有していたこと、及びそれ故に、又はそれに関係する理由のために当該行為を拒否することができないと思われることを、Ａが知っていたか、又は知ることを合理的に期待することができたとき

(2)　次の各号のいずれかに該当したときは、Ｂは、当該行為を拒否することができなかったものとする。

(a)　（当該行為の性質又は合理的に予見することができるその結果の十分な理解をＢが欠いていた故であると、その他の理由のためであるとを問わず）、Ｂが、現在することに同意するか否かを選択する能力を欠いていたとき

(b)　ＢがＡに当該選択を伝えることができなかったとき

(3)　本条に基づく罪により有罪となった者は、次の各号の定めるところによる。

(a)　略式起訴に基づく有罪宣告により、六か月以下の拘禁若しくは法定上限以下の罰金に処し、又は両者を併科する。

(b)　正式起訴に基づく有罪宣告により、一〇年以下の拘禁に処する。

第三三条　選択能力に支障がある精神障害者に対し性的行為を見つめるように強制する罪

(1)　次の各号のすべてに該当したときは、この者（Ａ）は、罪を犯したものとする。

(a)　Ａが、性的満足を得るために、故意に、他人（Ｂ）に対し第三者がある行為を行っている状況を見つめるように強制し、又は人がある行為を行っている画像を閲覧するように強制したとき

(b)　当該行為が性的であったとき

(c)　Bが精神障害の故に、又は精神障害に関係する理由のために当該強制を拒否することができなかったとき

(d)　Bが精神障害を有していたこと、及びそれ故に、又はそれに関係する理由のために当該強制を拒否することができないと思われることを、Aが知っていたか、又は知ることを合理的に期待することができたとき

(2)　次の各号のいずれかに該当したときは、Bは、当該強制を拒否することができなかったものとする。

(a)　（当該行為の性質又は合理的に予見することができるその結果の十分な理解をBが欠いていた故であると、その他の理由のためであるとを問わず）、Bが、見つめること又は閲覧することに同意するか否かを選択する能力を欠いていたとき

(b)　BがAに当該選択を伝えることができなかったとき

(3)　本条に基づく罪により有罪となった者は、次の各号の定めるところによる。

(a)　略式起訴に基づく有罪宣告により、六か月以下の拘禁若しくは法定上限以下の罰金に処し、又は両者を併科する。

(b)　正式起訴に基づく有罪宣告により、一〇年以下の拘禁に処する。

精神障害者に対する勧誘等

第三四条　精神障害者との性的行為を得るための勧誘、脅迫又は詐害

(1)　次の各号のすべてに該当したときは、この者（A）は、罪を犯したものとする。

(a)　Aが他人（B）の同意を得て、故意にBに接触したとき

(b)　当該接触が性的であったとき

(c)　Aが、Bの同意を得るために、自己が申し込み、若しくは行った勧誘、自己が行った脅迫又は自己が実行した詐害によって、Bの同意を得たとき

(d)　Bが精神障害を有していたとき

(e)　Bが精神障害を有していたことをAが知っていたか、又は知ることを合理的に期待することができたとき

(2)　当該接触の中に次の各号のいずれかが含まれていたときは、本条に基づく罪により有罪となった者は、正式起訴に基づく有罪宣告により、終身拘禁に処する。

(a)　Aの身体の一部又はその他の物をBのアヌス又は膣へ挿入

(b)　AのペニスをBの口へ挿入

(c)　Bの身体の一部をAのアヌス又は膣へ挿入

(d)　BのペニスをAの口へ挿入

(3)　前項の規定が適用されなかったときは、本条に基づく罪により有罪となった者は、次の各号の定めるところによる。

(a)　略式起訴に基づく有罪宣告により、六か月以下の拘禁若しくは法定上限以下の罰金に処し、又は両者を併科する。

(b)　正式起訴に基づく有罪宣告により、一四年以下の拘禁に処する。

第三五条　精神障害者に対し勧誘、脅迫又は詐害によって性的行為を行うように、又は性的行為を行うことに同意するように強制する罪

(1)　次の各号のすべてに該当したときは、この者（A）は、罪を犯したものとする。

(a)　Aが、他人（B）の同意を得るために、自己が申し込み、若しくは行った勧誘、自己が行った脅迫又は自己が実行した詐害によって、故意にBに対しある行為を行うように、又はある行為を行うことに同意するように強制したとき

(b)　当該行為が性的であったとき

(c) Bが精神障害を有していたとき

(d) Bが精神障害を有していたことをAが知っていたか、又は知ることを合理的に期待することができたとき

(2) 強制を受けた行為、又は同意した行為の中に次の各号のいずれかが含まれていたときは、本条に基づく罪により有罪となった者は、正式起訴に基づく有罪宣告により、終身拘禁に処する。

(a) Bのアヌス又は膣へ挿入

(b) 人のペニスをBの口へ挿入

(c) Bの身体の一部を、又はBがその他の物を人のアヌス又は膣へ挿入

(d) Bのペニスを人の口へ挿入

(3) 前項の規定が適用されなかったときは、本条に基づく罪により有罪となった者は、次の各号の定めるところによる。

(a) 略式起訴に基づく有罪宣告により、六か月以下の拘禁若しくは法定上限以下の罰金に処し、又は両者を併科する。

(b) 正式起訴に基づく有罪宣告により、一四年以下の拘禁に処する。

第三六条　精神障害者の面前で、勧誘、脅迫又は詐害によって得られた性的行為を行う罪

(1) 次の各号のすべてに該当したときは、この者（A）は、罪を犯したものとする。

(a) Aが故意にある行為を行ったとき

(b) 当該行為が性的であったとき

(c) 次の両者を具備している場合において、Aが、性的満足を得るために、当該行為を行ったとき

(i) 他人（B）が現在していた場合か、又はAを観察することができる場所に居た場合

(ii) Aが当該行為を行っていることにBが気づいていることを知りながら、若しくはBが気づいていると確信しながら、又はAが当該行為を行っていることにBが気づくことを意図しながら

(d) Bが現在すること、又は前号iに定めた場所に居ることとの同意を得るために、Aが勧誘を申し込み、若しくは勧誘し、脅迫し、又は詐害を実行したことによって、Bがそれに同意したとき

(e) Bが精神障害を有していたとき

(f) Bが精神障害を有していたことを、Aが知っていたか、又は知ることを合理的に期待することができたとき

(2) 本条に基づく罪により有罪となった者は、次の各号の定めるところによる。

(a) 略式起訴に基づく有罪宣告により、六か月以下の拘禁若しくは法定上限以下の罰金に処し、又は両者を併科する。

(b) 正式起訴に基づく有罪宣告により、一〇年以下の拘禁に処する。

第三七条　精神障害者に対し勧誘、脅迫又は詐害によって性的行為を見つめるように強制する罪

(1) 次の各号のすべてに該当したときは、この者（A）は、罪を犯したものとする。

(a) Aが、性的満足を得るために、故意に、他人（B）に対し第三者がある行為を行っている状況を見つめるように強制し、又は人がある行為を行っている画像を閲覧するように強制したとき

(b) 当該行為が性的であったとき

(c) 同意を得る目的でAが申し込み、若しくは行った勧誘、Aが行った脅迫又はAが実行した詐害によって、Bが見つめること又は閲覧することに同意したとき

(d) Bが精神障害を有していたとき

(e) Bが精神障害を有していたことを、Aが知っていたか、又は知ることを合理的に期待することができたとき

(2) 本条に基づく罪により有罪となった者

は、次の各号の定めるところによる。

(a) 略式起訴に基づく有罪宣告により、六か月以下の拘禁若しくは法定上限以下の罰金に処し、又は両者を併科する。

(b) 正式起訴に基づく有罪宣告により、一〇年以下の拘禁に処する。

精神障害者のためのケア・ワーカー

第三八条　ケア・ワーカー：精神障害者との性的行為

(1) 次の各号のすべてに該当したときは、この者（Ａ）は、罪を犯したものとする。

(a) Ａが故意に他人（Ｂ）に接触したとき

(b) 当該接触が性的であったとき

(c) Ｂが精神障害を有していたとき

(d) Ｂが精神障害を有していたことを、Ａが知っていたか、又は知ることを合理的に期待することができたとき

(e) Ａが、第四二条に該当する方法でＢのケアにかかわっていたとき

(2) 本条に基づく罪に対する手続中で、他人が精神障害を有していたことが立証された場合において、被告人がこのことを知っていたか否か、又は知ることを合理的に期待することができたか否かに関する争点を提起する十分な証拠が提出されなかったときは、当該被告人は、この者が精神障害を有していたことを知っていたか、又は知ることを合理的に期待することができたものとみなすものとする。

(3) 当該接触の中に次の各号のいずれかが含まれていたときは、本条に基づく罪により有罪となった者は、正式起訴に基づく有罪宣告により、一四年以下の拘禁に処する。

(a) Ａの身体の一部又はその他の物をＢのアヌス又は膣へ挿入

(b) ＡのペニスをＢの口へ挿入

(c) Ｂの身体の一部をＡのアヌス又は膣へ挿入

(d) ＢのペニスをＡの口へ挿入

(4) 前項の規定が適用されなかったときは、本条に基づく罪により有罪となった者は、次の各号の定めるところによる。

(a) 略式起訴に基づく有罪宣告により、六か月以下の拘禁若しくは法定上限以下の罰金に処し、又は両者を併科する。

(b) 正式起訴に基づく有罪宣告により、一〇年以下の拘禁に処する。

第三九条　ケア・ワーカー：性的行為を行うように強制又は勧誘する罪

(1) 次の各号のすべてに該当したときは、この者（Ａ）は、罪を犯したものとする。

(a) Ａが、故意に、他人（Ｂ）に対しある行為を行うように強制又は勧誘したとき

(b) 当該行為が性的であったとき

(c) Ｂが精神障害を有していたとき

(d) Ｂが精神障害を有していたことを、Ａが知っていたか、又は知ることを合理的に期待することができたとき

(e) Ａが、第四二条に該当する方法でＢのケアにかかわっていたとき

(2) 本条に基づく罪に対する手続中で、他人が精神障害を有していたことが立証された場合において、被告人がこのことを知っていたか否か、又は知ることを合理的に期待することができたか否かに関する争点を提起する十分な証拠が提出されなかったときは、当該被告人は、この者が精神障害を有していたことを知っていたか、又は知ることを合理的に期待することができたものとみなすものとする。

(3) 強制又は勧誘された行為の中に次の各号のいずれかが含まれていたときは、本条に基づく罪により有罪となった者は、正式起訴に基づく有罪宣告により、一四

年以下の拘禁に処する。

(a) Bのアヌス又は膣へ挿入

(b) 人のペニスをBの口へ挿入

(c) Bの身体の一部を、又はBがその他の物を人のアヌス又は膣へ挿入

(d) Bのペニスを人の口へ挿入

(4) 前項の規定が適用されなかったときは、本条に基づく罪により有罪となった者は、次の各号の定めるところによる。

(a) 略式起訴に基づく有罪宣告により、六か月以下の拘禁若しくは法定上限以下の罰金に処し、又は両者を併科する。

(b) 正式起訴に基づく有罪宣告により、一〇年以下の拘禁に処する。

第四〇条　ケア・ワーカー：精神障害者の面前で性的行為を行う罪

(1) 次の各号のすべてに該当したときは、この者（A）は、罪を犯したものとする。

(a) Aが故意にある行為を行ったとき

(b) 当該行為が性的であったとき

(c) 次の各号の両者を具備している場合において、Aが、性的満足を得るために、当該行為を行ったとき

(i) 他人（B）が現在していた場合か、又はAを観察することができる場所に居た場合

(ii) Aが当該行為を行っていることにBが気づいていることを知りながら、若しくはBが気づいていると確信しながら、又はAが当該行為を行っていることにBが気づくことを意図しながら

(d) Bが精神障害を有していたとき

(e) Bが精神障害を有していたことを、Aが知っていたか、又は知ることを合理的に期待することができたとき

(f) Aが、第四二条に該当する方法でBのケアにかかわっていたとき

(2) 本条に基づく罪に対する手続中で、他人が精神障害を有していたことが立証された場合において、被告人がこのことを知っていたか否か、又は知ることを合理的に期待することができたか否かに関する争点を提起する十分な証拠が提出されなかったときは、当該被告人は、この者が精神障害を有していたことを知っていたか、又は知ることを合理的に期待することができたものとみなすものとする。

(3) 本条に基づく罪により有罪となった者は、次の各号の定めるところによる。

(a) 略式起訴に基づく有罪宣告により、六か月以下の拘禁若しくは法定上限以下の罰金に処し、又は両者を併科する。

(b) 正式起訴に基づく有罪宣告により、七年以下の拘禁に処する。

第四一条　ケア・ワーカー：精神障害者に対し性的行為を見つめるように強制する罪

(1) 次の各号のすべてに該当したときは、この者（A）は、罪を犯したものとする。

(a) Aが、性的満足を得るために、故意に、他人（B）に対し第三者がある行為を行っている状況を見つめるように強制し、又は人がある行為を行っている画像を閲覧するように強制したとき

(b) 当該行為が性的であったとき

(c) Bが精神障害を有していたとき

(d) Bが精神障害を有していたことを、Aが知っていたか、又は知ることを合理的に期待することができたとき

(e) Aが、第四二条に該当する方法でBのケアにかかわっていたとき

(2) 本条に基づく罪に対する手続中で、他人が精神障害を有していたことが立証された場合において、被告人がこのことを知っていたか否か、又は知ることを合理的に期待することができたか否かに関する争点を提起する十分な証拠が提出され

なかったときは、当該被告人は、この者が精神障害を有していたことを知っていたか、又は知ることを合理的に期待することができたものとみなすものとする。

(3)　本条に基づく罪により有罪となった者は、次の各号の定めるところによる。

(a)　略式起訴に基づく有罪宣告により、六か月以下の拘禁若しくは法定上限以下の罰金に処し、又は両者を併科する。

(b)　正式起訴に基づく有罪宣告により、七年以下の拘禁に処する。

第四二条　ケア・ワーカー：解釈

(1)　第二項から第四項までの規定を適用する場合にあっては、第三八条から前条までの規定の適用上、この者（A）は、本条に該当する方法で他人（B）のケアにかかわっていたものとする。

(2)　第二項の規定を適用する場合とは、次の各号の両者に該当する場合をいう。

(a)　Bがケア・ホーム、コミュニティー・ホーム、ボランタリー・ホーム又は児童ホームに収容されて、ケアを受けていた場合

(b)　Aが、雇用の過程で、当該ホーム内で行う職務を有し、その職務によって、Aが、Bと定期的に対面接触したか、又はその可能性があった場合

(3)　第三項の規定を適用する場合とは、Bが次の各号のいずれかでサービスの提供を受ける患者である場合において、Aが、雇用の過程で、当該組織若しくは機関のために、又は当該クリニック内若しくは病院内で行う職務を有し、その職務によって、Aが、Bと定期的に対面接触したか、又はその可能性があった場合

(a)　国民保健業務組織又は独立医療機関

(b)　独立クリニック又は独立病院

（二〇一〇年「二〇〇八年保健及びソーシャル・ケア法」（派生的改正第二）命令（法律的文書第八一三号）[S.I.2008/813] 第一三条第四項a号により、第三項を読み替える）

【第三項を改める】

(3)　第三項の規定を適用する場合とは、Bが次の各号のいずれかでサービスの提供を受ける患者である場合において、Aが、雇用の過程で、当該組織若しくは機関のために、又は当該クリニック内若しくは病院内で行う職務を有し、その職務によって、Aが、Bと定期的に対面接触したか、又はその可能性があった場合

(a)　国民保健業務組織又は独立医療機関

(b)　独立病院

(c)　ウェールズ地方においては、独立クリニック

(4)　第四項の規定を適用する場合とは、次の各号の両者に該当する場合をいう。

(a)　Aが、雇用の過程であると否とを問わず、Bの精神障害に関連して、Bへのケア、支援又はサービスの提供者であった場合

(b)　Aが、Bと定期的に対面接触する者であったか、又はその可能性がある者であった場合

(5)　本条において

「ケア・ホーム」（care home）とは、二〇〇〇年ケア基準法（法律第一四号）[c.14] の適用上、ケア・ホームに当たる施設をいう。

「児童ホーム」（children's home）は、同法第一条によって付与された意味を有する。

「コミュニティー・ホーム」（community home）は、一九八九年児童法（法

律第四一号）[c.41] 第五三条によって付与された意味を有する。

「雇用」（employment）とは、有償・無償を問わず、役務契約であると、徒弟奉公契約であるとを問わず、役務を求める契約であると、契約に基づく場合以外であるとを問わず、あらゆる雇用をいう。

「独立クリニック」（independent clinic）、「独立病院」（independent hospital）及び「独立医療機関」（independent medical agency）は、二〇〇〇年ケア基準法第二条によって付与された意味を有する。

（二〇一〇年「二〇〇八年保健及びソーシャル・ケア法」（派生的改正第二）命令（法律的文書第八一三号）[S.I.2010/813] 第一三条第四項b号により、「独立クリニック」「独立病院」「独立医療機関」の定義を読み替える）

【「独立クリニック」「独立病院」「独立医療機関」の定義を改める】

「独立クリニック」（independent clinic）は、二〇〇〇年ケア基準法（法律第一四号）[c.14] 第二条によって付与された意味を有する。

「独立病院」（independent hospital）とは、次の各号をいう。

(a) イングランド地方においては、次のいずれか

(i) 二〇〇六年国民保健業務法（法律第四一号）[c.41] 第二七五条で定義した国民保健業務病院に該当しない、同条で定義した病院

(ii) 第二二条第六項中に列挙した業務を提供し、二〇〇六年国民保健業務法（法律第四一号）[c.41] 第二七五条で定義した国民保健業務病院に該当しない、その他の施設

(b) ウェールズ地方においては、二〇〇〇年ケア基準法（法律第一四号）[c.14] 第二条によって付与された意味を有する。

「独立医療機関」（independent medical agency）とは、医療従事者による業務の提供で構成されるか、又は当該業務の提供が含まれる、（独立病院に該当しない、又はウェールズ地方においては、独立クリニックに該当しない）事業をいう。

「国民保健業務組織」（National Health Service body）とは、次の各号のいずれかをいう。

(a) 保健自治体（Health Authority）[地方保健局（Local Health Board）]（二〇〇七年保健自治体付託命令（法律的文書第九六一号）[S.I.2007/961 (w.85)] 附則三第三三条により、下線部を括弧内の文言に読み替える）

【a号を改める】

(a) 地方保健局（Local Health Board）

(b) 国民保健業務トラスト（National Health Service trust）

(c) プライマリー・ケア・トラスト（Primary Care Trust）

(d) 特別保健自治体（Special Health Authority）

「ボランタリー・ホーム」（voluntary home）は、一九八九年児童法（法律第四一号）[c.41] 第六〇条第三項によって付与された意味を有する。

（二〇一〇年「二〇〇八年保健及びソーシャル・ケア法」（派生的改正第二）命令（法律的文書第八一三号）[S.I.2010/813] 第一三条第四項c号により、第六項を加える）

【第六項を加える】

(6)　第五項中の「独立医療機関」の定義中の「事業」(undertaking) の中には、実業又は専門的職業が含まれ、また次の両者が含まれる。

(a)　公的機関又は地方自治体に関しては、これらの機関の職務の執行

(b)　その他の人的組織に関しては、法人、非法人を問わず、当該組織の活動

【第四二条の新正文は次のとおり】

第四二条　ケア・ワーカー：解釈

(1)　第二項から第四項までの規定を適用する場合にあっては、第三八条から前条までの規定の適用上、この者（A）は、本条に該当する方法で他人（B）のケアにかかわっていたものとする。

(2)　第二項の規定を適用する場合とは、次の各号の両者に該当する場合をいう。

(a)　Bがケア・ホーム、コミュニティー・ホーム、ボランタリー・ホーム又は児童ホームに収容されて、ケアを受けていた場合

(b)　Aが、雇用の過程で、当該ホーム内で行う職務を有し、その職務によって、Aが、Bと定期的に対面接触したか、又はその可能性があった場合

(3)　第三項の規定を適用する場合とは、Bが次の各号のいずれかでサービスの提供を受ける患者である場合において、Aが、雇用の過程で、当該組織若しくは機関のために、又は当該クリニック内若しくは病院内で行う職務を有し、その職務によって、Aが、Bと定期的に対面接触したか、又はその可能性があった場合

(a)　国民保健業務組織又は独立医療機関

(b)　独立病院

(c)　ウェールズ地方においては、独立クリニック

(4)　第四項の規定を適用する場合とは、次の各号の両者に該当する場合をいう。

(a)　Aが、雇用の過程であると否とを問わず、Bの精神障害に関連して、Bへのケア、支援又はサービスの提供者であった場合

(b)　Aが、Bと定期的に対面接触する者であったか、又はその可能性がある者であった場合

(5)　本条において

「ケア・ホーム」(care home) とは、二〇〇〇年ケア基準法（法律第一四号）[c.14] の適用上、ケア・ホームに当たる施設をいう。

「児童ホーム」(children's home) は、同法第一条によって付与された意味を有する。

「コミュニティー・ホーム」(community home) は、一九八九年児童法（法律第四一号）[c.41] 第五三条によって付与された意味を有する。

「雇用」(employment) とは、有償・無償を問わず、役務契約であると、徒弟奉公契約であるとを問わず、役務を求める契約であると、契約に基づく場合以外であるとを問わず、あらゆる雇用をいう。

「独立クリニック」(independent clinic) は、二〇〇〇年ケア基準法（法律第一四号）[c.14] 第二条によって付与された意味を有する。

「独立病院」(independent hospital) とは、次の各号をいう。

(a)　イングランド地方においては、次

のいずれか

(i) 二〇〇六年国民保健業務法（法律第四一号）[c.41] 第二七五条で定義した国民保健業務病院に該当しない、同条で定義した病院

(ii) 第二二条第六項中に列挙した業務を提供し、二〇〇六年国民保健業務法（法律第四一号）[c.41] 第二七五条で定義した国民保健業務病院に該当しない、その他の施設

(b) ウェールズ地方においては、二〇〇〇年ケア基準法（法律第一四号）[c.14] 第二条によって付与された意味を有する。

「独立医療機関」(independent medical agency) とは、医療従事者による業務の提供で構成されるか、又は当該業務の提供が含まれる、（独立病院に該当しない、又はウェールズ地方においては、独立クリニックに該当しない）事業をいう。

「国民保健業務組織」(National Health Service body) とは、次の各号のいずれかをいう。

(a) 地方保健局 (Local Health Board)

(b) 国民保健業務トラスト (National Health Service trust)

(c) プライマリー・ケア・トラスト (Primary Care Trust)

(d) 特別保健自治体 (Special Health Authority)

「ボランタリー・ホーム」(voluntary home) は、一九八九年児童法（法律第四一号）[c.41] 第六〇条第三項によって付与された意味を有する。

(6) 第五項中の「独立医療機関」の定義中の「事業」(undertaking) の中には、実業又は専門的職業が含まれ、また次の両者が含まれる。

(a) 公的機関又は地方自治体に関しては、これらの機関の職務の執行

(b) その他の人的組織に関しては、法人、非法人を問わず、当該組織の活動

第四三条　第三八条から第四一条までの規定：婚姻の例外［配偶者及び登録同性パートナーを除く］（二〇〇四年登録同性パートナーシップ法（法律第三三号）[c.33] 附則二七第一七五条第四項により、下線部を括弧内の文言に読み替える）

【見出しを改める】
第四三条　第三八条から第四一条までの規定：配偶者及び登録同性パートナーを除く

(1) 次の各号の両者に該当した場合において、その他の場合であったとすれば、第三八条から第四一条までの規定に基づく、他人（B）に対する罪に当たると思料される、ある者（A）による行為は、これらの条項に基づく罪としないものとする。

(a) 当該時点に、Bが一六歳以上であった場合

(b) 当該時点に、AとBが法律上婚姻していた［か、又は相互に登録同性パートナーであった］（二〇〇四年登録同性パートナーシップ法（法律第三三号）[c.33] 附則二七第一七五条第二項により、括弧内の文言を加える）場合

【b号を改める】
(b) 当該時点に、AとBが法律上婚姻していたか、又は相互に登録同性パートナーであった場合

(2) 当該罪に対する手続中で、AとBが当

該時点に法律上婚姻していた［当該時点に法律上婚姻していたか、又は相互に登録同性パートナーであった］（二〇〇四年登録同性パートナーシップ法（法律第三三号）［c.33］附則二七第一七五条第三項により、下線部を括弧内の文言に読み替える）ことは、当該被告人が立証するものとする。

【第二項を改める】

(2)　当該罪に対する手続中で、AとBが当該時点に法律上婚姻していたか、又は相互に登録同性パートナーであったことは、当該被告人が立証するものとする。

【第四三条の見出しを含む新正文は次のとおり】

第四三条　第三八条から第四一条までの規定：配偶者及び登録同性パートナーを除く

(1)　次の各号の両者に該当した場合において、その他の場合であったとすれば、第三八条から第四一条までの規定に基づく、他人（B）に対する罪に当たると思料される、ある者（A）による行為は、これらの条項に基づく罪としないものとする。

(a)　当該時点に、Bが一六歳以上であった場合

(b)　当該時点に、AとBが法律上婚姻していたか、又は相互に登録同性パートナーであった場合

(2)　当該罪に対する手続中で、AとBが当該時点に法律上婚姻していたか、又は相互に登録同性パートナーであったことは、当該被告人が立証するものとする。

第四四条　第三八条から第四一条までの規定：ケア関係が生ずる前の性的関係

(1)　ある者（A）が、第四二条に該当する方法で他人（B）のケアにかかわる前に、AとBとの間に性的関係があった場合において、その他の場合であったとすれば、第三八条から第四一条までの規定に基づく、Bに対する罪に当たると思料される、Aによる行為は、これらの条項に基づく罪としないものとする。

(2)　当該時点に、AとBとの間の性交が違法であったと思料されるときは、前項の規定を適用しない。

(3)　第三八条から第四一条までの規定に基づく罪に対する手続中で、当該時点に当該関係があったことは、当該被告人が立証するものとする。

児童を対象とする品位を欠く写真

第四五条　一六歳又は一七歳の者を対象とする品位を欠く写真

(1)　（一六歳未満の者を対象とする品位を欠く写真についての規定を定めた）一九七八年児童保護法（法律第三七条）［c.37］を、次のように改める。

(2)　第二条第三項（証拠）及び第七条第六項（「児童」(child) の意味）中の「一六歳」を「一八歳」に読み替える。

(3)　第一条の後に、次に掲げる第一条Aを加える。

「第一条A　婚姻及びその他の関係

(1)　児童を対象とする品位を欠く写真を撮影若しくは作成する第一条第一項a号に基づく罪に対する手続中、又は児童を対象とする第一条第一項b号若しくはc号に基づく罪に対する手続中で、当該写真が一六歳以上の児童を対象としていたこと、及び当該罪が告発された時点に、

当該児童と被告人が、次の各号のいずれかであったことを当該被告人が立証したときは、本条の規定を適用する。

(a)　婚姻していたこと

(b)　永続的な家族関係の中で、パートナーとして同居していたこと

(2)　児童を対象とする品位を欠く写真に関係する第一条第一項b号若しくはc号に基づく罪に対する手続中で、当該写真が一六歳以上の児童を対象としていたこと、及び被告人がそれを取得した時点に、当該児童と被告人が、次の各号のいずれかであったことを当該被告人が立証したときは、第五項及び第六項の規定を適用する。

(a)　婚姻していたこと

(b)　永続的な家族関係の中で、パートナーとして同居していたこと

(3)　本条の規定は、当該写真に当該児童が一人だけ写っていたか否か、又は被告人と一緒に写っていたか否かについて適用され、それに他人が写っていたときは、適用されない。

(4)　第一条第一項a号に基づく罪の事案にあっては、当該写真が撮影又は作成されることに当該児童が同意していたか否か、又は当該児童が同意していたと当該被告人が合理的に確信していたか否かに関する争点を提起する十分な証拠が提出された場合において、それが撮影又は作成されることに当該児童が同意していなかったこと、及び当該児童が同意していたと被告人が合理的に確信していなかったことが立証されなかったときは、当該被告人は、当該罪により有罪とされない。

(5)　第一条第一項b号に基づく罪の事案にあっては、当該児童以外の者に提示又は配布されたことが立証されなかったときは、当該被告人は、当該罪により有罪とされない。

(6)　第一条第一項c号に基づく罪の事案にあっては、次の各号の両者に関する争点を提起する十分な証拠が提出された場合において、当該児童が同意していなかったこと、及び当該児童が同意していたと被告人が合理的に確信していなかったこと、又は被告人が当該児童以外の者に当該写真を配布若しくは提示する目的で所持していたことのいずれかが、立証されなかったときは、当該被告人は、当該罪により有罪とされない。

(a)　被告人が当該写真を所持することに、当該児童が同意したか否か、又は当該児童がそれに同意していたと合理的に確信していたか否か

(b)　被告人が当該児童以外の者に当該写真を配布又は提示する目的で所持していたか否か」

（参考）

「第一条A　婚姻及びその他の関係」のその後の改正

(1)　児童を対象とする品位を欠く写真［若しくは擬似写真］（二〇〇九年検屍官及び司法法（法律第二五号）（c.25）第六九条第一項により、括弧内の文言を加える）を撮影若しくは作成する第一条第一項a号に基づく罪に対する手続中、又は児童を対象とする品位を欠く写真［若しくは擬似写真］（二〇〇九年検屍官及び司法法（法律第二五号）（c.25）第六九条第一項により、括弧内の文言を加える）に関係する第一条第一項b号若しくはc号に基づく罪に対する手続中で、当該写真［又は擬似写真］（二〇〇九年検屍官及び司

法法（法律第二五号）（c.25）第六九条第一項により、括弧内の文言を加える）が一六歳以上の児童を対象としていたこと、及び当該罪が告発された時点に、当該児童と被告人が、次の各号のいずれかであったことを当該被告人が立証したときは、本条の規定を適用する。

【第一項本文を改める】

(1)　児童を対象とする品位を欠く写真若しくは擬似写真を撮影若しくは作成する第一条第一項a号に基づく罪に対する手続中、又は児童を対象とする品位を欠く写真若しくは擬似写真に関係する第一条第一項b号若しくはc号に基づく罪に対する手続中で、当該写真又は擬似写真が一六歳以上の児童を対象としていたこと、及び当該罪が告発された時点に、当該児童と被告人が、次の各号のいずれかであったことを当該被告人が立証したときは、本条の規定を適用する。

(a)　婚姻していた［か、又は相互に登録同性パートナーであった］（二〇〇四年登録同性パートナーシップ法（法律第三三号）（c.33）附則二七第六〇条により、括弧内の文言を加える）こと

【a号を改める】

(a)　婚姻していたか、又は相互に登録同性パートナーであったこと

(b)　永続的な家族関係の中で、パートナーとして同居していたこと

(2)　児童を対象とする品位を欠く写真［又は擬似写真］（二〇〇九年検屍官及び司法法（法律第二五号）（c.25）第六九条第一項により、括弧内の文言を加える）に関係する第一条第一項b号又はc号に基づく罪に対する手続中で、当該写真［又は擬似写真］（二〇〇九年検屍官及び司法法（法律第二五号）（c.25）第六九条第一項により、括弧内の文言を加える）が一六歳以上の児童を対象としていたこと、及び被告人がそれを取得した時点に、当該児童と被告人が、次の各号のいずれかであったことを当該被告人が立証したときは、第五項及び第六項の規定を適用する。

【第二項本文を改める】

(2)　児童を対象とする品位を欠く写真又は擬似写真に関係する第一条第一項b号又はc号に基づく罪に対する手続中で、当該写真又は擬似写真が一六歳以上の児童を対象としていたこと、及び被告人がそれを取得した時点に、当該児童と被告人が、次の各号のいずれかであったことを当該被告人が立証したときは、第五項及び第六項の規定を適用する。

(a)　婚姻していた［か、又は相互に登録同性パートナーであった］（二〇〇四年登録同性パートナーシップ法（法律第三三号）（c.33）附則二七第六〇条により、括弧内の文言を加える）こと

【a号を改める】

(a)　婚姻していたか、又は相互に登録同性パートナーであったこと

(b)　永続的な家族関係の中で、パートナーとして同居していたこと

(3)　本条の規定は、当該写真［又は擬似写真］（二〇〇九年検屍官及び司法法

（法律第二五号）（c.25）第六九条第一項により、括弧内の文言を加える）に当該児童が一人だけ写っていたか否か、又は被告人と一緒に写っていたか否かについて適用され、それに他人が写っていたときは、適用されない。

【第三項本文を改める】

(3)　本条の規定は、当該写真又は擬似写真に当該児童が一人だけ写っていたか否か、又は被告人と一緒に写っていたか否かについて適用され、それに他人が写っていたときは、適用されない。

(4)　第一条第一項a号に基づく罪の事案にあっては、当該写真［若しくは擬似写真］（二〇〇九年検屍官及び司法法（法律第二五号）（c.25）第六九条第一項により、括弧内の文言を加える）が撮影若しくは作成されることに当該児童が同意していたか否か、又は当該児童がそれに同意していたと当該被告人が合理的に確信していたか否かに関する争点を提起する十分な証拠が提出された場合において、それが撮影又は作成されることに当該児童が同意していなかったこと、及び当該児童が同意していたと被告人が合理的に確信していなかったことが立証されなかったときは、当該被告人は、当該罪により有罪とされない。

【第四項を改める】

(4)　第一条第一項a号に基づく罪の事案にあっては、当該写真若しくは擬似写真が撮影若しくは作成されることに当該児童が同意していたか否か、又は当該児童がそれに同意していたと当該被告人が合理的に確信していたか否かに関する争点を提起する十分な証拠が提出された場合において、それが撮影又は作成されることに当該児童が同意していなかったこと、及び当該児童が同意していたと被告人が合理的に確信していなかったことが立証されなかったときは、当該被告人は、当該罪により有罪とされない。

(5)　第一条第一項b号に基づく罪の事案にあっては、当該児童以外の者に提示又は配布されたことが立証されなかったときは、当該被告人は、当該罪により有罪とされない。

(6)　第一条第一項c号に基づく罪の事案にあっては、次の各号の両者に関する争点を提起する十分な証拠が提出された場合において、当該児童が同意していなかったこと、及び当該児童が同意していたと被告人が合理的に確信していなかったこと、又は被告人が当該児童以外の者に当該写真［若しくは擬似写真］（二〇〇九年検屍官及び司法法（法律第二五号）（c.25）第六九条第一項により、括弧内の文言を加える）を配布若しくは提示する目的で所持していたことのいずれかが、立証されなかったときは、当該被告人は、当該罪により有罪とされない。

(a)　被告人が当該写真［若しくは擬似写真］（二〇〇九年検屍官及び司法法（法律第二五号）（c.25）第六九条第一項により、括弧内の文言を加える）を所持することに、当該児童が同意していたか否か、又は当該児童が同意していたと合理的に確信していたか否か

(b)　被告人が当該児童以外の者に当該写真［又は擬似写真］（二〇〇九年

検屍官及び司法法（法律第二五号）（c.25）第六九条第一項により、括弧内の文言を加える）を配布又は提示する目的で所持していたか否か

【第六項を改める】

(6)　第一条第一項c号に基づく罪の事案にあっては、次の各号の両者に関する争点を提起する十分な証拠が提出された場合において、当該児童が同意していなかったこと、及び当該児童が同意していたと被告人が合理的に確信していなかったこと、又は被告人が当該児童以外の者に当該写真若しくは擬似写真を配布若しくは提示する目的で所持していたことのいずれかが、立証されなかったときは、当該被告人は、当該罪により有罪とされない。

(a)　被告人が当該写真若しくは擬似写真を所持することに、当該児童が同意していたか否か、又は当該児童が同意していたと合理的に確信していたか否か

(b)　被告人が当該児童以外の者に当該写真又は擬似写真を配布又は提示する目的で所持していたか否か

（参考）

【第一条Aの新正文は次のとおり】

第一条A　婚姻及びその他の関係

(1)　児童を対象とする品位を欠く写真若しくは擬似写真を撮影若しくは作成する第一条第一項a号に基づく罪に対する手続中、又は児童を対象とする品位を欠く写真若しくは擬似写真に関係する第一条第一項b号若しくはc号に基づく罪に対する手続中で、当該写真又は擬似写真が一六歳以上の児童を対象としていたこと、及び当該罪が告発された時点に、当該児童と被告人が、次の各号のいずれかであったことを当該被告人が立証したときは、本条の規定を適用する。

(a)　婚姻していたか、又は相互に登録同性パートナーであったこと

(b)　永続的な家族関係の中で、パートナーとして同居していたこと

(2)　児童を対象とする品位を欠く写真又は擬似写真に関係する第一条第一項b号又はc号に基づく罪に対する手続中で、当該写真又は擬似写真が一六歳以上の児童を対象としていたこと、及び被告人がそれを取得した時点に、当該児童と被告人が、次の各号のいずれかであったことを当該被告人が立証したときは、第五項及び第六項の規定を適用する。

(a)　婚姻していたか、又は相互に登録同性パートナーであったこと

(b)　永続的な家族関係の中で、パートナーとして同居していたこと

(3)　本条の規定は、当該写真又は擬似写真に当該児童が一人だけ写っていたか否か、又は被告人と一緒に写っていたか否かについて適用され、それに他人が写っていたときは、適用されない。

(4)　第一条第一項a号に基づく罪の事案にあっては、当該写真若しくは擬似写真が撮影若しくは作成されることに当該児童が同意していたか否か、又は当該児童がそれに同意していたと当該被告人が合理的に確信していたか否かに関する争点を提起する十分な証拠が提出された場合において、それが撮影又は作成されることに当該児童が同意していなかったこと、及び当該児童が同

意していたと被告人が合理的に確信していなかったことが立証されなかったときは、当該被告人は、当該罪により有罪とされない。

(5) 第一条第一項b号に基づく罪の事案にあっては、当該児童以外の者に提示又は配布されたことが立証されなかったときは、当該被告人は、当該罪により有罪とされない。

(6) 第一条第一項c号に基づく罪の事案にあっては、次の各号の両者に関する争点を提起する十分な証拠が提出された場合において、当該児童が同意していなかったこと、及び当該児童が同意していたと被告人が合理的に確信していなかったこと、又は被告人が当該児童以外の者に当該写真若しくは擬似写真を配布若しくは提示する目的で所持していたことのいずれかが、立証されなかったときは、当該被告人は、当該罪により有罪とされない。

(a) 被告人が当該写真若しくは擬似写真を所持することに、当該児童が同意していたか否か、又は当該児童が同意していたと合理的に確信していたか否か

(b) 被告人が当該児童以外の者に当該写真又は擬似写真を配布又は提示する目的で所持していたか否か

(4) 一九八八年刑事司法法（法律第三三条）[c.33] 第一六〇条の後に、次に掲げる第一六〇条Aを加える。

「**第一六〇条A　婚姻及びその他の関係**

(1) 児童を対象とする品位を欠く写真に関係する第一六〇条に基づく罪に対する手続中で、当該写真が一六歳以上の者を対象としていたこと、及び当該罪が告発された時点に、当該児童と被告人が、次の各号のいずれかであったことを当該被告人が立証したときは、本条の規定を適用する。

(a) 婚姻していたこと

(b) 永続的な家族関係の中で、パートナーとして同居していたこと

(2) 児童を対象とする品位を欠く写真に関係する第一六〇条に基づく罪に対する手続中で、当該写真が一六歳以上の者を対象としていたこと、及び被告人が当該写真を取得した時点に、当該児童と被告人が、次の各号のいずれかであったことを当該被告人が立証したときは、本条の規定を適用する。

(a) 婚姻していたこと

(b) 永続的な家族関係の中で、パートナーとして同居していたこと

(3) 本条の規定は、当該写真に当該児童が一人だけ写っていたか否か、又は被告人と一緒に写っていたか否かについて適用され、それに他人が写っていたときは、適用されない。

(4) 当該被告人が当該写真を所持することに当該児童が同意していたか否か、又は当該児童が同意していたと当該被告人が合理的に確信していたか否かに関する争点を提起する十分な証拠が提出された場合において、当該被告人がそれを所持することに当該児童が同意していなかったこと、及び当該児童が同意していたと被告人が合理的に確信していなかったことが立証されなかったときは、当該被告人は、当該罪により有罪とされない。」

（参考）

「**第一六〇条A　婚姻及びその他の関係**」のその後の改正

(1) 児童を対象とする品位を欠く写真

［又は擬似写真］（二〇〇九年検屍官及び司法法（法律第二五号）（c.25）第六九条第二項により、括弧内の文言を加える）に関係する第一六〇条に基づく罪に対する手続中で、当該写真が一六歳以上の者を対象としていたこと、及び当該罪が告発された時点に、当該児童と被告人が、次の各号のいずれかであったことを当該被告人が立証したときは、本条の規定を適用する。

【第一項本文を改める】

(1)　児童を対象とする品位を欠く写真又は擬似写真に関係する第一六〇条に基づく罪に対する手続中で、当該写真が一六歳以上の者を対象としていたこと、及び当該罪が告発された時点に、当該児童と被告人が、次の各号のいずれかであったことを当該被告人が立証したときは、本条の規定を適用する。

(a)　婚姻していた［か、又は相互に登録同性パートナーであった］（二〇〇四年登録同性パートナーシップ法（法律第三三号）［c.33］附則二七第一二七条により、括弧内の文言を加える）こと

【a号を改める】

(a)　婚姻していたか、又は相互に登録同性パートナーであったこと

(b)　永続的な家族関係の中で、パートナーとして同居していたこと

(2)　児童を対象とする品位を欠く写真［又は擬似写真］（二〇〇九年検屍官及び司法法（法律第二五号）（c.25）第六九条第一項により、括弧内の文言を加える）に関係する第一六〇条に基づく罪に対する手続中で、当該写真が一六歳以上の者を対象としていたこと、及び被告人が当該写真を取得した時点に、当該児童と被告人が、次の各号のいずれかであったことを当該被告人が立証したときは、本条の規定を適用する。

【第二項本文を改める】

(2)　児童を対象とする品位を欠く写真又は擬似写真に関係する第一六〇条に基づく罪に対する手続中で、当該写真が一六歳以上の者を対象としていたこと、及び被告人が当該写真を取得した時点に、当該児童と被告人が、次の各号のいずれかであったことを当該被告人が立証したときは、本条の規定を適用する。

(a)　婚姻していた［か、又は相互に登録同性パートナーであった］（二〇〇四年登録同性パートナーシップ法（法律第三三号）［c.33］附則二七第一二七条により、括弧内の文言を加える）こと

【a号を改める】

(a)　婚姻していたか、又は相互に登録同性パートナーであったこと

(b)　永続的な家族関係の中で、パートナーとして同居していたこと

(3)　本条の規定は、当該写真［又は擬似写真］（二〇〇九年検屍官及び司法法（法律第二五号）（c.25）第六九条第二項により、括弧内の文言を加える）に当該児童が一人だけ写っていたか否か、又は被告人と一緒に写っていたか否かについて適用され、それに他人が写っていたときは、適用されない。

【第三項を改める】

(3) 本条の規定は、当該写真又は擬似写真に当該児童が一人だけ写っていたか否か、又は被告人と一緒に写っていたか否かについて適用され、それに他人が写っていたときは、適用されない。

(4) 当該被告人が当該写真［又は擬似写真］（二〇〇九年検屍官及び司法法（法律第二五号）(c.25) 第六九条第二項により、括弧内の文言を加える）を所持することに当該児童が同意していたか否か、又は当該児童が同意していたと当該被告人が合理的に確信していたか否かに関する争点を提起する十分な証拠が提出された場合において、当該被告人がそれを所持することに当該児童が同意していなかったこと、及び当該児童が同意していたと被告人が合理的に確信していなかったことが立証されなかったときは、当該被告人は、当該罪により有罪とされない。

【第四項を改める】

(4) 当該被告人が当該写真又は擬似写真を所持することに当該児童が同意していたか否か、又は当該児童が同意していたと当該被告人が合理的に確信していたか否かに関する争点を提起する十分な証拠が提出された場合において、当該被告人がそれを所持することに当該児童が同意していなかったこと、及び当該児童が同意していたと被告人が合理的に確信していなかったことが立証されなかったときは、当該被告人は、当該罪により有罪とされない。

（参考）

【第一六〇条Aの新正文は次のとおり】

第一六〇条A　婚姻及びその他の関係

(1) 児童を対象とする品位を欠く写真又は擬似写真に関係する第一六〇条に基づく罪に対する手続中で、当該写真が一六歳以上の者を対象としていたこと、及び当該罪が告発された時点に、当該児童と被告人が、次の各号のいずれかであったことを当該被告人が立証したときは、本条の規定を適用する。

(a) 婚姻していたか、又は相互に登録同性パートナーであったこと

(b) 永続的な家族関係の中で、パートナーとして同居していたこと

(2) 児童を対象とする品位を欠く写真又は擬似写真に関係する第一六〇条に基づく罪に対する手続中で、当該写真が一六歳以上の者を対象としていたこと、及び被告人が当該写真を取得した時点に、当該児童と被告人が、次の各号のいずれかであったことを当該被告人が立証したときは、本条の規定を適用する。

(a) 婚姻していたか、又は相互に登録同性パートナーであったこと

(b) 永続的な家族関係の中で、パートナーとして同居していたこと

(3) 本条の規定は、当該写真又は擬似写真に当該児童が一人だけ写っていたか否か、又は被告人と一緒に写っていたか否かについて適用され、それに他人が写っていたときは、適用されない。

(4) 当該被告人が当該写真又は擬似写真を所持することに当該児童が同意していたか否か、又は当該児童が同意していたと当該被告人が合理的に確信していたか否かに関する争点を提起する十分な証拠が提出された場合において、

当該被告人がそれを所持することに当該児童が同意していなかったこと、及び当該児童が同意していたと被告人が合理的に確信していなかったことが立証されなかったときは、当該被告人は、当該罪により有罪とされない。

第四六条　刑事手続、調査等

(1)　一九七八年児童保護法（法律第三七号）[c.37] 第一条Aの後に、次に掲げる第一条Bを加える。

「**第一条B　刑事手続についての例外、調査等**

(1)　児童を対象とする品位を欠く写真又は擬似写真を作成する第一条第一項a号に基づく罪に対する手続中で、被告人が次の各号のいずれかを立証したときは、当該被告人は、当該罪により有罪とされない。

(a)　犯罪の防止、探知若しくは調査のために、又は世界のいずれの地域であるかを問わず、刑事手続のために、被告人が当該写真又は擬似写真を作成することが必要であったこと

(b)　罪が告発された時点に、被告人が「保安局」(Security Service) の構成員であった場合において、当該局の職務の執行のために、被告人が当該写真又は擬似写真を作成することが必要であったこと

(c)　罪が告発された時点に、被告人が「政府情報通信本部」の構成員であった場合において、当該本部の職務の執行のために、被告人が当該写真又は擬似写真を作成することが必要であったこと

(2)　本条中の「政府情報通信本部」(Government Communications Head-quarters：GCHQ) は、一九九四年情報機関法（法律第一三号）[c.13] における同一の意味を有する。」

（参考）

「**第一条B　刑事手続についての例外、調査等**」のその後の改正

(1)　児童を対象とする品位を欠く写真又は擬似写真を作成する第一条第一項a号に基づく罪に対する手続中で、被告人が次の各号のいずれかを立証したときは、当該被告人は、当該罪により有罪とされない。

(a)　犯罪の防止、探知若しくは調査のために、又は世界のいずれの地域であるかを問わず、刑事手続のために、被告人が当該写真又は擬似写真を作成することが必要であったこと

(b)　罪が告発された時点に、被告人が「保安局」(Security Service)［又は「秘密情報局」］(Secret Intelligence Service)（二〇〇八年刑事司法及び移民法（法律第四号）[c.4] 第六九条第二項a号により、括弧内の文言を加える）の構成員であった場合において、当該局［これらの局］（二〇〇八年刑事司法及び移民法（法律第四号）[c.4] 第六九条第二項b号により、下線部を括弧内の文言に読み替える）の職務の執行のために、被告人が当該写真又は擬似写真を作成することが必要であったこと

【b号を改める】

(b)　罪が告発された時点に、被告人が「保安局」(Security Service) 又は「秘密情報局」(Secret Intelligence Service) の構成員であった場合において、これらの局の職務の執行のために、被告人が当該写真又は擬似

写真を作成することが必要であったこと

(c) 罪が告発された時点に、被告人が「政府情報通信本部」の構成員であった場合において、当該本部の職務の執行のために、被告人が当該写真又は擬似写真を作成することが必要であったこと

(2) 本条中の「政府情報通信本部」(Government Communications Headquarters：GCHQ) は、一九九四年情報機関法（法律第一三号）[c.13] におけると同一の意味を有する。

（参考）

【第一条Bの新正文は次のとおり】

第一条B　刑事手続についての例外、調査等

(1) 児童を対象とする品位を欠く写真又は擬似写真を作成する第一条第一項aに基づく罪に対する手続中で、被告人が次の各号のいずれかを立証したときは、当該被告人は、当該罪により有罪とされない。

(a) 犯罪の防止、探知若しくは調査のために、又は世界のいずれの地域であるかを問わず、刑事手続のために、被告人が当該写真又は擬似写真を作成することが必要であったこと

(b) 罪が告発された時点に、被告人が「保安局」(Security Service) 又は「秘密情報局」(Secret Intelligence Service) の構成員であった場合において、これらの局の職務の執行のために、被告人が当該写真又は擬似写真を作成することが必要であったこと

(c) 罪が告発された時点に、被告人が「政府情報通信本部」の構成員であった場合において、当該本部の職務の執行のために、被告人が当該写真又は擬似写真を作成することが必要であったこと

(2) 本条中の「政府情報通信本部」(Government Communications Headquarters：GCHQ) は、一九九四年情報機関法（法律第一三号）[c.13] におけると同一の意味を有する。

(2) 一九七八年児童保護（北アイルランド）命令（法律的文書第一〇四七号）[S.I.1978/1047 (N.I.17)] 第三条の後に、次に掲げる第三条Aを加える。

「**第三条A　刑事手続についての例外、調査等**

(1) 児童を対象とする品位を欠く写真又は擬似写真を作成する第三条第一項aに基づく罪に対する手続中で、被告人が次の各号のいずれかを立証したときは、当該被告人は、当該罪により有罪とされない。

(a) 犯罪の防止、探知若しくは調査のために、又は世界のいずれの地域であるかを問わず、刑事手続のために、被告人が当該写真又は擬似写真を作成することが必要であったこと

(b) 罪が告発された時点に、被告人が「保安局」(Security Service) の構成員であった場合において、当該局の職務の執行のために、被告人が当該写真又は擬似写真を作成することが必要であったこと

(c) 罪が告発された時点に、被告人が「政府情報通信本部」の構成員であった場合において、当該本部の職務の執行のために、被告人が当該写真又は擬似写真を作成することが必

要であったこと

(2) 本条中の「政府情報通信本部」(Government Communications Headquarters：GCHQ）は、一九九四年情報機関法（法律第一三号）［c.13］におけると同一の意味を有する。」

（参考）

「第三条A　刑事手続についての例外、調査等」のその後の改正

(1) 児童を対象とする品位を欠く写真又は擬似写真を作成する第三条第一項a号に基づく罪に対する手続中で、被告人が次の各号のいずれかを立証したときは、当該被告人は、当該罪により有罪とされない。

(a) 犯罪の防止、探知若しくは調査のために、又は世界のいずれの地域であるかを問わず、刑事手続のために、被告人が当該写真又は擬似写真を作成することが必要であったこと

(b) 罪が告発された時点に、被告人が「保安局」(Security Service)［又は秘密情報局］(Secret Intelligence Service)（二〇〇八年刑事司法及び移民法（法律第四号）［c.4］第七〇条第四項a号により、括弧内の文言を加える）の構成員であった場合において、当該局［これらの局］（二〇〇八年刑事司法及び移民法（法律第四号）［c.4］第七〇条第四項b号により、下線部を括弧内の文言に読み替える）の職務の執行のために、被告人が当該写真又は擬似写真を作成することが必要であったこと

【b号を改める】

(b) 罪が告発された時点に、被告人が「保安局」(Security Service)又は秘密情報局(Secret Intelligence Service)の構成員であった場合において、これらの局の職務の執行のために、被告人が当該写真又は擬似写真を作成することが必要であったこと

(c) 罪が告発された時点に、被告人が「政府情報通信本部」の構成員であった場合において、当該本部の職務の執行のために、被告人が当該写真又は擬似写真を作成することが必要であったこと

(2) 本条中の「政府情報通信本部」(Government Communications Headquarters：GCHQ)は、一九九四年情報機関法（法律第一三号）［c.13］におけると同一の意味を有する。

（参考）

【第三条Aの新正文は次のとおり】

第三条A　刑事手続についての例外、調査等

(1) 児童を対象とする品位を欠く写真又は擬似写真を作成する第三条第一項a号に基づく罪に対する手続中で、被告人が次の各号のいずれかを立証したときは、当該被告人は、当該罪により有罪とされない。

(a) 犯罪の防止、探知若しくは調査のために、又は世界のいずれの地域であるかを問わず、刑事手続のために、被告人が当該写真又は擬似写真を作成することが必要であったこと

(b) 罪が告発された時点に、被告人が「保安局」(Security Service)又は「秘密情報局」(Secret Intelligence Service)の構成員であった場合において、これらの局の職務の執行のために、被告人が当該写真又は擬似

写真を作成することが必要であったこと

(c) 罪が告発された時点に、被告人が「政府情報通信本部」の構成員であった場合において、当該本部の職務の執行のために、被告人が当該写真又は擬似写真を作成することが必要であったこと

(2) 本条中の「政府情報通信本部」(Government Communications Headquarters：GCHQ) は、一九九四年情報機関法(法律第一三号)[c.13] における同一の意味を有する。

売春及びポルノグラフィーによる児童虐待

第四七条　児童の性的サービスに対して利益給付を行う罪

(1) 次の各号のすべてに該当したときは、この者（A）は、罪を犯したものとする。

(a) Aが、故意に自己のために他人（B）の性的サービスを得たとき

(b) これらのサービスを得るに先立って、AがB若しくは第三者に対しこれらのサービスに対する利益給付を行ったか、若しくは当該給付を約束したとき、又は他人が当該給付を行ったか、若しくは約束したことを、Aが知っていたとき

(c) 次のいずれかであったとき

(i) Bが一八歳未満であった場合において、Bが一八歳以上であった、とAが合理的に確信していなかったとき

(ii) Bが一三歳未満であったとき

(2) 本条中の「利益給付」(payment) とは、支払い義務を免除すること、又は無償若しくは割引で、商品若しくは役務（性的サービスを含む）を提供することを内容とする、金銭的利益をいう。

(3) 第六項の規定が適用されたときは、一三歳未満の者に対する本条に基づく罪により有罪となった者は、正式起訴に基づく有罪宣告により、終身拘禁に処する。

(4) 前項の規定が適用されなかったときは、一六歳未満の者に対する本条に基づく罪により有罪となった者は、次の各号の定めるところによる。

(a) 第六項の規定が適用されたときは、正式起訴に基づく有罪宣告により、一四年以下の拘禁に処する。

(b) その他の事案にあっては

(i) 略式起訴に基づく有罪宣告により、六か月以下の拘禁若しくは法定上限以下の罰金に処し、又は両者を併科する。

(ii) 正式起訴に基づく有罪宣告により、一四年以下の拘禁に処する。

(5) 第三項又は前項の規定が適用されなかったときは、本条に基づく罪により有罪となった者は、次の各号の定めるところによる。

(a) 略式起訴に基づく有罪宣告により、六か月以下の拘禁若しくは法定上限以下の罰金に処し、又は両者を併科する。

(b) 正式起訴に基づく有罪宣告により、七年以下の拘禁に処する。

(6) 当該罪の中に次の各号のいずれかが含まれていたときは、第六項の規定が適用されるものとする。

(a) Aの身体の一部又はその他の物をBのアヌス又は膣へ挿入

(b) AのペニスをBの口へ挿入

(c) Bの身体の一部を、又はBがその他の物をAのアヌス又は膣へ挿入

(d) BのペニスをAの口へ挿入

(7) 本条の規定を北アイルランド地方へ適用するに当たっては、第四項の規定は、

「一六歳」を「一七歳」と読み替えて効力を有する。

（二〇〇八年性犯罪（北アイルランド派生的改正）命令（法律的文書第一七七九号）[S.I.2008/1779] 第八条により、第七項の文言を削る）

【第七項の文言を削る】

(7) 削除

【第四七条から第五一条までの規定は、二〇〇八年性犯罪（北アイルランド）命令（法律的文書第一七六九号）[S.I.2008/1769 (N.I.2)] 附則三により廃止する】[北アイルランド地方に適用]

【第四七条の新正文は次のとおり】

第四七条　児童の性的サービスに対して利益給付を行う罪

(1) 次の各号のすべてに該当したときは、この者（A）は、罪を犯したものとする。

(a) Aが、故意に自己のために他人（B）の性的サービスを得たとき

(b) これらのサービスを得るに先立って、AがB若しくは第三者に対しこれらのサービスに対する利益給付を行ったか、若しくは当該給付を約束したとき、又は他人が当該給付を行ったか、若しくは約束したことを、Aが知っていたとき

(c) 次のいずれかであったとき

(i) Bが一八歳未満であった場合において、Bが一八歳以上であったとAが合理的に確信していなかったとき

(ii) Bが一三歳未満であったとき

(2) 本条中の「利益給付」(payment) とは、支払い義務を免除すること、又は無償若しくは割引で、商品若しくは役務（性的サービスを含む）を提供することを内容とする、金銭的利益をいう。

(3) 第六項の規定が適用されたときは、一三歳未満の者に対する本条に基づく罪により有罪となった者は、正式起訴に基づく有罪宣告により、終身拘禁に処する。

(4) 前項の規定が適用されなかったときは、一六歳未満の者に対する本条に基づく罪により有罪となった者は、次の各号の定めるところによる。

(a) 第六項の規定が適用されたときは、正式起訴に基づく有罪宣告により、一四年以下の拘禁に処する。

(b) その他の事案にあっては

(i) 略式起訴に基づく有罪宣告により、六か月以下の拘禁若しくは法定上限以下の罰金に処し、又は両者を併科する。

(ii) 正式起訴に基づく有罪宣告により、一四年以下の拘禁に処する。

(5) 第三項又は前項の規定が適用されなかったときは、本条に基づく罪により有罪となった者は、次の各号の定めるところによる。

(a) 略式起訴に基づく有罪宣告により、六か月以下の拘禁若しくは法定上限以下の罰金に処し、又は両者を併科する。

(b) 正式起訴に基づく有罪宣告により、七年以下の拘禁に処する。

(6) 当該罪の中に次の各号のいずれかが含まれていたときは、第六項の規定が適用されるものとする。

(a) Aの身体の一部又はその他の物をBのアヌス又は膣へ挿入

(b) AのペニスをBの口へ挿入

(c) Bの身体の一部を、又はBがその他の物をAのアヌス又は膣へ挿入

(d)　Bのペニスを Aの口へ挿入

(7)　削除

第四八条　児童を売春又はポルノグラフィーへと強制又は勧誘する罪

(1)　次の各号の両者に該当したときは、この者（A）は、罪を犯したものとする。

(a)　Aが、世界のいずれの地域であるかを問わず、故意に他人（B）に対し売春者となるように強制若しくは勧誘し、又はポルノグラフィーにかかわるように強制又は勧誘したとき

(b)　次のいずれかであったとき

(i)　Bが一八歳未満であった場合において、Bが一八歳以上であった、とAが合理的に確信していなかったとき

(ii)　Bが一三歳未満であったとき

(2)　本条に基づく罪により有罪となった者は、次の各号の定めるところによる。

(a)　略式起訴に基づく有罪宣告により、六か月以下の拘禁若しくは法定上限以下の罰金に処し、又は両者を併科する。

(b)　正式起訴に基づく有罪宣告により、一四年以下の拘禁に処する。

【第四七条から第五一条までの規定は、二〇〇八年性犯罪（北アイルランド）命令（法律的文書第一七六九号）〔S.I.2008/1769 (N.I.2)〕附則三により廃止する】〔北アイルランド地方に適用〕

第四九条　児童売春者又はポルノグラフィーにかかわった児童を管理する罪

(1)　次の各号の両者に該当したときは、この者（A）は、罪を犯したものとする。

(a)　Aが、世界のいずれの地域であるかを問わず、故意に他人（B）の売春又はポルノグラフィーへのかかわりに関係するBの行為を管理したとき

(b)　次のいずれかであったとき

(i)　Bが一八歳未満であった場合において、Bが一八歳以上であった、とAが合理的に確信していなかったとき

(ii)　Bが一三歳未満であったとき

(2)　本条に基づく罪により有罪となった者は、次の各号の定めるところによる。

(a)　略式起訴に基づく有罪宣告により、六か月以下の拘禁若しくは法定上限以下の罰金に処し、又は両者を併科する。

(b)　正式起訴に基づく有罪宣告により、一四年以下の拘禁に処する。

【第四七条から第五一条までの規定は、二〇〇八年性犯罪（北アイルランド）命令（法律的文書第一七六九号）〔S.I.2008/1769 (N.I.2)〕附則三により廃止する】〔北アイルランド地方に適用〕

第五〇条　児童の売春又はポルノグラフィーへのかかわりを準備又は促進する罪

(1)　次の各号の両者に該当したときは、この者（A）は、罪を犯したものとする。

(a)　Aが、世界のいずれの地域であるかを問わず、故意に他人（B）の売春又はポルノグラフィーへのかかわりを準備又は促進したとき

(b)　次のいずれかであったとき

(i)　Bが一八歳未満であった場合において、Bが一八歳以上であった、とAが合理的に確信していなかったとき

(ii)　Bが一三歳未満であったとき

(2)　本条に基づく罪により有罪となった者は、次の各号の定めるところによる。

(a)　略式起訴に基づく有罪宣告により、六か月以下の拘禁若しくは法定上限以下の罰金に処し、又は両者を併科する。

(b)　正式起訴に基づく有罪宣告により、一四年以下の拘禁に処する。

【第四七条から第五一条までの規定は、二〇〇八年性犯罪（北アイルランド）命令（法律的文書第一七六九号）〔S.I.2008/1769 (N.I.2)〕附則三により廃止する】〔北アイルランド地方に適用〕

○八年性犯罪（北アイルランド）命令（法律的文書第一七六九号）［S.I.2008/1769 (N.I.2)］附則三により廃止する】［北アイルランド地方に適用］

第五一条　第四八条から第五〇条までの規定：解釈

(1)　第四八条から第五〇条までの規定の適用上、ある者の品位を欠く画像が記録されたときは、この者は、ポルノグラフィーにかかわったものとし、類似の表現及び「ポルノグラフィー」(pornography) は、これに応じて解釈するものとする。

(2)　これらの条項中の「売春者」(prostitute) とは、少なくとも一回、強制の有無を問わず、自己又は第三者への利益給付又は利益給付の約束の対価として、他人への性的サービスを申し込んだ者、又は提供した者（A）をいい、「売春」(prostitution) は、これに応じて解釈するものとする。

(3)　前項中の「利益給付」(payment) とは、支払い義務を免除すること、又は無償若しくは割引で、商品若しくは（性的サービスを含む）役務を提供することを内容とする、金銭的利益をいう。

【第四七条から第五一条までの規定は、二〇〇八年性犯罪（北アイルランド）命令（法律的文書第一七六九号）［S.I.2008/1769 (N.I.2)］附則三により廃止する】［北アイルランド地方に適用］

売春の搾取

（二〇〇九年警備及び犯罪法（法律第二六号）［c.26］第一九条により、第五一条Aを加える）

【第五一条Aを加える】

第五一条A　公道で売春を勧誘する罪

(1)　ある者が、街頭又は公共の場所において、他人（B）に対し、売春者としてBの性的サービスを得る目的で勧誘することをもって、罪とする。

(2)　街頭又は公共の場所におけるある者の中には、街頭又は公共の場所における車両中のある者が含まれる。

(3)　本条に基づく罪により有罪となった者は、略式起訴に基づく有罪宣告により、基準等級表のレベル三以下の罰金に処する。

(4)　本条中の「街頭」(street) は、一九五九年街頭犯罪法（法律第五七号）［c.57］第一条第四項によって付与された意味を有する。

第五二条　利益を得る目的で売春を強制又は勧誘する罪

(1)　次の各号の両者に該当したときは、この者は、罪を犯したものとする。

(a)　ある者が、世界のいずれの地域であるかを問わず、故意に他人に対し売春者となるように強制又は勧誘したとき

(b)　ある者が、自己又は第三者のために利益を得る目的で、又は利益を得ることを期待して、それを行ったとき

(2)　本条に基づく罪により有罪となった者は、次の各号の定めるところによる。

(a)　略式起訴に基づく有罪宣告により、六か月以下の拘禁若しくは法定上限以下の罰金に処し、又は両者を併科する。

(b)　正式起訴に基づく有罪宣告により、七年以下の拘禁に処する。

【第五二条から第五四条までの規定は、二〇〇八年性犯罪（北アイルランド）命令（法律的文書第一七六九号）［S.I.2008/1769 (N.I.2)］附則三により廃止する】［北アイルランド地方に適用］

第五三条　利益を得る目的で売春を管理する罪

(1)　次の各号の両者に該当したときは、この者は、罪を犯したものとする。

(a) ある者が、世界のいずれの地域であるかを問わず、故意に他人の売春に関係する、その他人の行為を管理したとき

(b) ある者が、自己又は第三者のために利益を得る目的で、又は利益を得ることを期待して、それを行ったとき

(2) 本条に基づく罪により有罪となった者は、次の各号の定めるところによる。

(a) 略式起訴に基づく有罪宣告により、六か月以下の拘禁若しくは法定上限以下の罰金に処し、又は両者を併科する。

(b) 正式起訴に基づく有罪宣告により、七年以下の拘禁に処する。

【第五二条から第五四条までの規定は、二〇〇八年性犯罪（北アイルランド）命令（法律的文書第一七六九号）[S.I.2008/1769 (N.I.2)] 附則三により廃止する】[北アイルランド地方に適用]

（二〇〇九年警備及び犯罪法（法律第二六号）[c.26] 第一四条により、第五三条Aを加える）

【第五三条Aを加える】

第五三条A　強制力等に服した売春者の性的サービスに対して利益給付を行う罪

(1) 次の各号のすべてに該当したときは、この者（A）は、罪を犯したものとする。

(a) Aが、売春者（B）の性的サービスに対する利益給付を行ったか、又は当該給付を約束したとき

(b) 第三者（C）が、Bに対し、Aが対価として利益給付を行ったか、又は当該給付を約束した性的サービスを勧誘又は助長するような性質の搾取行為を行ったとき

(c) Cが、自己又は他人（A又はBを除く）のための利益を得ることを求めて、又は利益を得ることを期待して、当該行為を行ったとき

(2) 次の各号に定める事項は、重要ではない。

(a) 性的サービスが提供される場合において、当該サービスが提供されたか否か

(b) Cが搾取行為を行ったことを、Aが知っていたか、又は知るべきであったか否か

(3) 次の各号のいずれかに該当したときは、Cは、搾取行為を行ったものとする。

(a) Cが強制力、脅迫（暴行に関係しているか否かを問わない）又はその他の形態の強制を用いたとき

(b) Cが詐害の形態を採ったとき

(4) 本条に基づく罪により有罪となった者は、略式起訴に基づく有罪宣告により、基準等級表のレベル三以下の罰金に処する。

第五四条　第五二条及び第五三条［第五一条Aから第五三条Aまでの規定］（二〇〇九年警備及び犯罪法（法律第二六号）[c.26] 附則七第二四条d号により、下線部を括弧内の文言に読み替える）：解釈

【第五四条の見出しを改める】

第五四条　第五一条Aから第五三条Aまでの規定：解釈

(1) 第五二条及び第五三条［第五二条、第五三条及び第五三条A］（二〇〇九年警備及び犯罪法（法律第二六号）[c.26] 附則七第二四条a号により、下線部を括弧内の文言に読み替える）中の「利益を

得る」(gain) とは、次の各号のいずれかをいう。

【第一項を改める】
(1) 第五二条、第五三条及び第五三条A中の「利益を得る」(gain) とは、次の各号のいずれかをいう。

(a) 支払い義務を免除すること、又は無償若しくは割引で、商品又は役務（性的サービスを含む）を提供することを内容とする、金銭的利益の取得
(b) 将来、金銭的利益につながるか、又はつながる可能性があると認められる人の好意の取得

(2) これらの条項［第五一条A、第五二条、第五三条及び第五三条A］（二〇〇九年警備及び犯罪法（法律第二六号）［c.26］附則七第二四条b号により、下線部を括弧内の文言に読み替える）中の「売春者」(prostitute) 及び「売春」(prostitution) は、第五一条第二項によって付与された意味を有する。

【第二項を改める】
(2) 第五一条A、第五二条、第五三条及び第五三条A中の「売春者」(prostitute) 及び「売春」(prostitution) は、第五一条第二項によって付与された意味を有する。

（二〇〇九年警備及び犯罪法（法律第二六号）［c.26］附則七第二四条c号により、第三項を加える）

【第三項を加える】
(3) 第五三条A中の「利益給付」(payment) は、第五一条第三項によって付与された意味を有する。

【第五二条から第五四条までの規定は、二〇〇八年性犯罪（北アイルランド）命令（法律的文書第一七六九号）［S.I.2008/1769 (N.I.2)］附則三により廃止する】［北アイルランド地方に適用］

【第五四条の見出しを含む新正文は次のとおり】

第五四条　第五一条Aから第五三条Aまでの規定：解釈

(1) 第五二条、第五三条及び第五三条A中の「利益を得る」(gain) とは、次の各号のいずれかをいう。

(a) 支払い義務を免除すること、又は無償若しくは割引で、商品又は役務（性的サービスを含む）を提供することを内容とする、金銭的利益の取得
(b) 将来、金銭的利益につながるか、又はつながる可能性があると認められる人の好意の取得

(2) 第五一条A、第五二条、第五三条及び第五三条A中の「売春者」(prostitute) 及び「売春」(prostitution) は、第五一条第二項によって付与された意味を有する。

(3) 第五三条A中の「利益給付」(payment) は、第五一条第三項によって付与された意味を有する。

売春に関係する改正

第五五条　売春のために使用する売春施設を維持する罪に対する刑

(1) 一九五六年性犯罪法（法律第六九号）［c.69］を、次のように改める
(2) 第三三条の後に、次に掲げる第三三条Aを加える。

「**第三三条A　売春のために使用する売春施設を維持する罪**

(1) ある者が、（他の行為を兼ねていると否とを問わず）売春を含む行為のた

めに人が集まる売春施設を維持し、若しくは管理し、又はその管理を代行し、若しくは支援する行為をもって、罪とする。

(2)　本条中の「売春」（prostitution）は、二〇〇三年性犯罪法（法律第四二号）[c.42] 第五一条第二項によって付与された意味を有する。」

(3)　附則二（売春形態、処罰等）中の、第三三条の後に、（コラム四中に記載のない条項として）次に掲げる第三三条Aを加える。

「第三三条A　売春のために使用する売春施設を維持する罪（第三三条A）

(i)　正式起訴に基づいて

七年

(ii)　略式起訴に基づいて

六か月若しくは法定上限又は両者の併科」

第五六条　性別が特定している売春の罪の拡大適用

附則一の規定（性別が特定している売春の罪の拡大適用）が、効力を有する。

人身売買

第五七条　性的搾取を目的とする連合王国内への人身売買

(1)　ある者が、故意に他人（B）の連合王国内への到着［又は入国］（二〇〇七年連合王国国境法（法律第三〇号）[c.30] 第三一条第三項により、括弧内の文言を加える）を準備又は促進した場合において、次の各号のいずれかに該当したときは、この者は、罪を犯したものとする。

【第一項を改める】

(1)　ある者が、故意に他人（B）の連合王国内への到着又は入国を準備又は促進した場合において、次の各号のいずれかに該当したときは、この者は、罪を犯したものとする。

(a)　ある者が、Bに対し、又はBについて、その入国後に、世界のいずれの地域であるかを問わず、何らかの行為を行おうとし、当該行為が行われた場合において、その中に関係犯罪の犯行が含まれていたとき

(b)　他人が、Bに対し、又はBについて、その入国後に、世界のいずれの地域であるかを問わず、関係犯罪の犯行が含まれている何らかの行為を行う可能性がある、とある者が確信したとき

(2)　本条に基づく罪により有罪となった者は、次の各号の定めるところによる。

(a)　略式起訴に基づく有罪宣告により、六か月以下の拘禁若しくは法定上限以下の罰金に処し、又は両者を併科する。

(b)　正式起訴に基づく有罪宣告により、一四年以下の拘禁に処する。

【第五七条の新正文は次のとおり】

第五七条　性的搾取を目的とする連合王国内への人身売買

(1)　ある者が、故意に他人（B）の連合王国内への到着又は入国を準備又は促進した場合において、次の各号のいずれかに該当したときは、この者は、罪を犯したものとする。

(a)　ある者が、Bに対し、又はBについて、その入国後に、世界のいずれの地域であるかを問わず、何らかの行為を行おうとし、当該行為が行われた場合において、その中に関係犯罪の犯行が含まれていたとき

(b)　他人が、Bに対し、又はBについて、その入国後に、世界のいずれの地域であるかを問わず、関係犯罪の犯行が含まれている何らかの行為を

行う可能性がある、とある者が確信したとき

(2) 本条に基づく罪により有罪となった者は、次の各号の定めるところによる。

(a) 略式起訴に基づく有罪宣告により、六か月以下の拘禁若しくは法定上限以下の罰金に処し、又は両者を併科する。

(b) 正式起訴に基づく有罪宣告により、一四年以下の拘禁に処する。

第五八条　性的搾取を目的とする連合王国内での人身売買

(1) ある者が、故意に他人（B）による連合王国内での旅行を準備又は促進した場合において、次の各号のいずれかに該当したときは、この者は、罪を犯したものとする。

(a) ある者が、Bに対し、又はBについて、当該旅行中又は旅行後に、世界のいずれの地域であるかを問わず、何らかの行為を行おうとし、当該行為が行われた場合において、その中に関係犯罪の犯行が含まれていたとき

(b) 他人が、Bに対し、又はBについて、当該旅行中又は旅行後に、世界のいずれの地域であるかを問わず、何らかの行為を行う可能性があり、当該行為が行われた場合において、その中に関係犯罪の犯行が含まれていた、とある者が確信したとき

(2) 本条に基づく罪により有罪となった者は、次の各号の定めるところによる。

(a) 略式起訴に基づく有罪宣告により、六か月以下の拘禁若しくは法定上限以下の罰金に処し、又は両者を併科する。

(b) 正式起訴に基づく有罪宣告により、一四年以下の拘禁に処する。

第五九条　性的搾取を目的とする連合王国外への人身売買

(1) ある者が、故意に他人（B）の連合王国外への出国を準備又は促進した場合において、次の各号のいずれかに該当したときは、この者は、罪を犯したものとする。

(a) ある者が、Bに対し、又はBについて、その出国後に、世界のいずれの地域であるかを問わず、何らかの行為を行おうとし、当該行為が行われた場合において、その中に関係犯罪の犯行が含まれていたとき

(b) 他人が、Bに対し、又はBについて、その出国後に、世界のいずれの地域であるかを問わず、何らかの行為を行う可能性があり、当該行為が行われた場合において、その中に関係犯罪の犯行が含まれていた、とある者が確信したとき

(2) 本条に基づく罪により有罪となった者は、次の各号の定めるところによる。

(a) 略式起訴に基づく有罪宣告により、六か月以下の拘禁若しくは法定上限以下の罰金に処し、又は両者を併科する。

(b) 正式起訴に基づく有罪宣告により、一四年以下の拘禁に処する。

第六〇条　第五七条から第五九条までの規定：解釈及び管轄権

(1) 第五七条から第五九条までの規定中の「関係犯罪」（relevant offence）とは、次の各号のいずれかをいう。

(a) 本章に基づく罪

(b) 一九七八年児童保護法（法律第三七号）［c.37］第一条第一項a号に基づく罪

（二〇〇八年性犯罪（北アイルランド派生的改正）命令（法律的文書第一七六九号）［S.I.2008/1779］第九条により、ba号を加える）

【ba号を加える】

(ba)　二〇〇八年性犯罪（北アイルランド）命令（法律的文書第一七六九号）〔S.I.2008/1769（N.I.2）〕の規定に基づく罪

(c)　一九九八年刑事司法（児童）（北アイルランド）命令（法律的文書第一五〇四号）〔S.I.1998/1504（N.I.9）〕附則一中に列挙した罪

(d)　一九七八年児童保護（北アイルランド）命令（法律的文書第一〇四七号）〔S.I.1978/1047（N.I.17）〕第三条第一項a号に基づく罪

(e)　a号から前号までの規定に該当する罪ではないが、イングランド、ウェールズ又は北アイルランド地方で行われたとすれば、これらの罪に該当すると思料される、これらの地方外で行われた何らかの行為

(2)　第五七条から第五九条までの規定は、次の各号のいずれかに適用する。

(a)　連合王国内で行われた何らかの行為

(b)　連合王国の一地方の法律に基づく法人又は第三項の規定が適用される者が、連合王国外で行った何らかの行為

(3)　第三項の規定が適用される者とは、次の各号に掲げる者をいう。

(a)　英国公民

(b)　英国の海外領域に居る公民

(c)　英国国籍の者（海外）

(d)　英国の海外公民

(e)　一九八一年英国国籍法（法律第六一号）〔c.61〕に服している英国人に該当する者

(f)　同法第五〇条第一項によって付与された意味の枠内の被保護の英国民

（二〇〇七年連合王国国境法（法律第三〇号）[c.30] 第三一条第四項により、第二項と第三項を次の第二項に読み替える）

【第二項と第三項を次の第二項に改める】

(2)　第五七条から第五九条までの規定は、連合王国の内外を問わず、行われた何らかの行為に適用する。

【第六〇条の新正文は次のとおり】

第六〇条　第五七条から第五九条までの規定：解釈及び管轄権

(1)　第五七条から第五九条までの規定中の「関係犯罪」（relevant offence）とは、次の各号のいずれかをいう。

(a)　本章に基づく罪

(b)　一九七八年児童保護法（法律第三七号）[c.37] 第一条第一項a号に基づく罪

(ba)　二〇〇八年性犯罪（北アイルランド）命令（法律的文書第一七六九号）〔S.I.2008/1769（N.I.2）〕の規定に基づく罪

(c)　一九九八年刑事司法（児童）（北アイルランド）命令（法律的文書第一五〇四号）[S.I.1998/1504（N.I.9）] 附則一中に列挙した罪

(d)　一九七八年児童保護（北アイルランド）命令（法律的文書第一〇四七号）[S.I.1978/1047(N.I.17)] 第三条第一項a号に基づく罪

(e)　a号から前号までの規定に該当する罪ではないが、イングランド、ウェールズ又は北アイルランド地方で行われたとすれば、これらの罪に該当すると思料される、これらの地方外で行われた何らかの行為

(2)　第五七条から第五九条までの規定は、連合王国の内外を問わず、行われた何らかの行為に適用する。

（二〇〇六年暴力犯罪削減法（法律第三八号）［c.38］附則四第二条により、第六〇条A・第六〇条B・第六〇条Cを加える）［イングランド・ウェールズ・北アイルランド地方に適用］

【第六〇条A・第六〇条B・第六〇条Cを加える】［イングランド・ウェールズ・北アイルランドに適用］

第六〇条A　車両、船舶又は航空機の没収

(1) ある者が、第五七条から第五九条までの規定に基づく罪により、正式起訴に基づいて有罪宣告を受けたときは、本条の規定を適用する。

(2) 有罪宣告を受けた者が、次の各号のいずれに該当したときは、当該裁判所は、当該罪に関連して使用したか、又は使用しようとした車両の没収を命ずることができる。

(a) 当該罪を犯した時点に、当該車両を所有していたとき

(b) 当該時点に、当該車両を所有していた企業の取締役、秘書役又は支配人であったとき

(c) 当該時点に、買取選択権付賃貸借協定に基づいて、当該車両を保有していたとき

(d) 当該時点に、買取選択権付賃貸借協定に基づいて、当該車両を保有していた企業の取締役、秘書役又は支配人であったとき

(e) 当該罪の犯行の過程で、当該車両を運転していたとき

(3) 有罪宣告を受けた者が、次の各号のいずれかに該当したときは、当該裁判所は、当該罪に関連して使用したか、又は使用しようとした船舶又は航空機の没収を命ずることができる。

(a) 当該罪を犯した時点に、当該船舶又は航空機を所有していたとき

(b) 当該時点に、当該船舶又は航空機を保有していた企業の取締役、秘書役又は支配人であったとき

(c) 当該時点に、買取選択権付賃貸借協定に基づいて、当該船舶又は航空機を保有していたとき

(d) 当該時点に、買取選択権付賃貸借協定に基づいて、当該船舶又は航空機を保有していた企業の取締役、秘書役又は支配人であったとき

(e) 当該時点に、当該船舶又は航空機をチャーターしていた者であったとき

(f) 当該船舶の船長又は当該航空機の機長として行為を行っていた間に、当該罪を犯したとき

(4) ただし、前項a号又はb号の規定が適用されない事案にあっては、次の各号に該当したときに限って、没収を命ずることができる。

(a) 船舶の事案にあっては、第五項又は第六項の規定が適用されるとき

(b) 航空機の事案にあっては、第五項又は第七項の規定が適用されるとき

(5) 当該罪を犯した時点に、当該船舶若しくは航空機を所有していた者、又はそれを所有していた企業の取締役、秘書役又は支配人であった者が、第五七条から第五九条までの規定に基づく罪の犯行の過程で、それを使用する意図を知っていたか、又は知るべきであったときは、第五項の規定が適用されるものとする。

(6) 船舶の総トン数が五〇〇トン未満であったときは、第六項の規定が適用されるものとする。

(7) （ホヴァークラフトを除く）航空機

について、航空安全規準証明書に準拠して離陸することができる最大重量が五七〇〇キログラム未満であったときは、第七項の規定が適用されるものとする。

(8)　車両、船舶又は航空機について利害関係を有する旨を主張する者が、裁判所に対し、没収問題に関して表明する申立てを行った場合において、この者に表明する機会が与えられなかったときは、当該裁判所は、当該車両、船舶又は航空機について、本条に基づく命令を下すことができない。

第六〇条B　車両、船舶又は航空機の収用

(1)　ある者が、第五七条から第五九条までの規定に基づく罪により逮捕されたときは、警察官又は上級入国管理担当官は、次の各号のいずれかにおいて、関係する車両、船舶又は航空機を収用することができる。

(a)　当該罪により被逮捕者を告発するか否かに関する決定が下されるまで

(b)　被逮捕者が告発された場合において、本人が無罪の決定を受けるか、本人に対する告発が却下されるか、又は当該手続が終結するまで

(c)　被逮捕者が告発されて、有罪宣告を受けた場合において、当該裁判所が当該車両、船舶又は航空機の没収を命ずるか否かを決定するまで

(2)　ある車両、船舶又は航空機が、被逮捕者が逮捕されるに至った罪による本人の有罪宣告に基づき、関係する警察官又は担当官が、前条に基づいて下される没収を求める命令の目的物となる可能性があると確信するための合理的な理由を有する車両、船舶又は航空機であったときは、これらの車両、船舶又は航空機は、被逮捕者に関して、関係する車両、船舶又は航空機であるものとする。

(3)　何人も（被逮捕者を除き）、次の各号のいずれかに該当することを理由として、裁判所に対し、車両、船舶又は航空機の収用解除の申立てを行うことができる。

(a)　本人が当該車両、船舶又は航空機を所有していること

(b)　本人が当該車両、船舶又は航空機の収用前に、買取選択権付賃貸借協定に基づいて、それを保有していたこと

(c)　本人が当該車両、船舶又は航空機をチャーターしていた者であったとき

(4)　次の各号の両者に該当する場合において、前項に基づいて車両、船舶又は航空機の収用解除の申立てを受けた裁判所が満足することができると思料する担保又は保証の提供が、当該裁判所にとって有益とされるという条件により、当該裁判所は、当該担保又は保証の提供に基づいて、当該車両、船舶又は航空機の収用を解除することができる。

(a)　被逮捕者が有罪宣告を受けた場合

(b)　第六〇条に基づいて、当該没収を求める命令が下された場合

(5)　本条において、「裁判所」（court）とは、次に掲げる裁判所をいう。

(a)　イングランド及びウェールズ地方に関して

(i)　被逮捕者が告発されなかったか、又は告発されたが、当該罪を求める手続の審理が開始されなかったときは、マジストレート裁判所

(ii)　被逮捕者が告発され、かつ当該

罪を求める手続が審理されているときは、当該手続を審理している裁判所

(b) 北アイルランド地方に関して

(i) 被逮捕者が告発されなかったときは、本人が逮捕された県裁判所合議部のマジストレート裁判所

(ii) 被逮捕者が告発された、当該罪を求める手続の審理が開始されなかったときは、本人が告発された県裁判所合議部のマジストレート裁判所

(iii) 被逮捕者が告発され、かつ当該罪を求める手続が審理されているときは、当該手続を審理している裁判所

(6) 本条において、「上級入国管理担当官」(senior immigration officer)とは、主任入国管理担当官の階級以上の(一九七一年入国管理法(法律第七七号)[c.77]に基づいて任命又は雇用された)入国管理担当官をいう。

第六〇条C　第六〇条A及び第六〇条B：解釈

(1) 本条、第六〇条、第六〇条A及び第六〇条Bにおいて、別段の意図が認められない限り、

「航空機」(aircraft)の中には、ホヴァークラフトが含まれる。

「船長・機長」(captain)とは、(船舶の)船長又は(航空機の)機長をいう。

「車両」(land vehicle)とは、船舶又は航空機以外の車両をいう。

「船舶」(ship)の中には、航海において使用されるあらゆる種類の船舶が含まれる。

(2) 第六〇条A及び第六〇条B中の、車両、船舶又は航空機の所有者の中には、それを共同所有する多数の者が含まれる。

予備的犯罪

第六一条　性的行為を行う目的の薬物投与

(1) 次の各号の両者に該当する場合において、ある者が、故意に他人(B)に薬物を投与し、又はBに対し薬物を服用するように強制したときは、この者は、罪を犯したものとする。

(a) Bが同意しないことを知りながら

(b) Bが巻き込まれる性的行為を人が行うことを可能にさせるために、Bを麻痺させる目的で、又はその精神的・肉体的機能を喪失させる目的で

(2) 本条に基づく罪により有罪となった者は、次の各号の定めるところによる。

(a) 略式起訴に基づく有罪宣告により、六か月以下の拘禁若しくは法定上限以下の罰金に処し、又は両者を併科する。

(b) 正式起訴に基づく有罪宣告により、一〇年以下の拘禁に処する。

第六二条　性犯罪を行う目的で罪を犯す行為

(1) ある者が、関係性犯罪を行う目的で何らかの罪を犯したときは、この者は、罪を犯したものとする。

(2) 本条中の「関係性犯罪」(relevant sexual offence)とは、(その幇助、教唆、勧誘又は取得の罪を含む)本章に基づく罪をいう。

(3) 本条に基づく罪が略取・誘拐又は不法監禁によって行われた場合において、当該罪により有罪となった者は、正式起訴に基づく有罪宣告により、終身拘禁に処する。

(4) 前項の規定が適用されなかったときは、本条に基づく罪により有罪となった者は、次の各号の定めるところによる。

(a) 略式起訴に基づく有罪宣告により、六か月以下の拘禁若しくは法定上限以下の罰金に処し、又は両者を併科する。

(b) 正式起訴に基づく有罪宣告により、一〇年以下の拘禁に処する。

第六三条　性犯罪を行う目的の敷地侵害

(1) 次の各号のすべてに該当したときは、この者は、罪を犯したものとする。

(a) ある者が敷地侵害者であったとき

(b) この者が敷地上で関係性犯罪を行おうしたとき

(c) 自己が敷地侵害者であることを、この者が知っていたか、又は自己が敷地侵害者であるか否かに関して、この者が顧慮しなかったとき

(2) 本条において

「敷地」(premises)の中には、構造物又はその一部が含まれる。

「関係性犯罪」(relevant sexual offence)は、前条におけると同一の意味を有する。

「構造物」(structure)の中には、テント、車両、船舶その他、一時的又は可動的構造物が含まれる。

(3) 本条に基づく罪により有罪となった者は、次の各号の定めるところによる。

(a) 略式起訴に基づく有罪宣告により、六か月以下の拘禁若しくは法定上限以下の罰金に処し、又は両者を併科する。

(b) 正式起訴に基づく有罪宣告により、一〇年以下の拘禁に処する。

親族関係にある成年者との性交

第六四条　親族関係にある成年者との性交：膣又はアヌスへの挿入

(1) 次の各号のすべてに該当したときは、[第三項Aに従うことを条件にして]（二〇〇八年刑事司法及び移民法（法律第四号）[c.4] 附則一五第五条第二項により、括弧内の文言を加える）、一六歳以上の者（A）は、罪を犯したものとする。

【第一項を改める】
(1) 次の各号のすべてに該当したときは、第三項Aに従うことを条件にして、一六歳以上の者（A）は、罪を犯したものとする。

(a) この者が、故意に自己の身体の一部若しくはその他の物を他人の膣若しくはアヌスへ挿入し、又は自己のペニスを他人の口へ挿入したとき

(b) 当該挿入が性的であったとき

(c) 他人(B)が一八歳以上であったとき

(d) Aが、第二項中に定める方法でBに関係していたとき

(e) 自己が当該方法でBに関係していることを、Aが知っていたか、又は知ることを合理的に期待することができたとき

(2) AがBに関係することができる、第二項中に定める方法とは、Aが、父母、祖父母、子、孫、兄弟姉妹、異父母兄弟姉妹、伯叔父母、甥又は姪としてBに関係することができる方法をいう。

(3) 前項において（二〇〇八年刑事司法及び移民法（法律第四号）[c.4] 附則一五第五条第三項により、za号とzb号を加える）

【za号とzb号を加える】
(za) 「父母」(parent)の中には、養親が含まれる。
(zb) 「子」(child)の中には、二〇〇二年養子縁組及び児童法（法律第三八号）[c.38] 第一章第四節の意味の枠内における養子が含まれる。

(a) 「伯叔父」(uncle)とは、人の父母の兄弟をいい、「伯叔母」(aunt)は、これに対応する意味を有する。

(b)　「甥」（nephew）とは、人の兄弟姉妹の子をいい、「姪」（niece）は、これに対応する意味を有する。

（二〇〇八年刑事司法及び移民法（法律第四号）[c.4] 附則一五第五条第四項により、第三項Aを加える）

【第三項Aを加える】

(3A)　Aが、前項zb号により、Bの子としてBに関係している事案において、第一項の規定を適用するときは、Aが一八歳以上でない限り、Aは罪を犯していないものとする。

(4)　本条に基づく罪に対する手続中で、自己がこれらの方法で他人に関係していたことを、被告人が知っていたか否か、又は知ることを合理的に期待することができたか否かに関する争点を提起する十分な証拠が提出されなかったときは、当該被告人は、自己が当該方法で関係していたことを知っていたか、又は知ることを合理的に期待することができたものとみなすものとする。

(5)　本条に基づく罪により有罪となった者は、次の各号の定めるところによる。

(a)　略式起訴に基づく有罪宣告により、六か月以下の拘禁若しくは法定上限以下の罰金に処し、又は両者を併科する。

(b)　正式起訴に基づく有罪宣告により、二年以下の拘禁に処する。

（二〇〇八年刑事司法及び移民法（法律第四号）[c.4] 附則一五第五条第五項により、第六項を加える）

【第六項を加える】

(6)　次の各号に定める規定のいずれかは、第三項za号及びzb号の適用上、一九七六年養子縁組法（法律第三六号）[c.36] 第三九条又は二〇〇二年養子縁組及び児童法（法律第三八号）[c.38] 第六七条の適用を妨げるものと読んではならない。

(a)　（二〇〇五年一二月三〇日前の養子縁組に関して、一九七六年養子縁組法（法律第三六号）[c.36] 第四七条の適用上、同法第三九条中の地位規定を適用しない）同法第四七条

(b)　（二〇〇五年一二月三〇日以後の養子縁組に関して、二〇〇二年養子縁組及び児童法（法律第三八号）[c.38] 第七四条の適用上、同法第六七条中の地位規定を適用しない）同法第六七条中の地位規定を適用しない）同法第

同法第七四条

【第六四条の新正文は次のとおり】

第六四条　親族関係にある成年者との性交：膣又はアヌスへの挿入

(1)　次の各号のすべてに該当したときは、第三項Aに従うことを条件にして、一六歳以上の者（A）は、罪を犯したものとする。

(a)　この者が、故意に自己の身体の一部若しくはその他の物を他人の膣若しくはアヌスへ挿入し、又は自己のペニスを他人の口へ挿入したとき

(b)　当該挿入が性的であったとき

(c)　他人（B）が一八歳以上であったとき

(d)　Aが、第二項中に定める方法でBに関係していたとき

(e)　自己が当該方法でBに関係していることを、Aが知っていたか、又は知ることを合理的に期待することができたとき

(2)　AがBに関係することができる、第二項中に定める方法とは、Aが、父母、祖父母、子、孫、兄弟姉妹、異父母兄弟姉妹、伯叔父母、甥又は姪としてB

に関係することができる方法をいう。

(3) 前項において

(za) 「父母」(parent) の中には、養親が含まれる。

(zb) 「子」(child) の中には、二〇〇二年養子縁組及び児童法（法律第三八号）[c.38] 第一章第四節の意味の枠内における養子が含まれる。

(a) 「伯叔父」(uncle) とは、人の父母の兄弟をいい、「伯叔母」(aunt) は、これに対応する意味を有する。

(b) 「甥」(nephew) とは、人の兄弟姉妹の子をいい、「姪」(niece) は、これに対応する意味を有する。

(3A) Aが、前項zb号により、Bの子としてBに関係している事案において、第一項の規定を適用するときは、Aが一八歳以上でない限り、Aは罪を犯していないものとする。

(4) 本条に基づく罪に対する手続中で、自己がこれらの方法で他人に関係していたことを、被告人が知っていたか否か、又は知ることを合理的に期待することができたか否かに関する争点を提起する十分な証拠が提出されなかったときは、当該被告人は、自己が当該方法で関係していたことを知っていたか、又は知ることを合理的に期待することができたものとみなすものとする。

(5) 本条に基づく罪により有罪となった者は、次の各号の定めるところによる。

(a) 略式起訴に基づく有罪宣告により、六か月以下の拘禁若しくは法定上限以下の罰金に処し、又は両者を併科する。

(b) 正式起訴に基づく有罪宣告により、二年以下の拘禁に処する。

(6) 次の各号に定める規定のいずれかは、第三項za号及びzb号の適用上、一九七六年養子縁組法（法律第三六号）[c.36] 第三九条又は二〇〇二年養子縁組及び児童法（法律第三八号）[c.38] 第六七条の適用を妨げるものと読んではならない。

(a) （二〇〇五年一二月三〇日前の養子縁組に関して、一九七六年養子縁組法（法律第三六号）[c.36] 第四七条の適用上、同法第三九条中の地位規定を適用しない）同法第四七条

(b) （二〇〇五年一二月三〇日以後の養子縁組に関して、二〇〇二年養子縁組及び児童法（法律第三八号）[c.38] 第七四条の適用上、同法第六七条中の地位規定を適用しない）同法第七四条

第六五条　親族関係にある成年者との性交：膣又はアヌスへの挿入についての同意

(1) 次の各号のすべてに該当したときは、[第三項Aに従うことを条件にして]（二〇〇八年刑事司法及び移民法（法律第四号）[c.4] 附則一五第六条第二項により、括弧内の文言を加える）、一六歳以上の者（A）は、罪を犯したものとする。

> **【第一項を改める】**
> (1) 次の各号のすべてに該当したときは、第三項Aに従うことを条件にして、一六歳以上の者（A）は、罪を犯したものとする。

(a) 他人（B）が、自己の身体の一部若しくはその他の物をAの膣若しくはアヌスへ挿入し、又は自己のペニスをAの口へ挿入したとき

(b) Aが当該挿入に同意したとき

(c) 当該挿入が性的であったとき

(d) Bが一八歳以上であったとき

(e)　Aが、第二項中に定める方法でBに関係していたとき

(f)　自己が当該方法でBに関係していることを、Aが知っていたか、又は知ることを合理的に期待することができたとき

(2)　AがBに関係することができる、第二項中に定める方法とは、Aが、父母、祖父母、子、孫、兄弟姉妹、異父母兄弟姉妹、伯叔父母、甥又は姪としてBに関係することができる方法をいう。

(3)　前項において

（二〇〇八年刑事司法及び移民法（法律第四号）[c.4] 附則一五第六条第三項により、za号とzb号を加える）

【za号とzb号を加える】

(za)　「父母」(parent) の中には、養親が含まれる。

(zb)　「子」(child) の中には、二〇〇二年養子縁組及び児童法（法律第三八号）[c.38] 第一章第四節の意味の枠内における養子が含まれる。

(a)　「伯叔父」(uncle) とは、人の父母の兄弟をいい、「伯叔母」(aunt) は、これに対応する意味を有する。

(b)　「甥」(nephew) とは、人の兄弟姉妹の子をいい、「姪」(niece) は、これに対応する意味を有する。

（二〇〇八年刑事司法及び移民法（法律第四号）[c.4] 附則一五第六条第四項により、第三項Aを加える）

【第三項Aを加える】

(3A)　Aが、前項zb号により、Bの子としてBに関係している事案において、第一項の規定を適用するときは、Aが一八歳以上でない限り、Aは罪を犯していないものとする。

(4)　本条に基づく罪に対する手続中で、自己がこれらの方法で他人に関係していたことを、被告人が知っていたか否か、又は知ることを合理的に期待することができたか否かに関する争点を提起する十分な証拠が提出されなかったときは、当該被告人は、自己が当該方法で関係していたことを知っていたか、又は知ることを合理的に期待することができたものとみなすものとする。

(5)　本条に基づく罪により有罪となった者は、次の各号の定めるところによる。

(a)　略式起訴に基づく有罪宣告により、六か月以下の拘禁若しくは法定上限以下の罰金に処し、又は両者を併科する。

(b)　正式起訴に基づく有罪宣告により、二年以下の拘禁に処する。

（二〇〇八年刑事司法及び移民法（法律第四号）[c.4] 附則一五第六条第五項により、第六項を加える）

【第六項を加える】

(6)　次の各号に定める規定のいずれかは、第三項za号及びzb号の適用上、一九七六年養子縁組法（法律第三六号）[c.36] 第三九条又は二〇〇二年養子縁組及び児童法（法律第三八号）[c.38] 第六七条の適用を妨げるものと読んではならない。

(a)　（二〇〇五年一二月三〇日前の養子縁組に関して、一九七六年養子縁組法（法律第三六号）[c.36] 第四七条の適用上、同法第三九条中の地位規定を適用しない）同法第四七条

(b)　（二〇〇五年一二月三〇日以後の養子縁組に関して、二〇〇二年養子縁組及び児童法（法律第三八号）[c.38] 第七四条の適用上、同法第六七条中の地位規定を適用しない）

同法第七四条

【第六五条の新正文は次のとおり】

第六五条　親族関係にある成年者との性交：膣又はアヌスへの挿入についての同意

(1) 次の各号のすべてに該当したときは、第三項Aに従うことを条件にして、一六歳以上の者（A）は、罪を犯したものとする。

(a) 他人（B）が、自己の身体の一部若しくはその他の物をAの膣若しくはアヌスへ挿入し、又は自己のペニスをAの口へ挿入したとき

(b) Aが当該挿入に同意したとき

(c) 当該挿入が性的であったとき

(d) Bが一八歳以上であったとき

(e) Aが、第二項中に定める方法でBに関係していたとき

(f) 自己が当該方法でBに関係していることを、Aが知っていたか、又は知ることを合理的に期待することができたとき

(2) AがBに関係することができる、第二項中に定める方法とは、Aが、父母、祖父母、子、孫、兄弟姉妹、異父母兄弟姉妹、伯叔父母、甥又は姪としてBに関係することができる方法をいう。

(3) 前項において

(za) 「父母」（parent）の中には、養親が含まれる。

(zb) 「子」（child）の中には、二〇〇二年養子縁組及び児童法（法律第三八号）［c.38］第一章第四節の意味の枠内における養子が含まれる。

(3A) Aが、前項zb号により、Bの子としてBに関係している事案において、第一項の規定を適用するときは、Aが一八歳以上でない限り、Aは罪を犯していないものとする。

(4) 本条に基づく罪に対する手続中で、自己がこれらの方法で他人に関係していたことを、被告人が知っていたか否か、又は知ることを合理的に期待することができたか否かに関する争点を提起する十分な証拠が提出されなかったときは、当該被告人は、自己が当該方法で関係していたことを知っていたか、又は知ることを合理的に期待することができたものとみなすものとする。

(5) 本条に基づく罪により有罪となった者は、次の各号の定めるところによる。

(a) 略式起訴に基づく有罪宣告により、六か月以下の拘禁若しくは法定上限以下の罰金に処し、又は両者を併科する。

(b) 正式起訴に基づく有罪宣告により、二年以下の拘禁に処する。

(6) 次の各号に定める規定のいずれかは、第三項za号及びzb号の適用上、一九七六年養子縁組法（法律第三六号）［c.36］第三九条又は二〇〇二年養子縁組及び児童法（法律第三八号）［c.38］第六七条の適用を妨げるものと読んではならない。

(a) （二〇〇五年一二月三〇日前の養子縁組に関して、一九七六年養子縁組法（法律第三六号）［c.36］第四七条の適用上、同法第三九条中の地位規定を適用しない）同法第四七条

(b) （二〇〇五年一二月三〇日以後の養子縁組に関して、二〇〇二年養子縁組及び児童法（法律第三八号）［c.38］第七四条の適用上、同法第六七条中の地位規定を適用しない）同法第七四条

その他の罪

第六六条　性器の露出

(1) 次の各号の両者に該当したときは、この者は、罪を犯したものとする。

(a) ある者が故意に自己の性器を露出したとき

(b) 誰かが当該性器を見て、驚き又は苦痛が生ずることを、この者が意図したとき

(2) 本条に基づく罪により有罪となった者は、次の各号の定めるところによる。

(a) 略式起訴に基づく有罪宣告により、六か月以下の拘禁若しくは法定上限以下の罰金に処し、又は両者を併科する。

(b) 正式起訴に基づく有罪宣告により、二年以下の拘禁に処する。

【第六六条から第七二条までの規定は、二〇〇八年性犯罪（北アイルランド）命令（法律的文書第一七六九号）[S.I.2008/1769 (N.I.2)] 附則三により廃止する】[北アイルランド地方に適用]

第六七条　のぞき行為

(1) 次の各号の両者に該当したときは、この者は、罪を犯したものとする。

(a) ある者が、性的満足を得るために、他人が私的行為を行っている状況を観察したとき

(b) この者が、自己の性的満足のために、他人が私的行為の観察されることに同意していないことを知っていたとき

(2) 次の各号の両者に該当したときは、この者は、罪を犯したものとする。

(a) 他人が、性的満足を得るために、第三者（Ｂ）が私的行為を行っている状況を観察することを可能にさせる目的で、ある者が装置を操作したとき

(b) この者が、当該目的で装置を操作することにＢが同意していないことを知っていたとき

(3) 次の各号のすべてに該当したときは、この者は、罪を犯したものとする。

(a) 他人（Ｂ）が私的行為を行っている状況を、ある者が記録したとき

(b) 自己又は第三者が、性的満足を得るために、Ｂが当該行為を行っている画像を閲覧する目的で、この者が、当該行為の状況を記録したとき

(c) この者が、当該目的で当該行為を記録することにＢが同意していないことを知っていたとき

(4) 自己又は他人が第一項に基づく罪を犯すことを可能にさせる目的で、ある者が装置を設置し、又は構造物若しくはその一部を構築し、若しくは取り付けたときは、この者は、罪を犯したものとする。

(5) 本条に基づく罪により有罪となった者は、次の各号の定めるところによる。

(a) 略式起訴に基づく有罪宣告により、六か月以下の拘禁若しくは法定上限以下の罰金に処し、又は両者を併科する。

(b) 正式起訴に基づく有罪宣告により、二年以下の拘禁に処する。

【第六六条から第七二条までの規定は、二〇〇八年性犯罪（北アイルランド）命令（法律的文書第一七六九号）[S.I.2008/1769 (N.I.2)] 附則三により廃止する】[北アイルランド地方に適用]

第六八条　のぞき行為：解釈

(1) ある者が、当該状況において、私生活を用意していると合理的に予測される場所に居た場合において、次の各号のいずれかに該当したときは、前条の適用上、この者は、私的行為を行っているものとする。

(a) この者の性器、臀部又は胸が露出されているか、又はそれが下着だけで覆われていたとき

(b) この者がトイレを使用していたとき

(c)　この者が、通常は公然と行うようなものでない性的行為を行っていたとき

(2)　第六七条中の「構造物」の中には、テント、車両、船舶その他、一時的又は可動的構造物が含まれる。

【第六六条から第七二条までの規定は、二〇〇八年性犯罪（北アイルランド）命令（法律的文書第一七六九号）[S.I.2008/1769 (N.I.2)] 附則三により廃止する】［北アイルランド地方に適用］

第六九条　獣姦

(1)　次の各号のすべてに該当したときは、この者は、罪を犯したものとする。

(a)　ある者が、故意に自己のペニスを挿入する行為を行ったとき

(b)　この者のペニスが、生きた動物の膣又はアヌスへ挿入されたとき

(c)　自己のペニスが生きた動物の膣若しくはアヌスへ挿入されることを、この者が知っていたか、又は自己のペニスが生きた動物の膣若しくはアヌスへ挿入されるか否かに関して、この者が顧慮しなかったとき

(2)　次の各号のすべてに該当したときは、この者（A）は、罪を犯したものとする。

(a)　Aが、故意に自己の膣又はアヌスへ挿入するように強制し、又は挿入を容認したとき

(b)　当該挿入が、生きた動物のペニスによるものであったとき

(c)　生きた動物のペニスが自己の膣若しくはアヌスへ挿入されることを、Aが知っていたか、又は生きた動物のペニスが自己の膣若しくはアヌスへ挿入されるか否かに関して、Aが顧慮しなかったとき

(3)　本条に基づく罪により有罪となった者は、次の各号の定めるところによる。

(a)　略式起訴に基づく有罪宣告により、六か月以下の拘禁若しくは法定上限以下の罰金に処し、又は両者を併科する。

(b)　正式起訴に基づく有罪宣告により、二年以下の拘禁に処する。

【第六六条から第七二条までの規定は、二〇〇八年性犯罪（北アイルランド）命令（法律的文書第一七六九号）[S.I.2008/1769 (N.I.2)] 附則三により廃止する】［北アイルランド地方に適用］

第七〇条　屍姦

(1)　次の各号のすべてに該当したときは、この者は、罪を犯したものとする。

(a)　ある者が、故意に自己の身体の一部又はその他の物を挿入する行為を行ったとき

(b)　この者の身体の一部又はその他の物が、死体の一部へ挿入されたとき

(c)　自己の身体の一部又はその他の物が死体の一部へ挿入されることを、この者が知っていたか、又は自己の身体の一部又はその他の物が死体の一部へ挿入されるか否かに関して、この者が顧慮しなかったとき

(d)　当該挿入が性的であったとき

(2)　本条に基づく罪により有罪となった者は、次の各号の定めるところによる。

(a)　略式起訴に基づく有罪宣告により、六か月以下の拘禁若しくは法定上限以下の罰金に処し、又は両者を併科する。

(b)　正式起訴に基づく有罪宣告により、二年以下の拘禁に処する。

【第六六条から第七二条までの規定は、二〇〇八年性犯罪（北アイルランド）命令（法律的文書第一七六九号）[S.I.2008/1769 (N.I.2)] 附則三により廃止する】［北アイルランド地方に適用］

第七一条　公衆トイレでの性的行為

(1)　次の各号のすべてに該当したときは、この者は、罪を犯したものとする。

(a) ある者が、有料かその他かの如何を問わず、公衆又は公衆の一部が出入りすることが許されていたか、又は許されているトイレの中に居たとき

(b) この者が故意にある行為を行ったとき

(c) 当該行為が性的であったとき

(2) 人の目的にかかわりなく、すべての状況において、通常人であれば、ある行為が性的であると思料されるときは、本条の適用上、当該行為は性的であったものとする。

(3) 本条に基づく罪により有罪となった者は、略式起訴に基づく有罪宣告により、六か月以下の拘禁若しくは基準等級表のレベル五以下の罰金に処し、又は両者を併科する。

【第六六条から第七二条までの規定は、二〇〇八年性犯罪（北アイルランド）命令（法律的文書第一七六九号）[S.I.2008/1769 (N.I.2)] 附則三により廃止する】[北アイルランド地方に適用]

連合王国外での罪

第七二条　連合王国外での罪

(1) 第二項に従うことを条件にして、連合王国外の国又は領域である者が行った、次の各号の両者に該当する行為は、連合王国のイングランド、ウェールズ又は北アイルランド地方の法律に基づく性犯罪を構成するものとする。

(a) 当該国又は領域で効力を有する法律に基づく罪を構成する行為

(b) 当該行為がイングランド及びウェールズ地方又は北アイルランド地方で行われたとすれば、本条の規定を適用する性犯罪を構成すると思料される行為

(2) 一九九七年九月一日にイギリス公民であったか、若しくは連合王国内に居住していた者、又はその日以後にイギリス公民となったか、若しくは連合王国内に居住した者に対してのみ、本条による手続を行うことができる。

(3) ある国又は領域で効力を有する法律に基づいて処罰することができる行為は、当該法律中の記載の如何を問わず、本条の適用上、当該法律に基づく罪を構成するものとする。

(4) 第五項に従うことを条件にして、被告人が、裁判所準則で定めることができる期日に遅れることなく、次の各号のすべてに該当する通知書を検察官へ送達しなかったときは、第一項a号中の条件を具備していたものとみなすものとする。

(a) 当該行為について中立てを受けた事実により、自己の見解において当該条件が具備されていない旨を表明する通知書

(b) 当該見解に対する自己の理由を示す通知書

(c) 検察官に対し、当該条件が具備されている旨を立証するように要求する通知書

(5) 裁判所が適切と思料したときは、当該裁判所は、前項に基づく通知書の送達なくして、当該検察官に対し、当該条件が具備されている旨を立証するように要求することを、当該被告人に許可することができる。

(6) 刑事法院において、当該条件が具備されているか否かの問題は、裁判官が単独で決定するものとする。

(7) 本条の規定を適用する性犯罪は、附則二に列挙する。

【第六六条から第七二条までの規定は、二〇〇八年性犯罪（北アイルランド）命令（法律的文書第一七六九号）[S.I.2008/1769 (N.I.2)] 附則三により廃止する】[北アイルランド地方に適用]

（二〇〇八年刑事司法及び移民法（法律第四号）［c.4］第七二条第一項により、第七二条を読み替える）

【第七二条を改める】その後第一項から第三項までの規定を再度改める：後述）

第七二条　連合王国外での罪

(1) 次の各号の両者に該当したときは、連合王国の国民は、連合王国のイングランド及びウェールズ地方又は北アイルランド地方［イングランド及びウェールズ地方］（二〇〇八年性犯罪（北アイルランド派生的改正）命令（法律的文書第一七七九号）［S.I.2008/1779］第一〇条第二項b号により、下線部を括弧内の文言に読み替える）において、本条の規定を適用する性犯罪により有罪とする。

(a) 連合王国の国民が、連合王国外の国で、ある行為を行ったとき

(b) 当該行為がイングランド及びウェールズ地方又は北アイルランド地方（二〇〇八年性犯罪（北アイルランド派生的改正）命令（法律的文書第一七七九号）［S.I.2008/1779］第一〇条第二項a号により、下線部を削る）で行われたとすれば、本条の規定を適用する性犯罪を構成すると思料されるとき

(2) 次の各号のすべてに該当したときは、連合王国の住民は、連合王国のイングランド及びウェールズ地方又は北アイルランド地方［イングランド及びウェールズ地方］（二〇〇八年性犯罪（北アイルランド派生的改正）命令（法律的文書第一七七九号）［S.I.2008/1779］第一〇条第三項b号により、下線部を括弧内の文言に読み替える）において、本条の規定を適用する性犯罪により有罪とする。

(a) 連合王国の住民が、連合王国外の国で、ある行為を行ったとき

(b) 当該行為が、当該国における強制力を有する法律に基づいて、罪を構成するとき

(c) 当該行為がイングランド及びウェールズ地方又は北アイルランド地方（二〇〇八年性犯罪（北アイルランド派生的改正）命令（法律的文書第一七七九号）［S.I.2008/1779］第一〇条第三項a号により、下線部を削る）で行われたとすれば、本条の規定を適用する性犯罪を構成したと思料されるとき

(3) 次の各号のすべてに該当したときは、この者が連合王国のイングランド及びウェールズ地方又は北アイルランド地方［イングランド及びウェールズ地方］（二〇〇八年性犯罪（北アイルランド派生的改正）命令（法律的文書第一七七九号）［S.I.2008/1779］第一〇条第四項b号により、下線部を括弧内の文言に読み替える）で当該行為を行ったものとして、当該地方において、本条の規定を適用する性犯罪により、この者に対し、手続を行うことができる。

(a) ある者が、連合王国の国民又は連合王国の住民でなかった時点に、連合王国外の国で、ある行為を行ったとき

(b) 当該行為が、当該国における強制力を有する法律に基づいて、罪を構成するとき

(c) 当該行為がイングランド及びウェールズ地方又は北アイルランド地方（二〇〇八年性犯罪（北アイルランド派生的改正）命令（法律的文書第一七七九号）［S.I.2008/1779］

第一〇条第四項ａ号により、下線部を削る）で行われたとすれば、本条の規定を適用する性犯罪を構成したと思料されるとき

(d)　この者が、関係する時点に、居住条件又は国籍条件を具備していたとき

(4)　当該手続を行う時点に、この者が連合王国の国民又は連合王国の住民であったときは、この者は、関係する時点に、居住条件又は国籍条件を具備していたものとする。

(5)　いずれかの国における強制力を有する法律に基づいて処罰することができる行為は、当該法律中の記述の如何を問わず、第二項及び第三項の適用上、当該法律に基づく罪を構成するものとする。

(6)　裁判所規則で定めることができる期日に遅れることなく、被告人が、次の各号のすべてに該当する通知書を検察官に送達しなかったときは、第二項ｂ号又は第三項ｂ号中の条件は、具備されているものとみなすものとする。

(a)　当該行為について申立てを受けた事実により、被告人の見解において当該条件が具備されていない旨を表明する通知書

(b)　当該見解に対する理由を示す通知書

(c)　検察官に対し、当該条件が具備されている旨を立証するように要求する通知書

(7)　ただし、当該裁判所が適切と思料するときは、当該裁判所は、前項に基づく通知書の送達なくして、被告人が、検察官に対し、当該条件が具備されている旨を立証するように要求することを当該被告人に許可するように要求することができる。

(8)　刑事法院において、当該条件が具備されているか否かの問題は、裁判官が単独で決定するものとする。

(9)　本条において

「国」（country）の中には、「領域」（territory）が含まれる。

「連合王国の国民」（United Kingdom national）とは、次の各号のいずれかに掲げる者をいう。

(a)　英国の公民、英国の海外領域に居る公民、英国国籍の者（海外）又は英国の海外公民

(b)　一九八一年英国国籍法（法律第六一号）［c.61］に基づいて、英国臣民に該当する者

(c)　同法の意味の枠内で保護される英国民

「連合王国の住民」（United Kingdom resident）とは、連合王国内に居住している者をいう。

(10)　本条の規定を適用する性犯罪は、附則二に列挙する。

【第一項を再度改める】

(1)　次の各号の両者に該当したときは、連合王国の国民は、連合王国のイングランド及びウェールズ地方において、本条の規定を適用する性犯罪により有罪とする。

(a)　連合王国の国民が、連合王国外の国で、ある行為を行ったとき

(b)　当該行為がイングランド及びウェールズ地方で行われたとすれば、本条の規定を適用する性犯罪を構成すると思料されるとき

【第二項を再度改める】

(2)　次の各号のすべてに該当したときは、連合王国の住民は、連合王国のイング

ランド及びウェールズ地方において、本条の規定を適用する性犯罪により有罪とする。

(a) 連合王国の住民が、連合王国外の国で、ある行為を行ったとき

(b) 当該行為が、当該国における強制力を有する法律に基づいて、罪を構成するとき

(c) 当該行為がイングランド及びウェールズ地方で行われたとすれば、本条の規定を適用する性犯罪を構成したと思料されるとき

【第三項を再度改める】

(3) 次の各号のすべてに該当したときは、この者が連合王国のイングランド及びウェールズ地方で当該行為を行ったものとして、当該地方において、本条の規定を適用する性犯罪により、この者に対し、手続を行うことができる。

(a) ある者が、連合王国の国民又は連合王国の住民でなかった時点に、連合王国外の国で、ある行為を行ったとき

(b) 当該行為が、当該国における強制力を有する法律に基づいて、罪を構成するとき

(c) 当該行為がイングランド及びウェールズ地方で行われたとすれば、本条の規定を適用する性犯罪を構成したと思料されるとき

(d) この者が、関係する時点に、居住条件又は国籍条件を具備していたとき

【第七二条の新正文は次のとおり】

第七二条　連合王国外での罪

(1) 次の各号の両者に該当したときは、連合王国の国民は、連合王国のイングランド及びウェールズ地方において、本条の規定を適用する性犯罪により有罪とする。

(a) 連合王国の国民が、連合王国外の国で、ある行為を行ったとき

(b) 当該行為がイングランド及びウェールズ地方で行われたとすれば、本条の規定を適用する性犯罪を構成すると思料されるとき

(2) 次の各号のすべてに該当したときは、連合王国の住民は、連合王国のイングランド及びウェールズ地方において、本条の規定を適用する性犯罪により有罪とする。

(a) 連合王国の住民が、連合王国外の国で、ある行為を行ったとき

(b) 当該行為が、当該国における強制力を有する法律に基づいて、罪を構成するとき

(c) 当該行為がイングランド及びウェールズ地方で行われたとすれば、本条の規定を適用する性犯罪を構成したと思料されるとき

(3) 次の各号のすべてに該当したときは、この者が連合王国のイングランド及びウェールズ地方で当該行為を行ったものとして、当該地方において、本条の規定を適用する性犯罪により、この者に対し、手続を行うことができる。

(a) ある者が、連合王国の国民又は連合王国の住民でなかった時点に、連合王国外の国で、ある行為を行ったとき

(b) 当該行為が、当該国における強制力を有する法律に基づいて、罪を構成するとき

(c) 当該行為がイングランド及びウェールズ地方で行われたとすれば、本条の規定を適用する性犯罪を構成

したと思料されるとき

(d) この者が、関係する時点に、居住条件又は国籍条件を具備していたとき

(4) 当該手続を行う時点に、この者が連合王国の国民又は連合王国の住民であったときは、この者は、関係する時点に、居住条件又は国籍条件を具備していたものとする。

(5) いずれかの国における強制力を有する法律に基づいて処罰することができる行為は、当該法律中の記述の如何を問わず、第二項及び第三項の適用上、当該法律に基づく罪を構成するものとする。

(6) 裁判所規則で定めることができる期日に遅れることなく、被告人が、次の各号のすべてに該当する通知書を検察官に送達しなかったときは、第二項b号又は第三項b号中の条件は、具備されているものとみなすものとする。

(a) 当該行為について申立てを受けた事実により、被告人の見解において当該条件が具備されていない旨を表明する通知書

(b) 当該見解に対する理由を示す通知書

(c) 検察官に対し、当該条件が具備されている旨を立証するように要求する通知書

(7) ただし、当該裁判所が適切と思料するときは、当該裁判所は、前項に基づく通知書の送達なくして、被告人が、検察官に対し、当該条件が具備されている旨を立証するように要求することを当該被告人に許可することができる。

(8) 刑事法院において、当該条件が具備されているか否かの問題は、裁判官が単独で決定するものとする。

(9) 本条において

「国」(country)の中には、「領域」(territory)が含まれる。

「連合王国の国民」(United Kingdom national)とは、次の各号のいずれかに掲げる者をいう。

(a) 英国の公民、英国の海外領域に居る公民、英国国籍の者（海外）又は英国の海外公民

(b) 一九八一年英国国籍法（法律第六一号）[c.61] に基づいて、英国臣民に該当する者

(c) 同法の意味の枠内で保護される英国民

「連合王国の住民」(United Kingdom resident)とは、連合王国内に居住している者をいう。

(10) 本条の規定を適用する性犯罪は、附則二に列挙する。

補則及び通則

第七三条　幇助、教唆及び勧誘に対する例外

(1) ある者が、次の各号のいずれかを行うために、児童に対する、本条の規定を適用する罪の犯行の幇助、教唆又は勧誘を行った場合において、性的満足を得るためでなかったとき、又は当該罪を構成する行為若しくは当該行為への児童の参加を強制若しくは助長するためでなかったときは、この者は、これらの行為により有罪とされない。

(a) 性的に伝染する感染症から児童を保護するため

(b) 児童の身体の安全を保護するため

(c) 妊娠から児童を保護するため

(d) 助言を与えることによって児童の情緒的安寧を保護するため

(2) 本条の規定は、次の各号に定める罪に適用する。

(a)　第五条から第七条までの規定に基づく罪（一三歳未満の児童に対する罪）

(b)　第九条に基づく罪（児童との性的行為）

(c)　当該犯罪者が一八歳であったとすれば、第九条に基づく罪に当たると思料される、第一三条に基づく罪

(d)　一六歳未満の者に対する、第一六条、第二五条、第三〇条、第三四条及び第三八条に基づく罪（性的行為）

(3)　本条の規定は、ある者が本章に基づく罪の幇助、教唆又は勧誘によって有罪とされる状況を制限する他の制定法又は法律準則に影響を及ぼさない。

第七四条「同意」(Consent)

ある者が選択によって同意した場合において、当該選択を行う自由と能力を有していたときは、本章の適用上、この者は、同意したものとする。

第七五条　同意についての証拠上の推定

(1)　本条の規定を適用する罪に対する手続中で、次の各号のすべてが立証された場合において、原告が関係行為に同意したか否かに関する争点を提起する十分な証拠が提出されなかったときは、当該原告は、当該行為に同意しなかったものとみなすものとし、また原告の同意を被告人が合理的に確信していたか否かに関する争点を提起する十分な証拠が提出されなかったときは、当該被告人は、当該原告が同意したと合理的に確信していなかったものとみなすものとする。

(a)　被告人が関係行為を行ったこと

(b)　第二項に掲げる状況があったこと

(c)　これらの状況があったことを、被告人が知っていたこと

(2)　第二項に掲げる状況とは、次の各号に掲げる状況をいう。

(a)　ある者が、関係行為の時点に、又は関係行為が開始される前の時点に、原告に対し暴力が用いられたか、又は原告に対し直接の暴力が用いられると思料されるという恐怖心を原告に生じさせていたこと

(b)　ある者が、関係行為の時点に、又は関係行為が開始される前の時点に、他人に対し暴力が用いられたという恐怖心、又は他人に対し直接の暴力が用いられると思料されるという恐怖心を原告に生じさせていたこと

(c)　関係行為の時点に、原告が不法に収容されており、被告人は不法に収容されていなかったこと

(d)　関係行為の時点に、原告が睡眠していたか、その他無意識の状態であったこと

(e)　原告の身体的無能力の故に、関係行為の時点に、原告が自己の同意の有無を被告人に伝えることができなかったと思料されること

(f)　ある者が、関係行為の時点に、原告の同意を得ないで、原告を麻痺させ、若しくはその精神的・肉体的機能を喪失させる能力、又は原告を麻痺させ、若しくはその精神的・肉体的機能を喪失させることを可能にする能力がある薬物を、その投与又は服用の時点を考慮して、原告に投与し、又は服用させたこと

(3)　前項a号及びb号中の関係行為が開始される前の時点とは、一連の連続する性的行為のいずれかに当たる行為の事案にあっては、最初の性的行為が開始される前の時点をいう。

第七六条　同意についての確実な推定

(1)　本条の規定を適用する罪に対する手続中で、被告人が関係行為を行ったこと及び第二項に掲げる状況があったことが立

証されたときは、次の各号の両者が確実に推定されるものとする。

(a) 原告が関係行為に同意しなかったこと

(b) 原告が関係行為に同意した、と被告人が確信していなかったこと

(2) 第二項に掲げる状況とは、次の各号に掲げる状況をいう。

(a) 被告人が、関係行為の性質又は目的に関して、故意に原告を欺いたこと

(b) 被告人が、原告の個人的な知人を詐称して、故意に原告を関係行為に同意するように勧誘したこと

第七七条　第七五条及び第七六条：関係行為

第七五条及び第七六条の規定を適用する罪に関して、これらの規定中の関係行為及び原告は、次のように読むものとする。

罪	関係行為
第一条に基づく罪（強姦）	被告人が故意に自己のペニスを他人（「原告」（the complainant））の膣、アヌス又は口へ挿入する行為
第二条に基づく罪（膣又はアヌスへの挿入による暴行）	挿入が性的であった場合において、被告人が故意に自己の身体の一部又はその他の物を他人（「原告」（the complainant））の膣又はアヌスへ挿入する行為
第三条に基づく罪（性的暴行）	接触が性的であった場合において、被告人が故意に他人（「原告」（the complainant））に接触する行為
第四条に基づく罪（同意を得ないで人に対し性的行為を行うように強制する罪）	ある行為が性的であった場合において、被告人が故意に他人（「原告」（the complainant））に対しある行為を行うように強制する行為

第七八条　「性的」(Sexual)

通常人であったとすれば、挿入、接触又はその他の行為が次の各号のいずれかに該当するときは、本章の適用上（第七一条を除いて）、これらの行為は、性的であったものとする。

(a) これらの行為の状況又はこれらの行為に関する人の目的が何であれ、その性質により、それが性的であったと思料されるとき

(b) これらの行為の性質により、それが性的である可能性がある場合において、その状況により、又はそれに関する人の目的により（又はその両者により）、それが性的であったと思料されるとき

【第七八条は、二〇〇八年性犯罪（北アイルランド）命令（法律的文書第一七六九号）[S.I.2008/1769 (N.I.2)] 附則三により廃止する】［北アイルランド地方に適用］

第七九条　第一章：一般的解釈

(1) 本章の適用上、次の各項に掲げる規定を適用する。

(2) 挿入は、入から出までの継続行為とする。

(3) 身体の一部の中には、（特に性再帰因外科医学により）外科医学上構成された一部が含まれる。

(4) 「画像」(image) とは、活動画像又は静止画像をいい、この中には、何らかの方法によって作成された画像及び、文脈上許容される場合において、立体画像が含まれる。

(5) 人の画像の中には、想像上の人物の画

像が含まれる。

(6)「精神障害」(mental disorder) は、一九八三年精神保健法（法律第二〇号）[c.20] 第一条によって付与された意味を有する。

(7)（表現の如何を問わず）観察は、直接であると、画像を閲覧することによるとを問わず、観察とする。

(8) 接触の中には、次の各号に定める接触が含まれ、特に、挿入に至るまでの接触が含まれる。

(a) 身体の一部との接触

(b) その他の物との接触

(c) 何らかの物を通しての接触

(9)「膣」(vagina) の中には、外陰部が含まれる。

(10) 動物に関して、膣又はアヌスの中には、類似の部位が含まれる。

【第七九条は、二〇〇八年性犯罪（北アイルランド）命令（法律的文書第一七六九号）[S.I.2008/1769 (N.I.12)] 附則三により廃止する】［北アイルランド地方に適用］

第二章　届出及び命令

届出要求

第八〇条　届出要求に服する者

(1) 次の各号のいずれかに該当したときは、この者は、第八二条に定める期間（「届出続行期間」(the notification period)）中、本章の届出要求に服するものとする。

(a) ある者が附則三中に列挙した罪により有罪宣告を受けたとき

(b) ある者が、責任無能力により、当該罪について無罪と認定されたとき

(c) ある者が、行為無能力の状態にあって、当該罪についてこの者が告発を受けた行為を行ったと認定されたとき

(d) ある者が、当該罪について、イングランド及びウェールズ地方又は北アイルランド地方で注意を受けたとき

(2) 当分の間、本章の届出要求に服する者は、本章において、「関係犯罪者」(relevant offender) と称することとする。

第八一条　以前に一九九七年性犯罪者法（法律第五一号）[c.51] 第一章に服していた者

(1) 本章の施行前に、次の各号のいずれかに該当したときは、この者は、本章の施行から届出続行期間の終了までの間、本章の届出要求に服するものとする。

(a) ある者が、附則三中に列挙した罪により有罪宣告を受けたとき

(b) ある者が、責任無能力により、当該罪について無罪と認定されたとき

(c) ある者が、行為無能力の状態にあって、当該罪についてこの者が告発を受けた行為を行ったと認定されたとき

(d) ある者が、当該罪について、イングランド及びウェールズ地方又は北アイルランド地方で注意を受けたとき

(2) 本章の施行前に届出続行期間が終了したときは、前項の規定を適用しない。

(3) 一九九七年九月一日の起算時に、次の各号のいずれかに該当したときは、同日前の有罪宣告には、第一項a号の規定を適用しない。

(a) この者が、当該罪について取扱いを受けていたとき

(b) この者が、当該罪について拘禁刑若しくは兵役収容期間（二〇〇六年軍事法（法律第五二号）[c.52] 附則一七により、下線部を削る）を服役していなかったか、又はコミュニティー命令に服していなかったとき

【b号を改める】

(b) この者が、当該罪について拘禁刑を服役していなかったか、又はコミュニティー命令に服していなかったとき

(c) この者が、当該罪について拘禁刑の全部又は一部を服役して刑務所から釈放された後、指導監督に服していなかったとき

(d) この者が、有罪宣告後に、病院に収容されていなかったか、又は後見人命令に服していなかったとき

(4) 一九九七年九月一日の起算時に、次の各号のいずれかに該当したときは、同日前の認定には、第一項b号及びc号の規定を適用しない。

(a) この者が、当該認定について取扱いを受けていたとき

(b) この者が、当該認定後に、病院に収容されていなかったとき

(5) 一九九七年九月一日前に受けた注意には、第一項d号の規定を適用しない。

(6) 一九九七年九月一日の起算時に、不法

釈放、無許可欠席、一時釈放、一時欠席許可又は上訴中の保釈の状態であったという事実がなかったとすれば、第三項b号若しくはd号又は第四項b号に該当していたと思料される者は、これらの条項に該当していたものとみなすものとする。

(7)　本章の施行前に、ある者について、第八項に該当する規定に基づく命令が効力を有していたときは、この者は、本章の施行から、当該命令が取り消されるまでか、又はその他の場合であったとすれば失効するまで、届出要求に服するものとする。

(8)　第八項に該当する規定とは、次の各号に掲げる規定をいう。

(a)　一九九七年性犯罪者法（法律第五一号）［c.51］第五条A（規制命令）

(b)　一九九八年犯罪及び秩序違反法（法律第三七号）［c.37］第二条（イングランド及びウェールズ地方で定めた性犯罪者命令）

(c)　一九九八年犯罪及び秩序違反法（法律第三七号）［c.37］第二条A（イングランド及びウェールズ地方で定めた仮命令）

(d)　一九九八年犯罪及び秩序違反法（法律第三七号）［c.37］第二〇条（スコットランド地方で定めた性犯罪者命令及び仮命令）

(e)　一九九八年刑事司法（北アイルランド）命令（法律的文書第二八三九号）［S.I.1998/2839（N.I.20）］第六条（北アイルランド地方で定めた性犯罪者命令）

(f)　一九九八年刑事司法（北アイルランド）命令（法律的文書第二八三九号）［S.I.1998/2839（N.I.20）］第六条A（北アイルランド地方で定めた仮命令）

【第八一条の新正文は次のとおり】

第八一条　以前に一九九七年性犯罪者法（法律第五一号）［c.51］第一章に服していた者

(1)　本章の施行前に、次の各号のいずれかに該当したときは、この者は、本章の施行から届出続行期間の終了までの間、本章の届出要求に服するものとする。

(a)　ある者が、附則三中に列挙した罪により有罪宣告を受けたとき

(b)　ある者が、責任無能力により、当該罪について無罪と認定されたとき

(c)　ある者が、行為無能力の状態にあって、当該罪についてこの者が告発を受けた行為を行ったと認定されたとき

(d)　ある者が、当該罪について、イングランド及びウェールズ地方又は北アイルランド地方で注意を受けたとき

(2)　本章の施行前に届出続行期間が終了したときは、前項の規定を適用しない。

(3)　一九九七年九月一日の起算時に、次の各号のいずれかに該当したときは、同日前の有罪宣告には、第一項a号の規定を適用しない。

(a)　この者が、当該罪について取扱いを受けていたとき

(b)　この者が、当該罪について拘禁刑を服役していなかったか、又はコミュニティー命令に服していなかったとき

(c)　この者が、当該罪について拘禁刑の全部又は一部を服役して刑務所から釈放された後、指導監督に服していなかったとき

(d)　この者が、有罪宣告後に、病院に収容されていなかったか、又は後見

人命令に服していなかったとき

(4) 一九九七年九月一日の起算時に、次の各号のいずれかに該当したときは、同日前の認定には、第一項b号及びc号の規定を適用しない。

(a) この者が、当該認定について取扱いを受けていたとき

(b) この者が、当該認定後に、病院に収容されていなかったとき

(5) 一九九七年九月一日前に受けた注意には、第一項d号の規定を適用しない。

(6) 一九九七年九月一日の起算時に、不法釈放、無許可欠席、一時釈放、一時欠席許可又は上訴中の保釈の状態であったという事実がなかったとすれば、第三項b号若しくはd号又は第四項b号に該当していたと思料される者は、これらの条項に該当していたものとみなすものとする。

(7) 本章の施行前に、ある者について、第八項に該当する規定に基づく命令が効力を有していたときは、この者は、本章の施行から、当該命令が取り消されるまでか、又はその他の場合であったとすれば失効するまで、届出要求に服するものとする。

(8) 第八項に該当する規定とは、次の各号に掲げる規定をいう。

(a) 一九九七年性犯罪者法（法律第五一号）[c.51] 第五条A（規制命令）

(b) 一九九八年犯罪及び秩序違反法（法律第三七号）[c.37] 第二条（イングランド及びウェールズ地方で定めた性犯罪者命令）

(c) 一九九八年犯罪及び秩序違反法（法律第三七号）[c.37] 第二条A（イングランド及びウェールズ地方で定めた仮命令）

(d) 一九九八年犯罪及び秩序違反法（法律第三七号）[c.37] 第二〇条（スコットランド地方で定めた性犯罪者命令及び仮命令）

(e) 一九九八年刑事司法（北アイルランド）命令（法律的文書第二八三九号）[S.I.1998/2839 (N.I.20)] 第六条（北アイルランド地方で定めた性犯罪者命令）

(f) 一九九八年刑事司法（北アイルランド）命令（法律的文書第二八三九号）[S.I.1998/2839 (N.I.20)] 第六条A（北アイルランド地方で定めた仮命令）

第八二条　届出続行期間

(1) 第八〇条第一項又は第八一条第一項に該当する者に対する届出続行期間は、次の表の、関係犯罪者に対置して、これらの犯罪者に適用される次の表のコラム二中の期間とする。

表

関係犯罪者	届出続行期間
当該罪について、終身拘禁、or [二〇〇三年刑事司法法（法律第四四号）[c.44] 第二二五条に基づく公衆の保護のための拘禁]（二〇〇五年犯罪者管理等（スコットランド）法（法律第一四号）[asp 14] 第一七条により、下線部を括弧内の文言に読み替える）[スコットランド地方に適用]：（二〇〇六年暴力犯罪削減法（法律第三八号）[c.38] 第五七条により、下線部を括弧内の文言に読み替える）[イ	関係日から起算して不定期の期間

ングランド・ウェールズ・北アイルランド地方に適用］又は三〇か月以上の拘禁が言い渡されているか、又は言い渡された者

【関係犯罪者に当たる事項を改める】（その後再度改める：後述）当該罪について、終身拘禁、［二〇〇三年刑事司法法（法律第四四号）［c.44］第二二五条に基づく公衆の保護のための拘禁］［スコットランド・イングランド・ウェールズ・北アイルランド地方に適用］、［二〇〇八年刑事司法（北アイルランド）命令（法律的文書第一二一六号）［S.I.2008/1216（N.I.1）］第一三条第四項a号に基づく不定期拘束刑］（二〇〇八年刑事司法（北アイルランド）命令（法律的文書第一二一六号）［S.I.2008/1216（N.I.1）］附則五第一〇条第一項により、括弧内の文言を加える）［北アイルランド地方に適用］又は三〇か月以上の拘禁が言い渡されているか、又は言い渡された者

【関係犯罪者に当たる事項を再度改める】当該罪について、終身拘禁、［二〇〇三年刑事司法法（法律第四四号）［c.44］第二二五条に基づく公衆の保護のための拘禁］［スコットランド・イングランド・ウェールズ・北アイルランド地方に適用］、［二〇〇八年刑事司法（北アイルランド）命令（法律的文書第一二一六号）［S.I.2008/1216（N.I.1）］第一三条第四項a号に基づく不定期拘束刑］［北アイルランド地方に適用］又は三〇か月以上の拘禁が言い渡されているか、又は言い渡された者

当該罪について、一九九五年刑事手続（スコットランド）法（法律第四六号）［c.46］第二一〇条F第一項に基づく命令（終身行動規制命令）の対象者となった者	関係日から起算して不定期の期間
当該罪又は認定について、行動規制命令に服して病院へ収容許可されているか、又は収容許可された者	関係日から起算して不定期の期間
当該罪について、六か月を超え、三〇か月未満の拘禁が言い渡されているか、又は言い渡された者	関係日から起算して一〇年
当該罪について、六か月以下の拘禁が言い渡されているか、又は言い渡さ	関係日から起算して七年

れた者	
当該罪又は認定について、行動規制命令に服さないで病院へ収容許可されているか、又は収容許可された者	関係日から起算して七年
第八〇条第一項d号に該当する者	関係日から起算して二年
当該罪について、その事案に条件付き釈放命令、又はスコットランド地方においてプロベーション命令［犯罪者指導監督要求を課するコミュニティー返済命令］（二〇一一年［二〇一〇年刑事司法及び許可（スコットランド）法］（派生・補充規定）命令（スコットランド法律的文書第二五号）［S.S.I.2011/25］附則第二条第二項a号により、下線部を括弧内の文言に読み替える）［スコットランド地方に適用］が下されている者 【関係犯罪者に当たる事項を改める】 当該罪について、その事案に条件付き釈放命令、又はスコットランド地方において［犯罪者指導監督要求を課するコミュニティー返済命令］［スコットランド地方に適用］が下されている者	条件付き釈放命令の期間、又はスコットランド地方においてプロベーションの期間［犯罪者指導監督要求のための所定の期間］（二〇一一年［二〇一〇年刑事司法及び許可（スコットランド）法］（派生・補充規定）命令（スコットランド法律的文書第二五号）［S.S.I.2011/25］附則第二条第二項b号により、下線部を括弧内の文言に読み替える）［スコットランド地方に適用］ 【届出続行期間に当たる事項を改める】 条件付き釈放命令の期間、又はスコットランド地方において［犯罪者指導監督要求のための所定の期間］［スコットランド地方に適用］
その他の者	関係日から起算して五年

(2)　ある者が関係日に一八歳未満であったときは、前項の規定は、一〇年、七年、五年又は二年の期間を当該期間の二分の一と読み替えたものとして、効力を有するものとする。

(3)　第八〇条第一項a号又は第八一条第一項a号に該当する関係犯罪者が、次の各号のいずれかの期間に、附則三中に列挙した罪の二以上について刑が言い渡されているか、又は言い渡されたときは、第四項の規定を適用する。

(a)　連続する拘禁期間

(b)　一部が競合する拘禁期間

(4)　第四項の規定を適用するとは、関係犯罪者が、各罪について、次の各号の拘禁期間の刑が言い渡されたものとして、第一項の規定が効力を有することをいう。

(a)　連続する期間の事案にあっては、これらの期間の合計に等しい拘禁期間

(b)　一部が競合する期間（Z期間中に重なり合うXとY）の事案にあっては、

XとYを加えた期間からZを差し引いた期間に等しい拘禁期間

(5) 第八〇条第一項c号又は第八一条第一項c号に該当する認定の対象者である関係犯罪者が、その後に当該罪について審理を受けたときは、当該認定に関係する届出続行期間は、審理の終結と同時に終了する。

(6) 本章中の「関係日」(relevant date)とは、次の各号に掲げる日をいう。

(a) 第八〇条第一項a号又は第八一条第一項a号に該当する者の事案にあっては、当該有罪宣告の日

(b) 第八〇条第一項b号若しくはc号又は第八一条第一項b号若しくはc号に該当する者の事案にあっては、当該認定の日

(c) 第八〇条第一項d号又は第八一条第一項d号に該当する者の事案にあっては、当該注意の日

(d) 第八一条第七項に該当する者の事案にあっては、一九九七年性犯罪者法(c.51)第一章の適用上、この者に関して関係日に当たる日

【第八二条の新正文は次のとおり】

第八二条　届出続行期間

(1) 第八〇条第一項又は第八一条第一項に該当する者に対する届出続行期間は、次の表の、関係犯罪者に対置して、これらの犯罪者に適用される次の表のコラム二中の期間とする。

表

関係犯罪者	届出続行期間
当該罪について、終身拘禁、［二〇〇三年刑事司法法（法律第四四号）[c.44]　第二二五条に基づく公衆の保護のための拘禁］［スコットランド・イングランド・ウェールズ・北アイルランド地方に適用］、［二〇〇八年刑事司法（北アイルランド）命令（法律的文書第一二一六号）［S.I.2008/1216（N.I.1)］第一三条第四項a号に基づく不定期拘束刑］［北アイルランド地方に適用］又は三〇か月以上の拘禁が言い渡されているか、又は言い渡された者	関係日から起算して不定期の期間
当該罪について、一九九五年刑事手続（スコットランド）法（法律第四六号）[c.46]第二一〇条F第一項に基づく命令（終身行動規制命令）の対象者となった者	関係日から起算して不定期の期間
当該罪又は認定について、行動規制命令に服して病院へ収容許可されているか、又は収容許可された者	関係日から起算して不定期の期間
当該罪について、六か月を超え、三〇か月未満の拘禁が言い渡されているか、又は言い渡された者	関係日から起算して一〇年
当該罪について、六か月以下の拘禁が言い渡されているか、又は言い渡された者	関係日から起算して七年

当該罪又は認定について、行動規制命令に服さないで病院へ収容許可されているか、又は収容許可された者	関係日から起算して七年
第八〇条第一項d号に該当する者	関係日から起算して二年
当該罪について、その事案に条件付き釈放命令、又はスコットランド地方において［犯罪者指導監督要求を課するコミュニティー返済命令］［スコットランド地方に適用］が下されている者	条件付き釈放命令の期間、またはスコットランド地方において［犯罪者指導監督要求のための所定の期間］［スコットランド地方に適用］
その他の者	関係日から起算して五年

(2)　ある者が関係日に一八歳未満であったときは、前項の規定は、一〇年、七年、五年又は二年の期間を当該期間の二分の一と読み替えたものとして、効力を有するものとする。

(3)　第八〇条第一項a号又は第八一条第一項a号に該当する関係犯罪者が、次の各号のいずれかの期間に、附則三中に列挙した罪の二以上について刑が言い渡されているか、又は言い渡されたときは、第四項の規定を適用する。

(a)　連続する拘禁期間

(b)　一部が競合する拘禁期間

(4)　第四項の規定を適用するとは、関係犯罪者が、各罪について、次の各号の拘禁期間の刑が言い渡されたものとして、第一項の規定が効力を有することをいう。

(a)　連続する期間の事案にあっては、これらの期間の合計に等しい拘禁期間

(b)　一部が競合する期間（Z期間中に重なり合うXとY）の事案にあっては、XとYを加えた期間からZを差し引いた期間に等しい拘禁期間

(5)　第八〇条第一項c号又は第八一条第一項c号に該当する認定の対象者である関係犯罪者が、その後に当該罪について審理を受けたときは、当該認定に関係する届出続行期間は、審理の終結と同時に終了する。

(6)　本章中の「関係日」(relevant date)とは、次の各号に掲げる日をいう。

(a)　第八〇条第一項a号又は第八一条第一項a号に該当する者の事案にあっては、当該有罪宣告の日

(b)　第八〇条第一項b号若しくはc号又は第八一条第一項b号若しくはc号に該当する者の事案にあっては、当該認定の日

(c)　第八〇条第一項d号又は第八一条第一項d号に該当する者の事案にあっては、当該注意の日

(d)　第八一条第七項に該当する者の事案にあっては、一九九七年性犯罪者法(c.51)第一章の適用上、この者に関して関係日に当たる日

第八三条　届出要求：仮届出

(1)　関係犯罪者は、関係日（これより遅いときは、本章の施行）から起算して三日の期間内に、第五項に定める情報を届け出なければならない。

(2)　第八〇条第一項に該当する有罪宣告、認定又は注意について、次の各号のすべてに該当したときは、前項の規定を関係犯罪者に適用しない。

(a)　当該有罪宣告、認定又は注意に先立って、他の有罪宣告、認定若しくは注意又は裁判所命令（「早期の事件」(the earlier event)）の結果として、関係犯罪者が、本章の届出要求に服していたとき

(b)　当該時点に、関係犯罪者が、早期の事件について前項に基づく届出を行っていたとき

(c)　前項に定めた期間中に、関係犯罪者が、早期の事件の結果として、届出要求に服しているとき

(3)　第八一条第一項に該当する有罪宣告、認定若しくは注意又は第八一条第七項に該当する命令について、関係犯罪者が一九九七年性犯罪者法（法律第五一号）[c.51] 第二条第一項の規定を遵守していたときは、これらの有罪宣告、認定若しくは注意又は命令について、第一項の規定を関係犯罪者に適用しない。

(4)　有罪宣告、認定又は注意について届出命令を下した場合において、次の各号のすべてに該当したときは、当該有罪宣告、認定又は注意について、第一項の規定を関係犯罪者に適用しない。

(a)　届出命令を下すに先立って、他の有罪宣告、認定若しくは注意又は裁判所命令（「早期の事件」）の結果として、関係犯罪者が、本章の届出要求に服していたとき

(b)　当該時点に、関係犯罪者が、早期の事件について第一項に基づく届出を行っていたとき

(c)　第一項に定めた期間中に、関係犯罪者が、早期の事件の結果として、届出要求に服しているとき

(5)　第五項に定める情報とは、次の各号に定める情報をいう。

(a)　関係犯罪者の出生日

(b)　関係犯罪者の国民保険番号

(c)　関係犯罪者の関係日の氏名、及び本人が関係日に一以上の他の氏名を使用していたときは、それらの各氏名

(d)　関係犯罪者の関係日のホーム住所

(e)　届出を行った日の関係犯罪者の氏名、及び本人が関係日に一以上の他の氏名を使用していたときは、それらの各氏名

(f)　届出を行った日の関係犯罪者のホーム住所

(g)　届出を行った時点に、関係犯罪者が定期的に居住又は滞在していた、連合王国内の他の敷地の住所

（二〇〇六年警察、公共の秩序及び刑事司法（スコットランド）法（法律第一〇号）[asp 10] 第七八条第二項により、第五項h号とi号および第五項Aを加える）[スコットランド地方に適用]

【第五項h号とi号および第五項Aを加える】 [スコットランド地方に適用]

(h)　関係犯罪者が旅券を所持していたか否か、及び本人が所持している各旅券に関して、第五項A中に列挙した事項

(i)　関係犯罪者及びその私的事項について、スコットランドの大臣が規則中に記載することができるその他の情報

(5A)　第五項A中に列挙した情報とは、次のものをいう。

(a)　発行機関

(b)　番号

(c)　発行日及び満了日

(d)　旅券所持者の事項として記載された氏名及び誕生日

（二〇〇八年刑事司法及び移民法（法律第四号）[c.4] 第一四二条第一項a号に

より、第五項の末尾にh号を加える）［イングランド・ウェールズ・北アイルランド地方に適用］

【第五項の末尾にh号を加える】［イングランド・ウェールズ・北アイルランド地方に適用］

(h)　所定の情報

（二〇〇八年刑事司法及び移民法（法律第四号）［c.4］第一四二条第一項b号により、第五項Aを加える）［イングランド・ウェールズ・北アイルランド地方に適用］

【第五項Aを加える】［イングランド・ウェールズ・北アイルランド地方に適用］

(5A)　第五項h号中の「所定の」（prescribed）とは、主務大臣が定めた規則で定めたことをいう。

(6)　第一項の適用上の期間を定めるに当たって、関係犯罪者が次の各号のいずれかに該当した期間は、考慮しないものとする。

(a)　裁判所命令によって再勾留されていたか、若しくは勾留に付されていた期間［又は兵役拘束を受けていた期間］

（二〇〇八年刑事司法及び移民法（法律第四号）［c.4］附則二六第五四条により、括弧内の文言を加える）［イングランド・ウェールズ・北アイルランド地方に適用］

【a号を改める】

(a)　裁判所命令によって再勾留されていたか、若しくは勾留に付されていた期間［又は兵役拘束を受けていた期間］［イングランド・ウェールズ・北アイルランド地方に適用］

(b)　拘禁刑又は兵役収容期間を服役していた期間

(c)　病院に収容されていた期間

(d)　連合王国外に居た期間

(7)　人に関して、本章中の「ホーム住所」（home address）とは、次の各号のいずれかをいう。

(a)　連合王国内の本人の単一居住地又は主たる居住地の住所

(b)　本人が居住地を有しないときは、連合王国内の、通常本人を発見することができる場所の住所又は位置であって、これらの場所が二以上あるときは、その者が選択することができるこれらの場所のいずれか

（二〇〇六年警察、公共の秩序及び刑事司法（スコットランド）法（法律第一〇号）［asp 10］第七八条第三項により、第八項を加える）［スコットランド地方に適用］

【第八項を加える】［スコットランド地方に適用］

(8)　本条中の「旅券」（passport）とは、次の各号に掲げるものをいう。［スコットランド地方に適用］

(a)　一九七一年入国管理法（法律第七七号）［c.77］の意味の枠内における連合王国の旅券

(b)　連合王国外の国の機関若しくは国際機関又はこれらに代わる機関が発行した旅券

(c)　（ある状況又はすべての状況において）旅券に代えて使用することができる文書

【第八三条の新正文は次のとおり】

第八三条　届出要求：仮届出

(1)　関係犯罪者は、関係日（これより遅

いときは、本章の施行）から起算して三日の期間内に、第五項に定める情報を届け出なければならない。

(2) 第八〇条第一項に該当する有罪宣告、認定又は注意について、次の各号のすべてに該当したときは、前項の規定を関係犯罪者に適用しない。

(a) 当該有罪宣告、認定又は注意に先立って、他の有罪宣告、認定若しくは注意又は裁判所命令（「早期の事件」(the earlier event)）の結果として、関係犯罪者が、本章の届出要求に服していたとき

(b) 当該時点に、関係犯罪者が、早期の事件について前項に基づく届出を行っていたとき

(c) 前項に定めた期間中に、関係犯罪者が、早期の事件の結果として、届出要求に服しているとき

(3) 第八一条第一項に該当する有罪宣告、認定若しくは注意又は第八一条第七項に該当する命令について、関係犯罪者が一九九七年性犯罪者法（法律第五一号）[c.51] 第二条第一項の規定を遵守していたときは、これらの有罪宣告、認定若しくは注意又は命令について、第一項の規定を関係犯罪者に適用しない。

(4) 有罪宣告、認定又は注意について届出命令を下した場合において、次の各号のすべてに該当したときは、当該有罪宣告、認定又は注意について、第一項の規定を関係犯罪者に適用しない。

(a) 届出命令を下すに先立って、他の有罪宣告、認定若しくは注意又は裁判所命令（「早期の事件」）の結果として、関係犯罪者が、本章の届出要求に服していたとき

(b) 当該時点に、関係犯罪者が、早期の事件について第一項に基づく届出を行っていたとき

(c) 第一項に定めた期間中に、関係犯罪者が、早期の事件の結果として、届出要求に服しているとき

(5) 第五項に定める情報とは、次の各号に定める情報をいう。

(a) 関係犯罪者の出生日

(b) 関係犯罪者の国民保険番号

(c) 関係犯罪者の関係日の氏名、及び本人が関係日に一以上の他の氏名を使用していたときは、それらの各氏名

(d) 関係犯罪者の関係日のホーム住所

(e) 届出を行った日の関係犯罪者の氏名、及び本人が関係日に一以上の他の氏名を使用していたときは、それらの各氏名

(f) 届出を行った日の関係犯罪者のホーム住所

(g) 届出を行った時点に、関係犯罪者が定期的に居住又は滞在していた、連合王国内の他の敷地の住所

(h) 関係犯罪者が旅券を所持していたか否か、及び本人が所持している各旅券に関して、第五項A中に列挙した事項［スコットランド地方に適用］

(i) 関係犯罪者及びその私的事項について、スコットランドの大臣が規則中に記載することができるその他の情報［スコットランド地方に適用］

(h) 所定の情報［イングランド・ウェールズ・北アイルランド地方に適用］

(5A) 第五項A中に列挙した情報とは、次のものをいう。［スコットランド地方に適用］

(a) 発行機関

(b) 番号

(c) 発行日及び満了日

(d) 旅券所持者の事項として記載された氏名及び誕生日

(5A) 第五項h号中の「所定の」(prescribed) とは、主務大臣が定めた規則で定めたことをいう。[イングランド・ウェールズ・北アイルランド地方に適用]

(6) 第一項の適用上の期間を定めるに当たって、関係犯罪者が次の各号のいずれかに該当した期間は、考慮しないものとする。

(a) 裁判所命令によって再勾留されていたか、若しくは勾留に付されていた期間［又は兵役拘束を受けていた期間］[イングランド・ウェールズ・北アイルランド地方に適用]

(b) 拘禁刑又は兵役収容期間を服役していた期間

(c) 病院に収容されていた期間

(d) 連合王国外に居た期間

(7) 人に関して、本章中の「ホーム住所」(home address) とは、次の各号のいずれかをいう。

(a) 連合王国内の本人の単一居住地又は主たる居住地の住所

(b) 本人が居住地を有しないときは、連合王国内の、通常本人を発見することができる場所の住所又は位置であって、これらの場所が二以上あるときは、その者が選択することができるこれらの場所のいずれか

(8) 本条中の「旅券」(passport) とは、次の各号に掲げるものをいう。[スコットランド地方に適用]

(a) 一九七一年入国管理法（法律第七七号）[c.77] の意味の枠内における連合王国の旅券

(b) 連合王国外の国の機関若しくは国際機関又はこれらに代わる機関が発行した旅券

(c) （ある状況又はすべての状況において）旅券に代えて使用することができる文書

第八四条　届出要求：変更［イングランド・ウェールズ・北アイルランド地方に適用］

(1) 関係犯罪者は、次の各号のいずれかから起算して三日の期間内に、各号に関係する氏名、新ホーム住所、敷地の住所、[所定の詳細事項]（二〇〇八年刑事司法及び移民法（法律第四号）[c.4] 第一四二条第三項b号により、括弧内の文言を加える）[イングランド・ウェールズ・北アイルランド地方に適用] 又は（場合により）関係犯罪者が釈放されたという事実及び（追加して）前条第五項中に列挙した情報を警察へ届け出なければならない。

【第一項を改める】

(1) 関係犯罪者は、次の各号のいずれかから起算して三日の期間内に、各号に関係する氏名、新ホーム住所、敷地の住所、[所定の詳細事項] [イングランド・ウェールズ・北アイルランド地方に適用] 又は（場合により）関係犯罪者が釈放されたという事実及び（追加して）前条第五項中に列挙した情報を警察へ届け出なければならない。

(a) 本人が、前条第一項、本項又は一九九七年性犯罪者法（法律第五一号）[c.51] 第二条に基づいて警察へ届け出なかった氏名を使用したこと

(b) 本人のホーム住所を変更したこと

(c) 本人が、前条第一項、本項又は一九九七年性犯罪者法（法律第五一号）

[c.51] 第二条に基づいて、その住所を警察へ届け出なかった連合王国内の敷地に、適正期間居住又は滞在したこと

（二〇〇八年刑事司法及び移民法（法律第四号）[c.4] 第一四二条第三項a号により、ca号を加える）[イングランド・ウェールズ・北アイルランド地方に適用]

【ca号を加える】[イングランド・ウェールズ・北アイルランド地方に適用]

(ca) 状況の所定の変更

(d) 本人が、裁判所命令に従った勾留又は拘禁、兵役収容若しくは病院への収容から釈放されたこと

(2) 当該氏名を使用する前、ホーム住所の変更若しくは[状況の所定の変更]（二〇〇八年刑事司法及び移民法（法律第四号）[c.4] 第一四二条第四項により、括弧内の文言を加える）[イングランド・ウェールズ・北アイルランド地方に適用]が生ずる前又は適正期間が終了する前に、前項に基づく届出を行うことができるが、この場合においても、関係犯罪者は、当該事件の発生が予測される日を定めなければならない。

【第二項を改める】

(2) 当該氏名を使用する前、ホーム住所の変更若しくは[状況の所定の変更][イングランド・ウェールズ・北アイルランド地方に適用]が生ずる前又は適正期間が終了する前に、前項に基づく届出を行うことができるが、この場合においても、関係犯罪者は、当該事件の発生が予測される日を定めなければならない。

(3) 前項に従って届出を行った場合において、所定の日より二日を超えて前に、届出が関係する事件が発生したときは、当該届出は、第一項で課した義務に影響を及ぼさない。

(4) 前項に従って届出を行った場合において、所定の日から起算して三日の期間が終了するまでに、届出が関係する事件が発生しなかったときは、次の各号の定めるところによる。

(a) 当該届出は、第一項で課した義務に影響を及ぼさない。

(b) 関係犯罪者は、所定の日から起算して六日の期間内に、当該事件が所定の日から起算して三日の期間内に発生しなかったという事実を警察へ届け出なければならない。

(5) 第八三条第六項の規定は、同条第一項に定めた期間の決定に適用すると同様に、第一項に定めた三日の期間の決定及び前項b号に定めた六日の期間の決定に適用する。

（二〇〇八年刑事司法及び移民法（法律第四号）[c.4] 第一四二条第五項により、第五項Aを加える[イングランド・ウェールズ・北アイルランド地方に適用]）

【第五項Aを加える】[イングランド・ウェールズ・北アイルランド地方に適用]

(5A) 本条において

(a) 「状況の所定の変更」(prescribed change of circumstances) とは、次の各規定中に定めた変更の両者をいう。

(i) 第八三条第五項h号によって、情報を届け出るように要求される事項に関して生ずる変更

(ii) 主務大臣が定めた規則によって定めた事項の変更

(b) 「所定の詳細事項」(prescribed details) とは、状況の所定の変更に関して、当該変更の詳細事項をいう。

(6) 本条中の「適正期間」(qualifying period) とは、次の各号のいずれかをいう。

(a) 七日の期間

(b) 併せて七日を上限とする、一二か月中の二以上の期間

【第八四条［イングランド・ウェールズ・北アイルランド地方に適用］の新正文は次のとおり】

第八四条　届出要求：変更［イングランド・ウェールズ・北アイルランド地方に適用］

(1) 関係犯罪者は、次の各号のいずれかから起算して三日の期間内に、各号に関係する氏名、新ホーム住所、敷地の住所、所定の詳細事項又は（場合により）関係犯罪者が釈放されたという事実及び（追加して）前条第五項中に列挙した情報を警察へ届け出なければならない。

(a) 本人が、前条第一項、本項又は一九九七年性犯罪者法（法律第五一号）［c.51］第二条に基づいて警察へ届け出なかった氏名を使用したこと

(b) 本人のホーム住所を変更したこと

(c) 本人が、前条第一項、本項又は一九九七年性犯罪者法（法律第五一号）［c.51］第二条に基づいて、その住所を警察へ届け出なかった連合王国内の敷地に、適正期間居住又は滞在したこと

(ca) 状況の所定の変更

(d) 本人が、裁判所命令に従った勾留又は拘禁、兵役収容若しくは病院への収容から解放されたこと

(2) 当該氏名を使用する前、ホーム住所の変更若しくは状況の所定の変更が生ずる前又は適正期間が終了する前に、前項に基づく届出を行うことができるが、この場合においても、関係犯罪者は、当該事件の発生が予測される日を定めなければならない。

(3) 前項に従って届出を行った場合において、所定の日より二日を超えて前に、届出が関係する事件が発生したときは、当該届出は、第一項で課した義務に影響を及ぼさない。

(4) 前項に従って届出を行った場合において、所定の日から起算して三日の期間が終了するまでに、届出が関係する事件が発生しなかったときは、次の各号の定めるところによる。

(a) 当該届出は、第一項で課した義務に影響を及ぼさない。

(b) 関係犯罪者は、所定の日から起算して六日の期間内に、当該事件が所定の日から起算して三日の期間内に発生しなかったという事実を警察へ届け出なければならない。

(5) 第八三条第六項の規定は、同条第一項に定めた期間の決定に適用すると同様に、第一項に定めた三日の期間の決定及び前項b号に定めた六日の期間の決定に適用する。

(5A) 本条において

(a) 「状況の所定の変更」(prescribed change of circumstances) とは、次の各規定中に定めた変更の両者をいう。

(i) 第八三条第五項h号によって、情報を届け出るように要求される事項に関して生ずる変更

(ii) 主務大臣が定めた規則によって

定めた事項の変更

(b)　「所定の詳細事項」(prescribed details) とは、状況の所定の変更に関して、当該変更の詳細事項をいう。

(6)　本条中の「適正期間」(qualifying period) とは、次の各号のいずれかをいう。

(a)　七日の期間

(b)　併せて七日を上限とする、一二か月中の二以上の期間

第八四条　届出要求：変更　[スコットランド地方に適用]

(1)　関係犯罪者は、次の各号のいずれかから起算して三日の期間内に、各号に関係する氏名、新ホーム住所、敷地の住所、又は（場合により）[関係犯罪者が釈放されたという事実、関係犯罪者が旅券を紛失したか、若しくは所持していなかったという事実、旅券に関して、前条第五項A中に列挙した詳細事項又は（場合により）スコットランドの大臣が規則中に定めた情報]（二〇〇六年警察、公共の秩序及び刑事司法（スコットランド）法（法律第一〇号）[asp 10] 第七八条第五項c号により、下線部を括弧内の文言に読み替える）[スコットランド地方に適用] 及び（追加して）前条第五項に定めた情報を警察へ届け出なければならない。

【第一項本文を改める】

(1)　関係犯罪者は、次の各号のいずれかから起算して三日の期間内に、各号に関係する氏名、新ホーム住所、敷地の住所、[関係犯罪者が釈放されたという事実、関係犯罪者が旅券を紛失したか、若しくは所持していなかったという事実、旅券に関して、前条第五項A中に列挙した詳細事項又は（場合により）スコットランドの大臣が規則中に定めた情報] [スコットランド地方に適用] 及び（追加して）前条第五項に定めた情報を警察へ届け出なければならない。

(a)　本人が、前条第一項、本項又は一九九七年性犯罪者法（法律第五一号）[c.51] 第二条に基づいて警察へ届け出なかった氏名を使用したこと

(b)　本人のホーム住所を変更したこと

(c)　本人が、前条第一項、本項又は一九九七年性犯罪者法（法律第五一号）[c.51] 第二条に基づいて、その住所を警察へ届け出なかった連合王国内の敷地に、適正期間居住又は滞在したこと（二〇〇六年警察、公共の秩序及び刑事司法（スコットランド）法（法律第一〇号）[asp 10] 第七八号第五項a号により、末尾の or を削る）[スコットランド地方に適用]

【c号を改める】（訳文に変更なし）

(c)　本人が、前条第一項、本項又は一九九七年性犯罪者法（法律第五一号）[c.51] 第二条に基づいて、その住所を警察へ届け出なかった連合王国内の敷地に、適正期間居住又は滞在したこと [スコットランド地方に適用]

(d)　本人が、裁判所命令に従った勾留又は拘禁、兵役収容若しくは病院への収容から釈放されたこと（二〇〇六年警察、公共の秩序及び刑事司法（スコットランド）法（法律第一〇号）[asp 10] 第七八条第五項b号により、e号・f号・g号を加える）[スコットランド地方に適用]

【e号・f号・g号を加える】　[スコットランド地方に適用]

(e)　本人が、前条第一項又は本項に基づいて警察へ届け出た旅券を紛失したこと又は所持していなかったこと

(f)　本人が、前条第一項又は本項に基づいて警察へ届け出なかった旅券を受け取ったこと

(g)　第八三条第五項i号に基づいて定めた規則によって届け出るように要求された情報に関して、スコットランドの大臣が規則中に記載した事件が発生したこと

（二〇〇六年警察、公共の秩序及び刑事司法（スコットランド）法（法律第一〇号）［asp 10］第七八条第六項により、第一項Aを加える［スコットランド地方に適用］

【第一項Aを加える】［スコットランド地方に適用］

(1A)　前項中の「旅券」(passport) は、前条中におけると同一の意味を有する。

(2)　当該氏名を使用する前、ホーム住所の変更が生ずる前又は適正期間が終了する前に、前項に基づく届出を行うことができるが、この場合においても、関係犯罪者は、当該事件の発生が予測される日を定めなければならない。

(3)　前項に従って届出を行った場合において、所定の日より二日を超えて前に、届出が関係する事件が発生したときは、当該届出は、第一項で課した義務に影響を及ぼさない。

(4)　前項に従って届出を行った場合において、所定の日から起算して三日の期間が終了するまでに、届出が関係する事件が発生しなかったときは、次の各号の定めるところによる。

(a)　当該届出は、第一項で課した義務に影響を及ぼさない。

(b)　関係犯罪者は、所定の日から起算して六日の期間内に、当該事件が所定の日から起算して三日の期間内に発生しなかったという事実を警察へ届け出なければならない。

(5)　第八三条第六項の規定は、同条第一項に定めた期間の決定に適用すると同様に、第一項に定めた三日の期間の決定及び前項b号に定めた六日の期間の決定に適用する。

(6)　本条中の「適正期間」(qualifying period) とは、次の各号のいずれかをいう。

(a)　七日の期間

(b)　併せて七日を上限とする、一二か月中の二以上の期間

【第八四条［スコットランド地方に適用］の新正文は次のとおり】

第八四条　届出要求：変更　［スコットランド地方に適用］

(1)　関係犯罪者は、次の各号のいずれかから起算して三日の期間内に、各号に関係する氏名、新ホーム住所、敷地の住所、関係犯罪者が釈放されたという事実、関係犯罪者が旅券を紛失したか、若しくは所持していなかったという事実、旅券に関して、前条第五項A中に列挙した詳細事項又は（場合により）スコットランドの大臣が規則中に定めた情報及び（追加して）前条第五項に定めた情報を警察へ届け出なければならない。

(a)　本人が、前条第一項、本項又は一九九七年性犯罪者法（法律第五一号）［c.51］第二条に基づいて警察へ届け出なかった氏名を使用したこと

(b) 本人のホーム住所を変更したこと

(c) 本人が、前条第一項、本項又は一九九七年性犯罪者法（法律第五一号）[c.51] 第二条に基づいて、その住所を警察へ届け出なかった連合王国内の敷地に、適正期間居住又は滞在したこと

(d) 本人が、裁判所命令に従った勾留又は拘禁、兵役収容若しくは病院への収容から釈放されたこと

(e) 本人が、前条第一項又は本項に基づいて警察へ届け出た旅券を紛失したこと又は所持していなかったこと

(f) 本人が、前条第一項又は本項に基づいて警察へ届け出なかった旅券を受け取ったこと

(g) 第八三条第五項i号に基づいて定めた規則によって届け出るように要求された情報に関して、スコットランドの大臣が規則中に記載した事件が発生したこと

(1A) 前項中の「旅券」(passport) は、前条中におけると同一の意味を有する。

(2) 当該氏名を使用する前、ホーム住所の変更が生ずる前又は適正期間が終了する前に、前項に基づく届出を行うことができるが、この場合においても、関係犯罪者は、当該事件の発生が予測される日を定めなければならない。

(3) 前項に従って届出を行った場合において、所定の日より二日を超えて前に、届出が関係する事件が発生したときは、当該届出は、第一項で課した義務に影響を及ぼさない。

(4) 前項に従って届出を行った場合において、所定の日から起算して三日の期間が終了するまでに、届出が関係する事件が発生しなかったときは、次の各号の定めるところによる。

(a) 当該届出は、第一項で課した義務に影響を及ぼさない。

(b) 関係犯罪者は、所定の日から起算して六日の期間内に、当該事件が所定の日から起算して三日の期間内に発生しなかったという事実を警察へ届け出なければならない。

(5) 第八三条第六項の規定は、同条第一項に定めた期間の決定に適用すると同様に、第一項に定めた三日の期間の決定及び前項b号に定めた六日の期間の決定に適用する。

(6) 本条中の「適正期間」(qualifying period) とは、次の各号のいずれかをいう。

(a) 七日の期間

(b) 併せて七日を上限とする、一二か月中の二以上の期間

第八五条　届出要求：定期的な届出

(1) 第二項に該当する各事件から一年の期間［申立て可能な期間］（二〇〇八年刑事司法及び移民法（法律第四号）[c.4] 第一四二条第七項により、下線部を括弧内の文言に読み替える）［イングランド・ウェールズ・北アイルランド地方に適用］：二〇一〇年刑事司法及び許可（スコットランド）法（法律第一三号）[asp 13] 第一〇二条第二項 a号により、下線部を括弧内の文言に読み替える）［スコットランド地方に適用］内に、関係犯罪者が前条第一項に基づく届出を行わなかったときは、関係犯罪者は、当該期間内に、第八三条第五項に定めた情報を警察へ届け出なければならない。

【第一項を改める】

(1) 第二項に該当する各事件から［申立て可能な期間］［イングランド・ウェー

ルズ・北アイルランド・スコットランド地方に適用」内に、関係犯罪者が前条第一項に基づく届出を行わなかったときは、関係犯罪者は、当該期間内に、第八三条第五項に定めた情報を警察へ届け出なければならない。

(2)　第二項に該当する事件とは、次の各号のすべてをいう。

(a)　本章の施行（当該施行から関係犯罪者であった者の場合に限る）

(b)　第八三条第一項又は第八四条第一項に基づいて関係犯罪者が行った届出

(c)　前項に基づいて関係犯罪者が行った届出

(3)　関係犯罪者に第四項の規定が適用される期間中に、第一項中に定める期間［申立て可能な期間］（二〇〇八年刑事司法及び移民法（法律第四号）［c.4］第一四二条第八項により、下線部を括弧内の文言に読み替える［イングランド・ウェールズ・北アイルランド地方に適用］；二〇一〇年刑事司法及び許可（スコットランド）法（法律第一三号）［asp 13］第一〇二条第二項b号により、下線部を括弧内の文言に読み替える）［スコットランド地方に適用］が（本項とは別に）終了すると思料されるときは、当該期間は、関係犯罪者に対する第四項の規定の適用が最初に終止した時点から起算して三日の期間が終了するまで継続するものとする。

【第三項を改める】

(3)　関係犯罪者に第四項の規定が適用される期間中に［申立て可能な期間］［イングランド・ウェールズ・北アイルランド・スコットランド地方に適用］が（本項とは別に）終了すると思料されるときは、当該期間は、関係犯罪者に対する第四項の規定の適用が最初に終止した時点から起算して三日の期間が終了するまで継続するものとする。

(4)　関係犯罪者に第四項の規定が適用される期間とは、当該犯罪者が次の各号のいずれかに該当する期間をいう。

(a)　裁判所命令によって再勾留されていたか、若しくは勾留に付されていた期間［又は兵役拘束を受けていた期間］（二〇〇八年刑事司法及び移民法（法律第四号）［c.4］附則二六第五五条により、括弧内の文言を加える）［イングランド・ウェールズ・北アイルランド地方に適用］

【a号を改める】

(a)　裁判所命令によって再勾留されていたか、若しくは勾留に付されていた期間［又は兵役拘束を受けていた期間］［イングランド・ウェールズ・北アイルランド地方に適用］

(b)　拘禁刑又は兵役収容期間を服役していた期間

(c)　病院に収容されていた期間

(d)　連合王国外に居た期間

（二〇一〇年刑事司法及び許可（スコットランド）法（法律第一三号）［asp 13］第一〇二条第二項c号により、第五項と第六項を加える）［スコットランド地方に適用］

【第五項と第六項を加える】［スコットランド地方に適用］

(5)　本条において、「申立て可能な期間」(applicable period) とは、次の各号の両者をいう。

(a)　第六項の規定を関係犯罪者に適用

する事案にあっては、スコットランドの大臣が規則で定めることができる、一年を超えない期間

(b) その他の事案にあっては、一年の期間

(6) 第八三条第一項若しくは第八四条第一項又は本条第一項に基づいて、関係犯罪者が届け出た最後のホーム住所が、第八三条第七項b号中に定めた場所の住所又は位置であったときは、当該関係犯罪者に本条の規定を適用する。

（二〇〇八年刑事司法及び移民法（法律第四号）[c.4] 第一四二条第九項により、第五項と第六項を加える［イングランド・ウェールズ・北アイルランド地方に適用］

【第五項と第六項を加える】［イングランド・ウェールズ・北アイルランド地方に適用］

(5) 本条において、「申立て可能な期間」(applicable period) とは、次の各号の両者をいう。

(a) 第六項の規定を関係犯罪者に適用

する事案にあっては、主務大臣が定めた規則で定めることができる期間

(b) その他の事案にあっては、一年の期間

(6) 第八三条第一項若しくは第八四条第一項又は本条第一項に基づいて、関係犯罪者が届け出た最後のホーム住所が、第八三条第七項b号中に定めた場所の住所又は位置であったときは、当該関係犯罪者に本条の規定を適用する。

【第八五条の新正文は次のとおり】

第八五条　届出要求：定期的な届出

(1) 第二項に該当する各事件から［申立て可能な期間］［イングランド・ウェールズ・北アイルランド地方に適用］内に、関係犯罪者が前条第一項に基づく届出を行わなかったときは、関係犯罪者は、当該期間内に、第八三条第五項に定めた情報を警察へ届け出なければならない。

(2) 第二項に該当する事件とは、次の各号のすべてをいう。

(a) 本章の施行（当該施行から関係犯罪者であった者の場合に限る）

(b) 第八三条第一項又は第八四条第一項に基づいて関係犯罪者が行った届出

(c) 前項に基づいて関係犯罪者が行った届出

(3) 関係犯罪者に第四項の規定が適用される期間中に、［申立て可能な期間］［イングランド・ウェールズ・北アイルランド・スコットランド地方に適用］が（本項とは別に）終了すると思料されるときは、当該期間は、関係犯罪者に対する第四項の規定の適用が最初に終止した時点から起算して三日の期間が終了するまで継続するものとする。

(4) 関係犯罪者に第四項の規定が適用される期間とは、当該犯罪者が次の各号のいずれかに該当する期間をいう。

(a) 裁判所命令によって再勾留されていたか、若しくは勾留に付されていた期間［又は兵役拘束を受けていた期間］［イングランド・ウェールズ・北アイルランド地方に適用］

(b) 拘禁刑又は兵役収容期間を服役していた期間

(c) 病院に収容されていた期間

(d) 連合王国外に居た期間

(5) 本条において、「申立て可能な期間」(applicable period) とは、次の各号の両者をいう。[スコットランド地方に適用]

(a) 第六項の規定を関係犯罪者に適用する事案にあっては、スコットランドの大臣が規則で定めることができる、一年を超えない期間

(b) その他の事案にあっては、一年の期間

(6) 第八三条第一項若しくは第八四条第一項又は本条第一項に基づいて、関係犯罪者が届け出た最後のホーム住所が、第八三条第七項b号中に定めた場所の住所又は位置であったときは、当該関係犯罪者に本条の規定を適用する。[スコットランド地方に適用]

(5) 本条において、「申立て可能な期間」(applicable period) とは、次の各号の両者をいう。[イングランド・ウェールズ・北アイルランド地方に適用]

(a) 第六項の規定を関係犯罪者に適用する事案にあっては、主務大臣が定めた規則で定めることができる期間

(b) その他の事案にあっては、一年の期間

(6) 第八三条第一項若しくは第八四条第一項又は本条第一項に基づいて、関係犯罪者が届け出た最後のホーム住所が、第八三条第七項b号中に定めた場所の住所又は位置であったときは、当該関係犯罪者に本条の規定を適用する。[イングランド・ウェールズ・北アイルランド地方に適用]

第八六条　届出要求：連合王国外への旅行

(1) 主務大臣は、規則をもって、連合王国を出国する関係犯罪者又はこの種の関係犯罪者に対し、次の各号に掲げる事項を要求する規定を定めることができる。

(a) 当該規則に従って、当該犯罪者が出国するに先立って、第二項に基づく届出を行うこと

(b) 当該犯罪者がその後に連合王国へ帰国したときは、当該規則に従って、第三項に基づく届出を行うこと

(2) 第二項に基づく届出により、関係犯罪者は、次の各号に掲げる事項を開示しなければならない。

(a) 関係犯罪者が連合王国を出国する日

(b) 関係犯罪者が旅行する国（一を超える国があるときは、最初の国）及び当該国の（当該規則に従って決定した）関係犯罪者の到着地

(c) 関係犯罪者の連合王国からの出国若しくは連合王国への帰国、又は連合王国外に居た期間内の移動について、関係犯罪者が保有している、当該規則で定めたその他の情報

(3) 第三項に基づく届出により、関係犯罪者は、自己の連合王国への帰国についての、当該規則で定めた情報を開示しなければならない。

(4) 第一項に基づく規則により、異なる範囲の者のために異なる規定を定めることができる。

（二〇一〇年刑事司法及び許可（スコットランド）法（法律第一三号）[asp 13] 第一〇二条第三項により、第四項の文言を削る）[スコットランド地方に適用]

（二〇〇八年刑事司法及び移民法（法律第四号）[c.4] 附則二八第四章により、第四項の文言を削る）[イングランド・ウェールズ・北アイルランド地方に適用]

【第四項の文言を削る】

(4) (4) 削除［スコットランド地方に適用］

(4) 削除［イングランド・ウェールズ・北アイルランド地方に適用］

【第八六条の新正文は次のとおり】

第八六条　届出要求：連合王国外への旅行

(1) 主務大臣は、規則をもって、連合王国を出国する関係犯罪者又はこの種の関係犯罪者に対し、次の各号に掲げる事項を要求する規定を定めることができる。

(a) 当該規則に従って、当該犯罪者が出国するに先立って、第二項に基づく届出を行うこと

(b) 当該犯罪者がその後に連合王国へ帰国したときは、当該規則に従って、第三項に基づく届出を行うこと

(2) 第二項に基づく届出により、関係犯罪者は、次の各号に掲げる事項を開示しなければならない。

(a) 関係犯罪者が連合王国を出国する日

(b) 関係犯罪者が旅行する国（一を超える国があるときは、最初の国）及び当該国の（当該規則に従って決定した）関係犯罪者の到着地

(c) 関係犯罪者の連合王国からの出国若しくは連合王国への帰国、又は連合王国外に居た期間内の移動について、関係犯罪者が保有している、当該規則で定めたその他の情報

(3) 第三項に基づく届出により、関係犯罪者は、自己の連合王国への帰国についての、当該規則で定めた情報を開示しなければならない。

(4) 削除

第八七条　届出の方法及び関係事項［イングランド・ウェールズ・北アイルランド地方に適用］

(1) 第八三条第一項、第八四条第一項又は第八五条第一項に基づいてある者が行う届出は、次の各号の両者によって行うものとする。

(a) 主務大臣が規則で定めることができる、この者の地方警察地域内の警察署へ、又は一以上の警察署があるときは、そのいずれかへ出頭すること

(b) 警察官へ、又は当該警察署を管理する警察官が届出のために授権した者へ口頭で届け出ること

(2) 次の各号のいずれかに関して、本号に定めるホーム住所の変更が既に生じているか、又は（場合により）敷地の住所がそのホーム住所であった場合において、第八四条第一項に基づく届出を行う者は、前項に該当する警察署で届出を行うことができる。

(a) ホーム住所の変更の見込みに関して

(b) 同条第一項c号中に定める敷地に関して

(3) 本条に基づく届出は、確認されなければならないものとし、本項に基づく確認は、書面により、かつ主務大臣が指示することができる書式で行わなければならない。

(4) 第八三条第一項、第八四条第一項又は第八五条第一項に基づいて届出が行われた場合において、警察官又は第一項b号中に定めた者により要請があったときは、関係犯罪者は、当該警察官又は所定の者が、次の各号のいずれかを行うことを認めなければならない。

(a) 関係犯罪者の指紋を採取すること

(b) 関係犯罪者の一部を写真撮影するこ

と

(c)　これらの両者を行うこと

(5)　前項中の権限は、関係犯罪者の身分を確認するために行使することができる。

(6)　第一項に基づく規則により、異なる範囲の者のために異なる規定を定めることができる。

（二〇〇八年刑事司法及び移民法（法律第四号）[c.4] 附則二八第四章により、第六項の文言を削る）［イングランド・ウェールズ・北アイルランド地方に適用］

【第六項の文言を削る】［イングランド・ウェールズ・北アイルランド地方に適用］

(6)　削除

【第八七条［イングランド・ウェールズ・北アイルランド地方に適用］の新正文は次のとおり】

第八七条　届出の方法及び関係事項［イングランド・ウェールズ・北アイルランド地方に適用］

(1)　第八三条第一項、第八四条第一項又は第八五条第一項に基づいてある者が行う届出は、次の各号の両者によって行うものとする。

(a)　主務大臣が規則で定めることができる、この者の地方警察地域内の警察署へ、又は一以上の警察署があるときは、そのいずれかへ出頭すること

(b)　警察官へ、又は当該警察署を管理する警察官が届出のために授権した者へ口頭で届け出ること

(2)　次の各号のいずれかに関して、本号に定めるホーム住所の変更が既に生じているか、又は（場合により）敷地の住所がそのホーム住所であった場合において、第八四条第一項に基づく届出を行う者は、前項に該当する警察署で届出を行うことができる。

(a)　ホーム住所の変更の見込みに関して

(b)　同条第一項c号中に定める敷地に関して

(3)　本条に基づく届出は、確認されなければならないものとし、本項に基づく確認は、書面により、かつ主務大臣が指示することができる書式で行わなければならない。

(4)　第八三条第一項、第八四条第一項又は第八五条第一項に基づいて届出が行われた場合において、警察官又は第一項b号中に定めた者により要請があったときは、関係犯罪者は、当該警察官又は所定の者が、次の各号のいずれかを行うことを認めなければならない。

(a)　関係犯罪者の指紋を採取すること

(b)　関係犯罪者の一部を写真撮影すること

(c)　これらの両者を行うこと

(5)　前項中の権限は、関係犯罪者の身分を確認するために行使することができる。

(6)　削除

第八七条　届出の方法及び関係事項［スコットランド地方に適用］

(1)　第八三条第一項、第八四条第一項又は第八五条第一項に基づいてある者が行う届出は、次の各号の両者によって行うものとする。

(a)　主務大臣が規則で定めることができる、この者の地方警察地域内の警察署へ、又は一以上の警察署があるときは、そのいずれかへ出頭すること

(b)　警察官へ、又は当該警察署を管理する警察官が届出のために授権した者へ口頭で届け出ること

(2)　次の各号のいずれかに関して、本号に定めるホーム住所の変更が既に生じているか、又は（場合により）敷地の住所がそのホーム住所であった場合において、第八四条第一項に基づく届出を行う者は、前項に該当する警察署で届出を行うことができる。

(a)　ホーム住所の変更の見込みに関して

(b)　同条第一項c号に定める敷地に関して

(3)　本条に基づく届出は、確認されなければならないものとし、本項に基づく確認は、書面により、かつ主務大臣が指示することができる書式で行わなければならない。

(4)　第八三条第一項、第八四条第一項又は第八五条第一項に基づいて届出が行われた場合において、警察官又は第一項b号中に定めた者により要請があったときは、関係犯罪者は、当該警察官又は所定の者が、次の各号のいずれかを行うことを認めなければならない。

(a)　関係犯罪者の指紋を採取すること

(b)　関係犯罪者の各部を写真撮影すること

(c)　これらの両者を行うこと

(5)　前項中の権限は、関係犯罪者の身分を確認するために行使することができる。

（二〇〇六年警察、公共の秩序及び刑事司法（スコットランド）法［法律第一〇号］［asp 10］第七七条第七項により、第四項と第五項を第五項Aに読み替える）［スコットランド地方に適用］

【第四項と第五項を第五項Aに改める】［スコットランド地方に適用］

(5A)　第八三条第一項、第八四条第一項又は第八五条第一項に基づいて、スコットランド地方で届出が行われた場合において、警察官又は第一項b号中に定めた者により要請があったときは、関係犯罪者は、当該警察官又は所定の者が、次の各号のいずれかの一以上を行うことを認めなければならない。

(a)　当該犯罪者の一部を写真撮影すること

(b)　当該警察官又は所定の者が適切と思料する、関係する身体の資料を、当該犯罪者から取得し、又は当該警察官又は所定の者へ提出すること

(c)　一九九五年刑事手続（スコットランド）法（法律第四六号）［c.46］第一八条第六項a号からc号中のいずれかに定めた標本のいずれかを、当該標本に関して同号中に定めた方法で、当該犯罪者から取得すること

(d)　同条第六項A中に定めた標本のいずれかを、同項中に定めた方法で、当該犯罪者から取得すること

（二〇〇六年警察、公共の秩序及び刑事司法（スコットランド）法（法律第一〇号］［asp 10］第七八条第七項により、第五項Bと第五項Cを加える）［スコットランド地方に適用］

【第五項Bと第五項Cを加える】［スコットランド地方に適用］

(5B)　第八三条第一項、第八四条第一項又は第八五条第一項に基づいて、スコットランド地方で届出が行われた場合において、警察官又は第一項b号中に定めた者により要請があったときは、関係犯罪者は、当該警察官又は所定の者が、本人が所持して

いる各旅券を、これらの者に提出しなければならない。

(5C)　第五項中の「旅券」(passport) は、第八三条中におけると同一の意味を有する。

(6)　第一項に基づく規則により、異なる範囲の者のために異なる規定を定めることができる。

（二〇一〇年刑事司法及び許可（スコットランド）法（法律第一三号）[asp 13] 第一〇二条第四項により、第六項の文言を削る）［スコットランド地方に適用］

【第六項の文言を削る】［スコットランド地方に適用］

(6)　削除

【第八七条［スコットランド地方に適用］の新正文は次のとおり】

第八七条　届出の方法及び関係事項［スコットランド地方に適用］

(1)　第八三条第一項、第八四条第一項又は第八五条第一項に基づいてある者が行う届出は、次の各号の両者によって行うものとする。

(a)　主務大臣が規則で定めることができる、この者の地方警察地域内の警察署へ、又は一以上の警察署があるときは、そのいずれかへ出頭すること

(b)　警察官へ、又は当該警察署を管理する警察官が届出のために授権した者へ口頭で届け出ること

(2)　次の各号のいずれかに関して、本号に定めるホーム住所の変更が既に生じているか、又は（場合により）敷地の住所がそのホーム住所であった場合において、第八四条第一項に基づく届出を行う者は、前項に該当する警察署で届出を行うことができる。

(a)　ホーム住所の変更の見込みに関して

(b)　同条第一項c号中に定める敷地に関して

(3)　本条に基づく届出は、確認されなければならないものとし、本項に基づく確認は、書面により、かつ主務大臣が指示することができる書式で行わなければならない。

(5A)　第八三条第一項、第八四条第一項又は第八五条第一項に基づいて、スコットランド地方で届出が行われた場合において、警察官又は第一項b号中に定めた者により要請があったときは、関係犯罪者は、当該警察官又は所定の者が、次の各号のいずれかの一以上を行うことを認めなければならない。

(a)　当該犯罪者の一部を写真撮影すること

(b)　当該警察官又は所定の者が適切と思料する、関係する身体の資料を、当該犯罪者から取得し、又は当該警察官又は所定の者へ提出すること

(c)　一九九五年刑事手続（スコットランド）法（法律第四六号）[c.46] 第一八条第六項a号からc号中のいずれかに定めた標本のいずれかを、当該標本に関して同号中に定めた方法で、当該犯罪者から取得すること

(d)　同条第六項A中に定めた標本のいずれかを、同項中に定めた方法で、当該犯罪者から取得すること

(5B)　第八三条第一項、第八四条第一項又は第八五条第一項に基づいて、スコットランド地方で届出が行われた場合において、警察官又は第一項b号中に定

めた者により要請があったときは、関係犯罪者は、当該警察官又は所定の者による調査のために、本人が所持している各旅券を、これらの者に提出しなければならない。

(5C) 第五項中の「旅券」(passport) は、第八三条中におけると同一の意味を有する。

(6) 削除

第八八条　第八七条：解釈

(1) 第二項から第四項までの規定は、第八七条の目的のために適用する。

(2) 「写真撮影」(photograph) の中には、画像を作成することができる過程が含まれる。

（二〇〇六年警察、公共の秩序及び刑事司法（スコットランド）法（法律第一〇号）[asp 10] 第七七条第八項により、第二項Aを加える）[スコットランド地方に適用]

【第二項Aを加える】[スコットランド地方に適用]

(2A) 「関係する身体の資料」(relevant physical data) は、一九九五年刑事手続（スコットランド）法（法律第四六号）[c.46] 第一八条第七項Aによって付与された意味を有する。

(3) 人に関して、「地方警察地域」(local police area) とは、次の各号に掲げる地域をいう。

(a) 本人のホーム住所が置かれている警察地域

(b) ホーム住所がない場合において、最後に届け出たホーム住所が置かれている警察地域

(c) ホーム住所がなく、かつ最後の届出がない場合において、第四項中に定めた方法でこの者を最後に取り扱った裁判所が置かれている警察地域

(4) 第四項中に定めた方法とは、次の各号に掲げる方法をいい、罪について、a号及びb号中の「認定」(finding) とは、責任無能力により当該罪について無罪の認定、又はこの者が行為無能力の状態にあって、当該罪についてこの者が告発を受けた作為若しくは不作為を行った旨の認定をいう。

(a) 附則三中に列挙した罪について人を取り扱う方法、又は当該罪に関して認定を取り扱う方法

(b) 第一二八条に基づく罪について人を取り扱う方法、又は当該罪に関して認定を取り扱う方法

(c) 人について、届出命令、仮届出命令、性犯罪防止命令又は仮性犯罪防止命令を下す方法

(d) 人について、一九九八年犯罪及び秩序違反法（法律第三七号）[c.37] 第二条、第二条A若しくは第二〇条に基づく命令（イングランド及びウェールズ地方又はスコットランド地方で下した性犯罪者命令及び仮命令）又は一九九八年刑事司法（北アイルランド）命令（法律的文書第二八三九号）[S.I.1998/2839 (N.I.20)] 第六条若しくは第六条Aに基づく命令（北アイルランド地方で下した性犯罪者命令及び仮命令）を下す方法をいい、罪について、a号及びb号中の「認定」(finding) とは、責任無能力により当該罪について無罪の認定、又はこの者が行為無能力の状態にあって、当該罪についてこの者が告発を受けた作為若しくは不作為を行った旨の認定をいう。

(5) 第三項の規定は、北アイルランド地方

が警察地域であったものとして適用する。

【第八八条の新正文は次のとおり】

第八八条　第八七条：解釈

(1)　第二項から第四項までの規定は、第八七条の目的のために適用する。

(2)　「写真撮影」(photograph) の中には、画像を作成することができる過程が含まれる。

(2A)　「関係する身体の資料」(relevant physical data) は、一九九五年刑事手続（スコットランド）法（法律第四六号）[c.46] 第一八条第七項Aによって付与された意味を有する。[スコットランド地方に適用]

(3)　人に関して、「地方警察地域」(local police area) とは、次の各号に掲げる地域をいう。

(a)　本人のホーム住所が置かれている警察地域

(b)　ホーム住所がない場合において、最後に届け出たホーム住所が置かれている警察地域

(c)　ホーム住所がなく、かつ最後の届出がない場合において、第四項中に定めた方法でこの者を最後に取り扱った裁判所が置かれている警察地域

(4)　第四項中に定めた方法とは、次の各号に掲げる方法をいい、罪について、a号及びb号中の「認定」(finding) とは、責任無能力により当該罪について無罪の認定、又はこの者が行為無能力の状態にあって、当該罪についてこの者が告発を受けた作為若しくは不作為を行った旨の認定をいう。

(a)　附則三中に列挙した罪について人を取り扱う方法、又は当該罪に関して認定を取り扱う方法

(b)　第一二八条に基づく罪について人を取り扱う方法、又は当該罪に関して認定を取り扱う方法

(c)　人について、届出命令、仮届出命令、性犯罪防止命令又は仮性犯罪防止命令を下す方法

(d)　人について、一九九八年犯罪及び秩序違反法（法律第三七号）[c.37] 第二条、第二条A若しくは第二〇条に基づく命令（イングランド及びウェールズ地方又はスコットランド地方で下した性犯罪者命令及び仮命令）又は一九九八年刑事司法（北アイルランド）命令（法律的文書第二八三九号）[S.I.1998/2839 (N.I.20)] 第六条若しくは第六条Aに基づく命令（北アイルランド地方で下した性犯罪者命令及び仮命令）を下す方法をいい、罪について、a号及びb号中の「認定」(finding) とは、責任無能力により当該罪について無罪の認定、又はこの者が行為無能力の状態にあって、当該罪についてこの者が告発を受けた作為若しくは不作為を行った旨の認定をいう。

(5)　第三項の規定は、北アイルランド地方が警察地域であったものとして適用する。

（二〇一〇年「二〇〇三年性犯罪法」（救済）（スコットランド）命令（スコットランド法律的文書第三七〇号）[S.S.I. 2010/370] 第三条により、第八八条Aから第八八条Iまでの規定を加える）[スコットランド地方に適用]

【第八八条Aから第八八条Iまでの規定を加える】[スコットランド地方に適用]

第八八条A　不定期間の届出要求の審

査：適用可能な人物

(1) 第八八条Bから第八八条Hまでの規定は、次の各号に定める者の両者に適用する。

(a) 本条の規定が施行される日以後に、第八〇条第一項によって、不定期間、本章の届出要求に服することとなる者、又は第九七条第五項に基づいて下した届出命令に服することとなる者

(b) 本条の規定が施行される日前に、次に定める規定のいずれかによって、不定期間、本章の届出要求に服していた者

(i) 第八〇条第一項

(ii) 第八一条第一項

(iii) 第九七条第五項に基づいて下した届出命令

(2) 前項a号又はb号に該当する者は、第八八条Bから第八八条Gまでの規定において、「関係性犯罪者」(relevant sex offender) と称せられる。

第八八条B　不定期間の届出要求の審査：届出要求解除日及びその後の届出要求解除日

(1) 本章の適用上、届出要求解除日は、次の各号の定めるところによる。

(a) 関係性犯罪者が関係日に一八歳以上であったときは、関係日から起算して一五年後に当たる日

(b) 関係性犯罪者が関係日に一八歳未満であったときは、関係日から起算して八年後に当たる日

(2) 前項に基づいて届出要求解除日を決定するに当たって、関係性犯罪者が、一九九七年性犯罪者法（法律第五一号）[c.51] 第二条第一項又は本章第八三条第一項に基づいて、警察へ最初に情報を届ける前に、次の各号のいずれかに該当した期間は、考慮しないものとする。

(a) 裁判所命令によって再勾留されていたか、又は勾留に付されていた期間

(b) 拘禁刑又は兵役収容期間を服役していた期間

(c) 病院に収容されていた期間

(d) 連合王国外に居た期間

(3) 関係性犯罪者について、本章に基づいて下した届出続行命令が効力を有しているときは、本章の適用上、その後の届出要求解除日は、当該命令中に定めた固定期間の満了日とする。

(4) 本条及び第八八条D中の「関係日」(relevant date) は、次の各号に定める犯罪者に適用可能な意味を有する。

(a) 第八〇条第一項又は第八一条第一項によって、不定期間、本章の届出要求に服していた関係性犯罪者に関しては、第八二条第六項a号からc号までの規定中に定めた犯罪者

(b) 第九七条第五項に基づいて下した届出命令によって、不定期間、本章の届出要求に服していた関係性犯罪者に関しては、第九八条第二項中に定めた犯罪者

第八八条C　不定期間の届出要求の審査：手続及び理由

(1) 関係県警察長は、届出要求解除日に遅れることなく、次の各号のいずれかを行わなければならない。

(a) 関係性犯罪者について、届出続行命令を下すこと

(b) 関係性犯罪者に対し、当該犯罪者が届出要求解除日に本章の届出要求に服することを終止する旨を通知すること

(2) 届出続行命令は、当該命令がなかっ

たとすれば、届出要求解除日に当たった日と思料される日から起算して一五年を超えない固定期間中、関係性犯罪者を本章の届出要求に服させる命令とする。

(3)　関係県警察長は、蓋然性のバランスによって、関係性犯罪者が連合王国内の公衆又は当該公衆の特定の構成員に性的危害の危険を示すと確信した場合に限り、届出続行命令を下すことができる。

(4)　関係県警察長は、届出続行命令を下すか否かを決定するに当たって、次の各号のすべてを考慮しなければならない。

(a)　不定期の期間中、関係性犯罪者を本章の届出要求に服させた、次のいずれかの罪（又は複数の罪）の重大性

(i)　関係性犯罪者が有罪宣告を受けた罪

(ii)　関係性犯罪者が責任無能力により無罪と認定された罪

(iii)　関係性犯罪者が行為無能力の状態にあって、告発された行為を行った、と認定された罪

(iv)　関係性犯罪者が、イングランド及びウェールズ地方又は北アイルランド地方で注意を受けた罪

(b)　関係性犯罪者が罪（又は複数の罪）の犯行後に経過した期間

(c)　関係性犯罪者が第八八条A第一項b号iiに該当する場合において、当該関係性犯罪者が一九九七年性犯罪者法（法律第五一号）[c.51] 第三条に基づく罪を犯したか否か

(d)　関係性犯罪者が本法第九一条に基づく罪を犯したか否か

(e)　当該決定時の関係性犯罪者の年齢

(f)　a号中に定めた罪（又は複数の罪）を犯した時点の関係性犯罪者の年齢

(g)　（適用可能な場合において）当該罪の被害者であった者の年齢、及び当該罪を犯した時点の被害者と関係性犯罪者間の年齢の差

(h)　附則三中に列挙したその他の罪に対する関係性犯罪者について、裁判所が下した有罪宣告又は認定

(i)　関係性犯罪者が、附則三中に列挙したイングランド及びウェールズ地方又は北アイルランド地方における罪に対して受けた注意

(j)　関係性犯罪者に対し、附則三中に列挙した罪に対する刑事手続が提起されたが、終結しなかったか否か

(k)　二〇〇五年犯罪者管理等（スコットランド）法（法律第一四号）[asp 14] 第一〇条に基づいて設定した、関係性犯罪者が示した危険の管理と評価のための合同取決めに基づいて、責任官庁が下した、当該危険の評価

(l)　関係性犯罪者が連合王国内の公衆又は当該公衆の特定の構成員に示した性的危害の危険のその他の付託物又は証拠物

(m)　関係性犯罪者が連合王国内の公衆又は当該公衆の特定の構成員に性的危害の危険を示さない旨を証明する、関係性犯罪者又は関係性犯罪者に代わる者が提示する付託物又は証拠物

(n)　関係県警察長が適切と思料するその他の事項

(5)　届出続行命令には、次の各号の両者が表明されていなければならない。

(a)　当該命令が下されるに至った理由

(b)　当該命令の固定期間を決定するに至った理由

(6) 届出続行命令は、次の各号に定める者のいずれかが、関係性犯罪者に通知しなければならない。

(a) 書留又は簡易書留速達によって、関係性犯罪者へ届出続行命令の写しを送付した関係県警察長（郵便局が発行して、送付された写しの配達の受領書又は証明書は、当該受領書中又は証明書中に記載した日に当該写しを配達した旨の十分な証拠とする）

(b) 関係性犯罪者へ当該命令の写しを送達した警察官

(7) 本条において

「性的危害」(sexual harm）とは、連合王国のある地域において行われたとすれば、附則三中に列挙した罪を構成すると思料される何らかの行為を行った関係性犯罪者によって生じた、身体的又は心理的危害をいう。

「責任官庁」(responsible authorities）は、二〇〇五年犯罪者管理等（スコットランド）法（法律第一四号）[asp 14] 第一〇条第七項によって付与された意味を有する。

(8) 本条及び第八八条Dから第八八条Gまでの規定中の「関係県警察長」(relevant chief constable）とは、関係性犯罪者が居住する警察地域の警察の県警察長をいう。

第八八条D　不定期間の届出要求の審査：経過的取決め

(1) 第八八条A第一項b号iiに該当する関係性犯罪者が、次の各号の両者に該当するときは、当該犯罪者に本条の規定を適用する。

(a) 関係日に一八歳未満であったとき

(b) 第二項中に定めた期間を考慮しないで、本条の規定が施行される日に、少なくとも八年の全期間中、一九九七年性犯罪者法（法律第五一号）[c.51] 第一章と本章の届出要求に服していたとき

(2) 第二項中に定めた期間は、関係性犯罪者について、当該犯罪者が、一九九七年性犯罪者法（法律第五一号）[c.51] 第二条第一項に基づいて、警察へ最初に情報を届ける前に、次の各号に定めた期間のいずれかとする。

(a) 裁判所命令によって再勾留されていたか、若しくは勾留に付されていた期間

(b) 拘禁刑又は兵役収容期間を服役していた期間

(c) 病院に収容されていた期間

(d) 連合王国外に居た期間

(3) 関係県警察長は、申立て可能日に遅れることなく、次の各号のいずれかを行わなければならない。

(a) 関係性犯罪者について、届出続行命令を下すこと

(b) 関係性犯罪者に対し、当該犯罪者が申立て可能日に本章の届出要求に服することを終止する旨を通知すること

(4) 本条に関して、第八八条C第二項から第八項までの規定を適用するが、届出要求解除日は、申立て可能日と読むものとする。

(5) 本条中の「申立て可能日」(applicable date）は、本条の規定が施行される日から起算して三か月後に当たる日とする

第八八条E　不定期間の届出要求の審査：その後の審査

(1) 届出続行命令が下されたときは、関係県警察長は、その後の届出要求解除日に遅れることなく、次の各号のいずれかを行わなければならない。

(a)　関係性犯罪者について、他の届出続行命令を下すこと
(b)　関係性犯罪者に対し、当該犯罪者がその後の届出要求解除日に本章の届出要求に服することを終止する旨を通知すること
(2)　本条に関して、第八八条C第二項から第八項までの規定を適用するが、届出要求解除日は、その後の届出要求解除日と読むものとする。

第八八条F　不定期間の届出要求の審査：執行官への適用

(1)　関係県警察長が第八八条C第一項、第八八条D第三項又は第八八条E第一項を遵守しなかったときは、関係性犯罪者は、執行官に対し、自己が本章の届出要求に服さない旨の命令を求める申立てを行うことができる。
(2)　前項に基づく申立ては、執行官管轄地域内に関係性犯罪者が居住している場合における、当該執行官管轄地域を管轄する執行官に対する略式の申立てをもって行うものとする。
(3)　第一項に基づく申立てが行われたときは、当該執行官は、次の各号のいずれかを行うことができる。
(a)　当該申立て中で求めた命令を下すこと
(b)　関係性犯罪者について、届出続行命令を下すこと
(4)　本条に基づく届出続行命令の発令に関して、第八八条C第二項から第五項まで及び第七項の規定を適用するが、次の各号のすべての定めるところによる。
(a)　関係県警察長は、執行官と読むものとする。
(b)　関係県警察長の第八八条D第三項の不遵守に関して、第一項に基づく申立てが行われたときは、第八八条C第二項中の届出要求解除日は、申立て可能日と読むものとする。
(c)　関係県警察長の第八八条E第一項の不遵守に関して、第一項に基づく申立てが行われたときは、第八八条C第二項中の届出要求解除日は、その後の届出要求解除日と読むものとする。
(5)　関係県警察長と関係性犯罪者は、当該申立てについて、すべての審理に出頭し、又は当該審理において意思表明を受けることができる。
(6)　第一項に基づく申立てが決定されたときは、当該執行官の書記官は、関係性犯罪者と関係県警察長に対し、中間判決の写しを送付しなければならず、申立てが行われたときは、届出続行命令の写しを送付しなければならない。
(7)　次の各号のいずれかに該当するときは、中間判決の写し、及び申立てが行われた場合において、届出続行命令の写しは、前項に従って送付される。
(a)　書留又は簡易書留速達によって送付されるとき（郵便局が発行して、送付された写しの配達の受領書又は証明書は、当該受領書中又は証明書中に記載した日に当該写しを配達した旨の十分な証拠とする）
(b)　関係性犯罪者と関係県警察長へ個人的に送達されるとき
(8)　事案が第八八条G第一〇項に定めるように最終決定されるまでは、関係性犯罪者は、引き続き、本章の届出要求に服する。

第八八条G　不定期間の届出要求の審査：上訴

(1)　次の各号の両者に該当する関係県警察長の決定について、関係性犯罪者は、

第三項に定める日から起算して二一日以内に上訴することができる。

(a) 届出続行命令を下す決定

(b) 届出続行命令の固定期間を設定する決定

(2) 前項に基づく上訴は、執行官管轄地域内に関係性犯罪者が居住している場合における、当該執行官管轄地域を管轄する執行官に対する略式の申立てをもって行うものとする。

(3) 第三項に定める日は、次の各号のいずれかに定める日とする。

(a) 第八八条C第一項に基づいて下した関係県警察長の決定に対して上訴が提起されたときは、届出要求解除日

(b) 第八八条D第一項に基づいて下した関係県警察長の決定に対して上訴が提起されたときは、申立て可能日

(c) 第八八条E第一項に基づいて下した関係県警察長の決定に対して上訴が提起されたときは、その後の届出要求解除日

(4) 次の各号のすべてに該当する執行官の決定について、関係性犯罪者又は関係県警察長は、当該決定の日から起算して二一日以内に、執行官長へ上訴することができる。

(a) 第八八条F第一項に基づいて行った申立てに関する決定

(b) 第一項に基づいて行った上訴に関する決定

(c) 届出続行命令の固定期間に関する決定

(5) 本条に基づく上訴に関して、執行官又は執行官長は、次の各号のいずれかを行うことができる。

(a) 関係県警察長、又は場合により執行官の決定を支持し、又は取り消すこと

(b) 届出続行命令を下すこと

(c) 当該命令中の固定期間を変更すること

(6) 本条に基づく届出続行命令の発令に関して、第八八条C第三項から第五項までの規定を適用するが、関係県警察長は、執行官、又は場合により執行官長と読むものとする。

(7) 本条に基づく上訴が最終決定されたときは、当該執行官の書記官は、関係性犯罪者と関係県警察長に対し、中間判決の写しを送付しなければならず、上訴が行われたときは、届出続行命令の写しを送付しなければならない。

(8) 次の各号のいずれかに該当するときは、中間判決の写し、及び上訴が行われた場合において、届出続行命令の写しは、前項に従って送付されるものとする。

(a) 書留又は簡易書留速達によって送付されるとき（郵便局が発行して、送付された写しの配達の受領書又は証明書は、当該受領書中又は証明書中に記載した日に当該写しを配達した旨の十分な証拠とする）

(b) 関係性犯罪者と関係県警察長へ個人的に送達されるとき

(9) 事案が第一〇項に定めるように最終決定されるまでは、関係性犯罪者は、引き続き、本章の現在の届出要求に服する。

(10) 次の各号のいずれかに該当したときは、事案が最終決定されることとする。

(a) 上訴が提起されることなく、第四項中に定めた二一日の期間の満了により、関係性犯罪者が、本章の届出要求に服することを終止することが決定された場合、又は届出続行命令を下す決定が取り消された場合

(b)　上訴が提起されることなく、第一項中又は第四項中に定めた二一日の期間の満了により、届出続行命令が下された場合、又は当該命令を下す決定が、上訴により支持された場合

(c)　上訴が提起された場合には、次のいずれかにより

(i)　上訴の処分

(ii)　上訴の放棄

第八八条H　不定期間の届出要求の審査：期間を変更する権限

主務大臣は、命令をもって、次の各号に定める事項の両者を変更することができる。

(a)　第八八条B第一項a号及びb号中に定める期間

(b)　第八八条C第二項中に定める固定期間

第八八条I　不定期間の届出要求からの解除：イングランド・ウェールズ地方及び北アイルランド地方

(1)　関係法律に基づいて、イングランド及びウェールズ地方又は北アイルランド地方の裁判所、人又は団体によって、本章の届出要求から解除された関係性犯罪者は、当該解除によって、スコットランド地方に適用される、本章の届出要求からも解除される。

(2)　前項中の「関係法律」（relevant legislation）とは、第八八条Aから第八八条Hまでの規定及び本条で定めた規定に相当する規定を定めた法律で、不定期の期間中、イングランド及びウェールズ地方、又は場合により、北アイルランド地方に適用される、本章の届出要求に服する関係犯罪者が、これらの届出要求から解除されることになる法律をいう。

（二〇一一年「二〇〇三年性犯罪法」（救済）（スコットランド）命令（スコットランド法律的文書第四五号）[S.S.I.2011/45] 第三条により、第八八条Aから第八八条Iまでの規定を加える）（二〇一〇年「二〇〇三年性犯罪法」（救済）（スコットランド）命令によって追加された第八八条Aから第八八条Iまでの規定を廃止し、変更を伴って、新たに第八八条Aから第八八条Iまでの規定を追加する）[スコットランド地方に適用]

【第八八条Aから第八八条Iまでの規定を加える】 [スコットランド地方に適用]

第八八条A　不定期間の届出要求の審査：適用可能な人物

(1)　第八八条Bから第八八条Hまでの規定は、次の各号に定める者の両者に適用する。

(a)　二〇一一年一月二八日以後に、第八〇条第一項によって、不定期間、本章の届出要求に服することとなる者、又は第九七条第五項に基づいて下した届出命令に服することとなる者

(b)　本条の規定が施行される日前に、次に定める規定のいずれかによって、不定期間、本章の届出要求に服していた者

(i)　第八〇条第一項

(ii)　第八一条第一項

(iii)　第九七条第五項に基づいて下した届出命令

(2)　前項a号又はb号に該当する者は、第八八条Bから第八八条Gまでの規定において、「関係性犯罪者」（relevant sex offender）と称せられる。

第八八条B　不定期間の届出要求の審査：届出要求解除日及びその後の届出

要求解除日

(1) 本章の適用上、届出要求解除日は、次の各号の定めるところによる。

(a) 関係性犯罪者が関係日に一八歳以上であったときは、関係日から起算して一五年後に当たる日

(b) 関係性犯罪者が関係日に一八歳未満であったときは、関係日から起算して八年後に当たる日

(2) 前項に基づいて届出要求解除日を決定するに当たって、関係性犯罪者が、一九九七年性犯罪者法（法律第五一号）[c.51] 第二条第一項又は本章第八三条第一項に基づいて、警察へ最初に情報を届ける前に、次の各号のいずれかに該当した期間は、考慮しないものとする。

(a) 裁判所命令によって再勾留されていたか、又は勾留に付されていた期間

(b) 拘禁刑又は兵役収容期間を服役していた期間

(c) 病院に収容されていた期間

(d) 連合王国外に居た期間

(3) 次の各号のすべてに該当したときは、第四項の規定を適用する。

(a) 関係性犯罪者が本章の届出要求に服しているとき

(b) 一九九七年性犯罪者法（法律第五一号）[c.51] 第二条第一項又は本章第八三条第一項に基づいて、警察へ最初に情報を届け出た後、届出要求が関係している罪（複数の罪）について、関係性犯罪者が拘禁期間又は兵役収容期間の言渡しを受けたとき

(c) 届出要求解除日が、第四項とは別に、二〇一一年一月二八日以後に当たるとき

(4) 第一項に基づいて届出要求解除日を決定するに当たって、関係性犯罪者が当該罪（複数の罪）について拘禁刑又は兵役収容期間を服役していたいずれの期間も考慮しないものとする。

(5) 関係性犯罪者について、本章に基づいて下した届出続行命令が効力を有しているときは、本章の適用上、その後の届出要求解除日は、当該命令中に定めた固定期間の満了日とする。

(6) 本条及び第八八条D中の「関係日」(relevant date) は、次の各号に定める犯罪者に適用可能な意味を有する。

(a) 第八〇条第一項又は第八一条第一項によって、不定期間、本章の届出要求に服していた関係性犯罪者に関しては、第八二条第六項a号からc号までの規定中に定めた犯罪者

(b) 第九七条第五項に基づいて下した届出命令によって、不定期間、本章の届出要求に服していた関係性犯罪者に関しては、第九八条第二項中に定めた犯罪者

第八八条C　不定期間の届出要求の審査：手続及び理由

(1) 関係県警察長は、届出要求解除日に遅れることなく、次の各号のいずれかを行わなければならない。

(a) 関係性犯罪者について、届出続行命令を下すこと

(b) 関係性犯罪者に対し、当該犯罪者が届出要求解除日に本章の届出要求に服することを終止する旨を通知すること

(2) 届出続行命令は、当該命令がなかったとすれば、届出要求解除日に当たったと思料される日から起算して一五年を超えない固定期間中、関係性犯罪者を本章の届出要求に服させる命令とす

る。

(3) 関係県警察長は、蓋然性のバランスによって、関係性犯罪者が連合王国内の公衆又は当該公衆の特定の構成員に性的危害の危険を示すと確信した場合に限り、届出続行命令を下すことができる。

(4) 関係県警察長は、届出続行命令を下すか否かを決定するに当たって、次の各号のすべてを考慮しなければならない。

(a) 不定期の期間中、関係性犯罪者を本章の届出要求に服させた、次のいずれかの罪（又は複数の罪）の重大性

(i) 関係性犯罪者が有罪宣告を受けた罪

(ii) 関係性犯罪者が責任無能力により無罪と認定された罪

(iii) 関係性犯罪者が行為無能力の状態にあって、告発された行為を行った、と認定された罪

(iv) 関係性犯罪者が、イングランド及びウェールズ地方又は北アイルランド地方で注意を受けた罪

(b) 関係性犯罪者が罪（又は複数の罪）の犯行後に経過した期間

(c) 関係性犯罪者が第八八条A第一項b号iiに該当する場合において、当該関係性犯罪者が一九九七年性犯罪者法（法律第五一号）[c.51] 第三条に基づく罪を犯したか否か

(d) 関係性犯罪者が本法第九一条に基づく罪を犯したか否か

(e) 当該決定時の関係性犯罪者の年齢

(f) a号中に定めた罪（又は複数の罪）を犯した時点の関係性犯罪者の年齢

(g)（適用可能な場合において）当該罪の被害者であった者の年齢、及び当該罪を犯した時点の被害者と関係性犯罪者間の年齢の差

(h) 附則三中に列挙したその他の罪に対する関係性犯罪者について、裁判所が下した有罪宣告又は認定

(i) 関係性犯罪者が、附則三中に列挙したイングランド及びウェールズ地方又は北アイルランド地方における罪に対して受けた注意

(j) 関係性犯罪者に対し、附則三中に列挙した罪に対する刑事手続が提起されたが、終結しなかったか否か

(k) 二〇〇五年犯罪者管理等（スコットランド）法（法律第一四号）[asp 14] 第一〇条に基づいて設定した、関係性犯罪者が示した危険の管理と評価のための合同取決めに基づいて、責任官庁が下した、当該危険の評価

(l) 関係性犯罪者が連合王国内の公衆又は当該公衆の特定の構成員に示した性的危害の危険のその他の付託物又は証拠物

(m) 関係性犯罪者が連合王国内の公衆又は当該公衆の特定の構成員に性的危害の危険を示さない旨を証明する、関係性犯罪者又は関係性犯罪者に代わる者が提示する付託物又は証拠物

(n) 関係県警察長が適切と思料するその他の事項

(5) 届出続行命令には、次の各号の両者が表明されていなければならない。

(a) 当該命令が下されるに至った理由

(b) 当該命令の固定期間を決定するに至った理由

(6) 届出続行命令は、次の各号に定める者のいずれかが、関係性犯罪者に通知しなければならない。

(a) 書留又は簡易書留速達によって、

関係性犯罪者へ届出続行命令の写しを送付した関係県警察長（郵便局が発行して、送付された写しの配達の受領書又は証明書は、当該受領書中又は証明書中に記載した日に当該写しを配達した旨の十分な証拠とする）

(b) 関係性犯罪者へ当該命令の写しを送達した警察官

(7) 本条において

「性的危害」（sexual harm）とは、連合王国のある地域において行われたとすれば、附則三中に列挙した罪を構成すると思料される何らかの行為を行った関係性犯罪者によって生じた、身体的又は心理的危害をいう。

「責任官庁」（responsible authorities）は、二〇〇五年犯罪者管理等（スコットランド）法（法律第一四号）[asp 14] 第一〇条第七項によって付与された意味を有する。

(8) 本条及び第八八条Dから第八八条Gまでの規定中の「関係県警察長」(relevant chief constable) とは、関係性犯罪者が居住する警察地域の警察の県警察長をいう。

第八八条D　不定期間の届出要求の審査：経過的事案

(1) 本条の規定は、次の各号の両者に該当する事案に適用する。

(a) 第八八条A第一項b号iiに該当する関係性犯罪者に関して、第二項中の条件が具備されているとき

(b) 本条に基づいて、本条が二〇一一年「二〇〇三年性犯罪法」（救済）（スコットランド）命令（スコットランド法律的文書第四五号）[S.S.I.2011/45] の施行前に効力を有していたものとして、関係県警察長が、第四項中の義務に服していたとき

(2) 第一項a号中に定めた、第二項中の条件は、第八八条A第一項b号iiに該当する関係性犯罪者が、次の各号の両者に該当することとする。

(a) 関係日に一八歳未満であったこと

(b) 第三項中に定めた期間を考慮しないで、二〇一〇年一〇月二五日に、少なくとも八年の全期間中、一九九七年性犯罪者法（法律第五一号）[c.51] 第一章と本章の届出要求に服していたこと

(3) 第三項中に定めた期間は、関係性犯罪者について、当該犯罪者が、一九九七年性犯罪者法（法律第五一号）[c.51] 第二条第一項に基づいて、警察へ最初に情報を届ける前に、次の各号に定めた期間のいずれかとする。

(a) 裁判所命令によって再勾留されていたか、若しくは勾留に付されていた期間

(b) 拘禁刑又は兵役収容期間を服役していた期間

(c) 病院に収容されていた期間

(d) 連合王国外に居た期間

(4) 第一項b号中に定めた、第四項中の義務は、申立て可能日に遅れることなく、次の各号のいずれかを行う義務とする。

(a) 関係性犯罪者について、届出続行命令を下す義務

(b) 関係性犯罪者に対し、当該犯罪者が申立て可能日に本章の届出要求に服することを終止する旨を通知する義務

(5) 本条中の「申立て可能日」(applicable date) は、二〇一一年一月二五日とする。

第八八条E　不定期間の届出要求の審査：その後の審査

(1)　届出続行命令が下されたときは、関係県警察長は、その後の届出要求解除日に遅れることなく、次の各号のいずれかを行わなければならない。

(a)　関係性犯罪者について、他の届出続行命令を下すこと

(b)　関係性犯罪者に対し、当該犯罪者がその後の届出要求解除日に本章の届出要求に服することを終止する旨を通知すること

(2)　本条に関して、第八八条C第二項から第八項までの規定を適用するが、届出要求解除日は、その後の届出要求解除日と読むものとする。

第八八条F　不定期間の届出要求の審査：執行官への適用

(1)　関係県警察長が次の各号のいずれかに該当したときは、関係性犯罪者は、執行官に対し、自己が本章の届出要求に服さない旨の命令を求める申立てを行うことができる。

(a)　第八八条C第一項又は第八八条E第一項を遵守しなかったとき

(b)　第八八条Dの規定を適用する事案において、同条第四項中に定める義務を遵守しなかったとき

(2)　前項に基づく申立ては、執行官管轄地域内に関係性犯罪者が居住している場合における、当該執行官管轄地域を管轄する執行官に対する略式の申立てをもって行うものとする。

(3)　第一項に基づく申立てが行われたときは、当該執行官は、次の各号のいずれかを行うことができる。

(a)　当該申立て中で求めた命令を下すこと

(b)　関係性犯罪者について、届出続行命令を下すこと

(4)　本条に基づく届出続行命令の発令に関して、第八八条C第二項から第五項まで及び第七項の規定を適用するが、次の各号のすべての定めるところによる。

(a)　関係県警察長は、執行官と読むものとする。

(b)　第八八条Dの規定を適用する事案において、第一項に基づく申立てが行われたときは、第八八条C第二項中の届出要求解除日は、申立て可能日と読むものとする。

(c)　関係県警察長の第八八条E第一項の不遵守に関して、第一項に基づく申立てが行われたときは、第八八条C第二項中の届出要求解除日は、その後の届出要求解除日と読むものとする。

(5)　関係県警察長と関係性犯罪者は、当該申立てについて、すべての審理に出頭し、又は当該審理において意思表明を受けることができる。

(6)　第一項に基づく申立てが決定されたときは、当該執行官の書記官は、関係性犯罪者に対し、中間判決の写しを送付しなければならず、申立てが行われたときは、届出続行命令の写しを送付しなければならない。

(7)　次の各号のいずれかに該当するときは、中間判決の写し、及び申立てが行われた場合において、届出続行命令の写しは、前項に従って送付される。

(a)　書留又は簡易書留速達によって送付されるとき（郵便局が発行して、送付された写しの配達の受領書又は証明書は、当該受領書中又は証明書中に記載した日に当該写しを配達した旨の十分な証拠とする）

(b) 関係性犯罪者に認められるとき

(8) 事案が第八八条第一一項に定めるように最終決定されるまでは、関係性犯罪者は、引き続き、本章の届出要求に服する。

第八八条G　不定期間の届出要求の審査：上訴

(1) 次の各号の両者に該当する関係県警察長の決定について、関係性犯罪者は、第三項に定める日から起算して二一日以内に上訴することができる。

(a) 第八八条C第一項a号若しくは第八八条E第一項a号に基づいて、又は第八八条D第三項a号に基づいて、これらの規定が二〇一一年「二〇〇三年性犯罪法」(救済)(スコットランド)命令(スコットランド法律的文書第四五号)[S.S.I.2011/45]の施行前に効力を有していたものとして、届出続行命令を下す決定

(b) 届出続行命令の固定期間を設定する決定

(2) 前項に基づく上訴は、執行官管轄地域内に関係性犯罪者が居住している場合における、当該執行官管轄地域を管轄する執行官に対する略式の申立てをもって行うものとする。

(3) 第三項に定める日は、次の各号のいずれかに定める日とする。

(a) 関係県警察長の決定が二〇一一年一月二八日以後に下されたときは、決定の日

(b) 当該決定が二〇一一年一月二八日前に下されたときは

(i) 第八八条C第一項a号に基づく決定の事案にあっては、届出要求解除日

(ii) 第八八条E第一項a号に基づく決定の事案にあっては、その後の届出要求解除日

(iii) 第八八条D第三項に基づく決定の事案にあっては、申立て可能日

(4) 次の各号のすべてに該当する執行官の決定について、関係性犯罪者又は関係県警察長は、当該決定の日から起算して二一日以内に、執行官長へ上訴することができる。

(a) 第八八条F第一項に基づいて行った申立てに関する決定

(b) 第一項に基づいて行った上訴に関する決定

(c) 届出続行命令の固定期間に関する決定

(5) 本条に基づく上訴に関して、執行官又は執行官長は、次の各号のいずれかを行うことができる。

(a) 関係県警察長、又は場合により執行官の決定を支持し、又は取り消すこと

(b) 届出続行命令を下すこと

(c) 当該命令中の固定期間を変更すること

(6) 本条に基づく届出続行命令の発令に関して、第八八条C第三項から第五項までの規定を適用するが、関係県警察長は、執行官、又は場合により執行官長と読むものとする。

(7) 関係県警察長と関係性犯罪者は、本条に基づく上訴について、すべての審理に出頭し、又は当該審理において意思表明を受けることができる。

(8) 本条に基づく上訴が最終決定されたときは、当該執行官の書記官は、関係性犯罪者に対し、中間判決の写しを送付しなければならず、上訴が行われたときは、届出続行命令の写しを送付しなければならない。

(9) 次の各号のいずれかに該当するとき

は、中間判決の写し、及び上訴が行われた場合において、届出続行命令の写しは、前項に従って送付される。

(a)　書留又は簡易書留速達によって送付されるとき（郵便局が発行して、送付された写しの配達の受領書又は証明書は、当該受領書中又は証明書中に記載した日に当該写しを配達した旨の十分な証拠とする）

(b)　関係性犯罪者に認められるとき

(10)　事案が第一一項に定めるように最終決定されるまでは、関係性犯罪者は、引き続き、本章の現在の届出要求に服する。

(11)　次の各号のいずれかに該当したときは、事案が最終決定される。

(a)　上訴が提起されることなく、第四項中に定めた二一日の期間の満了により、関係性犯罪者が、本章の届出要求に服することを終止することが決定された場合、又は届出続行命令を下す決定が取り消された場合

(b)　上訴が提起されることなく、第一項中又は第四項中に定めた二一日の期間の満了により、又は上訴が提起されることなく、届出続行命令が下された場合、又は当該命令を下す決定が、上訴により支持された場合

(c)　上訴が提起された場合には、次のいずれかにより

(i)　上訴の処分

(ii)　上訴の放棄

第八八条H　不定期間の届出要求の審査：期間を変更する権限

主務大臣は、命令をもって、次の各号に定める事項の両者を変更することができる。

(a)　第八八条B第一項a号及びb号中に定める期間

(b)　第八八条C第二項中に定める固定期間

第八八条I　不定期間の届出要求からの解除：イングランド・ウェールズ地方及び北アイルランド地方

(1)　関係法律に基づいて、イングランド及びウェールズ地方又は北アイルランド地方の裁判所、人又は団体によって、本章の届出要求から解除された関係性犯罪者は、当該解除によって、スコットランド地方に適用される、本章の届出要求からも解除される。

(2)　前項中の「関係法律」(relevant legislation) とは、第八八条Aから第八八条Hまでの規定及び本条で定めた規定に相当する規定を定めた法律で、不定期の期間中、イングランド及びウェールズ地方、又は場合により、北アイルランド地方に適用される、本章の届出要求に服する関係犯罪者が、これらの届出要求から解除されることになる法律をいう。

第八九条　少年犯罪者：養育責任を有する者に対する指示

(1)　次の表のコラム一に該当する者（「当該少年犯罪者」(the young offender)）が一八歳未満（又はスコットランド地方においては一六歳未満）であった場合において、この者が、該当者に対置して、自己に適用されるこの表のコラム二中に定めた裁判所の許に居たときは、当該裁判所は、当該少年犯罪者のために養育責任を有する者（又はスコットランド地方においては、当該少年犯罪者に関して複数の養育責任を有する者）（「当該親権者」(the parent)）について、第二項の規定を適用する旨を指示することができる。

表

該当者	指示を行うことができる裁判所
第八〇条第一項a号からc号までの規定又は第八一条第一項a号からc号までの規定に該当する関係犯罪者	当該罪又は認定について当該犯罪者を取り扱う裁判所
第一二九条第一項a号からc号までの規定に該当する関係犯罪者	当該罪又は認定について当該犯罪者を取り扱う裁判所
届出命令、仮届出命令、性犯罪防止命令又は仮性犯罪防止命令の対象者となった者	当該命令を下す裁判所
第四項に基づく申立ての被告人（又はスコットランド地方において、第五項に基づく申立ての対象者）となった関係犯罪者	当該申立てを審理する裁判所

(2) 第二項の規定を適用するときは、次の各号の定めるところによる。

(a) 第八三条から第八六条までの規定によって、又はこれらの規定に基づいて（本項とは別に）当該少年犯罪者に課せられると思料される義務は、これに替えて、当該親権者に課せられる義務とみなすものとする。

(b) 届出が行われているときは、当該親権者は、当該少年犯罪者が自己と一緒に警察署へ出頭することを確保しなければならない。

(3) 第一項に基づく指示は、次の各号のいずれかの期間について直接効力を有し、かつ適用される。

(a) 当該少年犯罪者が一八歳（スコットランド地方の裁判所が指示を与えるときは一六歳）に達するまで

(b) 指示を与える時点に、当該裁判所が指示することができる、これより短い期間

期間中

(4) 警察局長は、次の各号の両者に該当する関係犯罪者（「当該被告人」（the defendant））について、マジストレート裁判所の委任地域の中に、警察局長の警察地域の一部が含まれている場合におけるマジストレート裁判所への不服申立てをもって、第一項に基づく指示を求める申立てを行うことができる。

(a) 警察局長の警察地域内に居住しているか、又は当該地域内に居るか、若しくは当該地域へ来る意思がある、と警察局長が確信している関係犯罪者（「当該被告人」）

(b) 一八歳未満であると警察局長が確信している関係犯罪者（「当該被告人」）

(5) スコットランド地方においては、県警察長は、次の各号の両者に該当する関係犯罪者（「当該対象者」（the subject））について、執行官の執行官管轄地域内に県警察長の警察地域の一部がある場合における執行官への略式の申立てをもって、第一項に基づく指示を求める申立てを行うことができる。

(a) 当該地域内に居住しているか、又は県警察長の警察地域内に居るか、若しくは当該地域へ来る意思がある、と県警察長が確信している関係犯罪者（「当該対象者」）

(b) 一六歳未満であると県警察長が確信している関係犯罪者（「当該対象者」）

第九〇条　養育責任を有する者に対する指

示：変更、更新及び取消し

(1) 第二項に該当する者は、権限を有する裁判所に対し、前条第一項に基づく指示を変更し、更新し、又は取り消す命令を求める申立てを行うことができる。

(2) 第二項に該当する者とは、次の各号に掲げる者をいう。

(a) 当該少年犯罪者

(b) 当該親権者

(c) 当該少年犯罪者が居住する地域の警察局長

(d) 当該少年犯罪者が警察局長の警察地域内に居るか、又は当該地域へ来る意思がある、と確信している警察局長

(e) スコットランド地方においては、権限を有する裁判所が民事裁判所である場合にあっては次に掲げる者、その他の場合にあっては検察官

(i) 当該少年犯罪者が居住する地域の県警察長

(ii) 当該少年犯罪者が県警察長の警察地域内に居るか、又は当該地域へ来る意思がある、と確信している県警察長

(f) 前条第四項に基づく申立てによって指示が行われたときは、当該申立てを行った警察局長

(g) 前条第五項に基づく申立てによって指示が行われたときは、当該申立てを行った県警察長

(3) 第一項に基づく申立ては、次の各号に掲げる方法で行うことができる。

(a) 権限を有する裁判所が刑事法院（スコットランド地方においては刑事裁判所）であったときは、裁判所準則に従って

(b) その他の場合にあっては、不服申立て（又はスコットランド地方においては略式の申立て）によって

(4) 当該裁判所は、当該申立てによって、当該申立てを行った者及び（審問を受けることを希望した場合において）第二項に掲げたその他の者を審問した後に、自己が適切と思料する、当該指示を変更し、更新し、又は取り消す命令を下すことができる。

(5) 本条中の「権限を有する裁判所」（appropriate court）とは、次の各号に掲げる裁判所をいう。

(a) 控訴院が当該命令を下したときは、刑事法院

(b) その他の事案にあっては、第八九条第一項に基づく指示を行った裁判所

第九一条　届出に関係する罪［イングランド・ウェールズ・北アイルランド地方に適用］

(1) ある者が、次の各号のいずれかに該当したときは、この者は、罪を犯したものとする。

(a) ある者が、合理的な免責事由なくして、第八三条第一項、第八四条第一項、第八四条第四項b号、第八五条第一項、第八七条第四項若しくは第八九条第二項b号の規定を遵守せず、又は第八六条第一項に基づいて定めた規則で課した要求を遵守しなかったとき

(b) ある者が、第八三条第一項、第八四条第一項若しくは第八五条第一項の規定を遵守すると表明して、又は第八六条第一項に基づいて定めた規則で課した要求を遵守すると表明して、自己が虚偽であることを知っている情報を警察へ届け出たとき

(2) 本条に基づく罪により有罪となった者は、次の各号の定めるところによる。

(a) 略式起訴に基づく有罪宣告により、六か月以下の拘禁若しくは法定上限以下の罰金に処し、又は両者を併科する。

(b) 正式起訴に基づく有罪宣告により、五年以下の拘禁に処する。

(3) ある者が、合理的な免責事由なくして、第八三条第一項、第八四条第一項若しくは第八五条第一項の規定を最初に遵守しなかった日、又は第八六条第一項に基づいて定めた規則で課した要求を最初に遵守しなかった日に、この者は、第一項a号に基づく罪を犯したものとし、この不遵守が継続している期間中、その罪の犯行が続行しているものとするが、同一の不遵守について一回を超えて、第一項に基づく訴追を受けてはならない。

(4) 本条に基づく罪に対する手続は、当該罪の告発を受けた者が居住し、又は発見された場所の管轄権を有するすべての裁判所で開始することができる。

第九一条　届出に関係する罪　[スコットランド地方に適用]

(1) ある者が、次の各号のいずれかに該当したときは、この者は、罪を犯したものとする。

(a) ある者が、合理的な免責事由なくして、第八三条第一項、第八四条第一項、第八四条第四項b号、第八五条第一項、第八七条第四項 [第八七条第五項A]（二〇〇六年警察、公共の秩序及び刑事司法（スコットランド）法（法律第一〇号）[asp 10] 第七七条第九項により、下線部を括弧内の文言に読み替える）[スコットランド地方に適用] [若しくは第五項B]（二〇〇六年警察、公共の秩序及び刑事司法（スコットランド）法（法律第一〇号）[asp 10] 第七八条第八項により、括弧内の文言を加える）[スコットランド地方に適用] 若しくは第八九条第二項b号の規定を遵守せず、又は第八六条第一項に基づいて定めた規則で課した要求を遵守しなかったとき

【a号を改める】

(a) ある者が、合理的な免責事由なくして、第八三条第一項、第八四条第一項、第八四条第四項b号、第八五条第一項、[第八七条第五項A若しくは第五項B] [スコットランド地方に適用] 若しくは第八九条第二項b号の規定を遵守せず、又は第八六条第一項に基づいて定めた規則で課した要求を遵守しなかったとき

(b) ある者が、第八三条第一項、第八四条第一項若しくは第八五条第一項の規定を遵守すると表明して、又は第八六条第一項に基づいて定めた規則で課した要求を遵守すると表明して、自己が虚偽であることを知っている情報を警察へ届け出たとき

(2) 本条に基づく罪により有罪となった者は、次の各号の定めるところによる。

(a) 略式起訴に基づく有罪宣告により、六か月以下の拘禁若しくは法定上限以下の罰金に処し、又は両者を併科する。

(b) 正式起訴に基づく有罪宣告により、五年以下の拘禁に処する。

(3) ある者が、合理的な免責事由なくして、第八三条第一項、第八四条第一項若しくは第八五条第一項の規定を最初に遵守しなかった日、又は第八六条第一項に基づいて定めた規則で課した要求を最初に遵守しなかった日に、この者は、第一項a号に基づく罪を犯したものとし、この不遵守が継続している期間中、その罪の犯行が続行しているものとするが、同一の不遵守について一回を超えて、第一項に基づく訴追を受けてはならない。

(4) 本条に基づく罪に対する手続は、当該罪の告発を受けた者が居住し、又は発見

された場所の管轄権を有するすべての裁判所で開始することができる。（二〇〇五年犯罪者管理等（スコットランド）法（法律第一四号）［asp 14］第一八条により、第四項の文言を読み替える）［スコットランド地方に適用］

【第四項を改める】［スコットランド地方に適用］

(4)　本条に基づく罪に対する手続は、次の各項のいずれかに掲げる裁判所において開始することができる。

(a)　次のいずれかに該当する場所を管轄する裁判所

(i)　当該被告人が居住する場所

(ii)　当該被告人が居住していたことが最後に知られた場所

(iii)　当該被告人が発見された場所

(b)　当該被告人が有罪宣告により本章の届出要求に服する場合において、当該罪により、当該被告人に有罪を宣告した裁判所

(c)　当該被告人が第一〇四条第一項b号に基づく命令により届出要求に服する場合において、当該被告人について、当該命令を下した裁判所

【第九一条［スコットランド地方に適用］の新正文は次のとおり】

第九一条　届出に関係する罪［スコットランド地方に適用］

(1)　ある者が、次の各号のいずれかに該当したときは、この者は、罪を犯したものとする。

(a)　ある者が、合理的な免責事由なくして、第八三条第一項、第八四条第一項、第八四条第四項b号、第八五条第一項、第八七条第五項A若しくは第五項B若しくは第八九条第二項b号の規定を遵守せず、又は第八六条第一項に基づいて定めた規則で課した要求を遵守しなかったとき

(b)　ある者が、第八三条第一項、第八四条第一項若しくは第八五条第一項の規定を遵守すると表明して、又は第八六条第一項に基づいて定めた規則で課した要求を遵守すると表明して、自己が虚偽であることを知っている情報を警察へ届け出たとき

(2)　本条に基づく罪により有罪となった者は、次の各号の定めるところによる。

(a)　略式起訴に基づく有罪宣告により、六か月以下の拘禁若しくは法定上限以下の罰金に処し、又は両者を併科する。

(b)　正式起訴に基づく有罪宣告により、五年以下の拘禁に処する。

(3)　ある者が、合理的な免責事由なくして、第八三条第一項、第八四条第一項若しくは第八五条第一項の規定を最初に遵守しなかった日、又は第八六条第一項に基づいて定めた規則で課した要求を最初に遵守しなかった日に、この者は、第一項a号に基づく罪を犯したものとし、この不遵守が継続している期間中、その罪の犯行が続行しているものとするが、同一の不遵守について一回を超えて、第一項に基づく訴追を受けてはならない。

(4)　本条に基づく罪に対する手続は、次の各項のいずれかに掲げる裁判所において開始することができる。

(a)　次のいずれかに該当する場所を管轄する裁判所

(i)　当該被告人が居住する場所

(ii)　当該被告人が居住していたことが最後に知られた場所

(iii)　当該被告人が発見された場所

(b)　当該被告人が有罪宣告により本章

の届出要求に服する場合において、当該罪により、当該被告人に有罪を宣告した裁判所

(c)　当該被告人が第一〇四条第一項b号に基づく命令により届出要求に服する場合において、当該被告人について、当該命令を下した裁判所

第九二条　第二章の適用上の証明

(1)　ある日に、ある者が、次の各号のいずれかに該当したときは、第二項の規定を適用する。

(a)　この者が、附則三中に列挙した罪により有罪宣告を受けたとき

(b)　この者が、責任無能力により、当該罪について無罪と認定されたとき

(c)　この者が、行為無能力の状態にあって、当該罪についてこの者が告発を受けた行為を行ったと認定されたとき

(2)　この者に有罪を宣告し、又は認定した裁判所が、次の各号の両者を行ったときは、本章の適用上、その証明は、これらの事実の証拠（スコットランド地方においては十分な証拠）とする。

(a)　次の両者を公開の法廷で表明したとき

(i)　この者が、その日に、有罪宣告を受けたこと、責任無能力による無罪の認定を受けたこと又は行為無能力の状態にあって、当該罪についてこの者が告発を受けた行為を行ったと認定されたこと

(ii)　関係犯罪が、附則三中に列挙した罪であること

(b)　当該時点であると、その後であるとを問わず、これらの事実を証明したとき

(3)　ある日に、ある者が、イングランド及びウェールズ地方又は北アイルランド地方で、附則三中に列挙した罪について注意を受けたときは、第四項の規定を適用する。

(4)　次の各号の両者に該当したときは、本章の適用上、その証明は、これらの事実の証拠（スコットランド地方においては十分な証拠）とする。

(a)　この者が、その日に注意を受けたこと、及び当該犯罪が附則三中に列挙した罪であることを、警察官が本人に通知したとき

(b)　当該時点であると、その後であるとを問わず、主務大臣が命令で定めることができる書式で、警察官がこれらの事実を証明したとき

第九三条　同性愛の罪の廃止

附則四の規定（同性愛の罪の廃止により届出要求を終止するための手続）が、効力を有する。

確認のための情報

第九四条　第二章：主務大臣等に対する確認のための情報の提供

(1)　本条の規定は、次の各号のいずれかに基づいて警察へ届け出た情報に適用する。

(a)　第八三条、第八四条又は第八五条

(b)　一九九七年性犯罪者法（法律第五一号）[c.51]　第二条第一項から第三項までの規定

(2)　第三項に該当する者は、本章に基づく罪の防止、探知、調査又は訴追のために、次の各号のいずれかに掲げる者に対し、本条の規定が適用される情報を確認する用途のために使用する目的で、当該情報を提供することができる。

(a)　主務大臣

（二〇〇八年児童支援（派生的規定）（第二）規則（法律的文書第二六五六号）[S.I.2008/2656]　第三条第二項a号・iに

より、aa号を加える）

【aa号を加える】

(aa)　児童扶養・強化委員会

(b)　北アイルランド省

(c)　関係職務の執行に関連して、主務大臣［、児童扶養・強化委員会］（二〇〇八年児童支援（派生的規定）（第二）規則（法律的文書第二六五六号）［S.I.2008/2656］第三条第二項a号iiにより、括弧内の文言を加える）又は北アイルランド省へ役務を提供する者

【c号を改める】

(c)　関係職務の執行に関連して、主務大臣、児童扶養・強化委員会又は北アイルランド省へ役務を提供する者

(3)　第三項に該当する者とは、次の各号に掲げる者をいう。

(a)　警察局長（a chief officer of police）（スコットランド地方においては県警察長（a chief constable））

(b)　警察情報技術機構（the Police Information Technology Organization）［全国警備改善庁（National Policing Improvement Agency)］（二〇〇六年警察及び司法法（法律第四八号）［c.48］附則一第九〇条により、b号の文言を読み替える）

【b号を改める】

(b)　全国警備改善庁（National Policing Improvemet Agency）

(c)　国家刑事情報局長官（the Director General of the National Criminal Intelligence Service）

(d)　国家犯罪対策班長官（the Director General of the National Crime Squad）

（二〇〇五年重大組織犯罪及び警察法（法律第一五号）［c.15］附則四第一九四条により、c号とd号を次のc号に読み替える）

【c号とd号を次のc号に改める】

(c)　重大組織犯罪庁（the Serious Organised Crime Agency）

(4)　第二項に基づいてある者に提供される情報に関して、情報を確認するとは、次の各号の両者をいう。

(a)　当該情報を次のいずれかに掲げる情報と比較して、その正確性をチェックすること

(i)　この者が主務大臣［、児童扶養・強化委員会］（二〇〇八年児童支援（派生的規定）（第二）規則（法律的文書第二六五六号）［S.I.2008/2656］第三条第二項b号により、括弧内の文言を加える）又は北アイルランド省であるときは、関係職務の執行に関連して、主務大臣［、児童扶養・強化委員会］（二〇〇八年児童支援（派生的規定）（第二）規則（法律的文書第二六五六号）［S.I.2008/2656］第三条第二項b号により、括弧内の文言を加える）又は北アイルランド省が保持する情報

【iを改める】

(i)　この者が主務大臣、児童扶養・強化委員会又は北アイルランド省であるときは、関係職務の執行に関連して、主務大臣、児童扶養・強化委員会又は北アイルランド省が保持する情報

(ii)　この者が第二項c号に該当するときは、同号に定めた役務の提供に関連して、この者が保持する情報

(b)　その比較報告書を作成すること

(5) 第六項に従うことを条件にして、本条に基づく情報の提供は、（任意であると、強制であるとを問わず）情報の開示に関する制限に違反しないものとみなすものとする。

(6) 本条は、一九九八年データ保護法（法律第二九号）[c.29] に違反する何らかの行為を行うことを許可するものではない。

(7) 本条は、本条とは別に存在する情報提供権限に影響を及ぼさない。

(8) 本条において

「北アイルランド省」（North Ireland Department）とは、雇用及び学習省、環境省又は社会開発省をいう。

「関係職務」（relevant function）とは、次の各号に掲げる職務をいう。

(a) 社会的安全、児童支援、雇用又は訓練に関係する職務

（二〇〇八年児童支援（派生的規定）（第二）規則（法律的文書第二六五六号）[S.I.2008/ 2656] 第三条第二項ｃにより、aa号を加える）

【aa号を加える】

(aa) 児童扶養・強化委員会に関して、当該委員会の職務

(b) 旅券に関係する職務

(c) 一九八八年道路交通法（法律第五二号）[c.52] 第三章又は一九八一年道路交通（北アイルランド）命令（法律的文書第一五四号）[S.I.1981/154 (N.I.1)] 第二章に基づく職務

【第九四条の新正文は次のとおり】

第九四条　第二章：主務大臣等に対する確認のための情報の提供

(1) 本条の規定は、次の各号のいずれかに基づいて警察へ届け出た情報に適用する。

(a) 第八三条、第八四条又は第八五条

(b) 一九九七年性犯罪者法（法律第五一号）[c.51] 第二条第一項から第三項までの規定

(2) 第三項に該当する者に対し、本章に基づく罪の防止、探知、調査又は訴追のために、次の各号のいずれかに掲げる者が、本条の規定を適用する情報を確認する用途のために使用する目的で、当該情報を提供することができる。

(a) 主務大臣

(aa) 児童扶養・強化委員会

(b) 北アイルランド省

(c) 関係職務の執行に関連して、主務大臣、児童扶養・強化委員会又は北アイルランド省へ役務を提供する者

(3) 第三項に該当する者とは、次の各号に掲げる者をいう。

(a) 警察局長（a chief officer of police）（スコットランド地方においては県警察長（a chief constable））

(b) 全国警備改善庁（National Policing Improvemet Agency）

(c) 重大組織犯罪庁（the Serious Organised Crime Agency）

(4) 第二項に基づいてある者に提供される情報に関して、情報を確認するとは、次の各号の両者をいう。

(a) 当該情報を次のいずれかに掲げる情報と比較して、その正確性をチェックすること

(i) この者が主務大臣、児童扶養・強化委員会又は北アイルランド省であるときは、関係職務の執行に関連して、主務大臣、児童扶養・強化委員会又は北アイルランド省が保持する情報

(ii) この者が第二項c号に該当するときは、同号に定めた役務の提供に関連して、この者が保持する情報

(b) その比較報告書を作成すること

(5) 第六項に従うことを条件にして、本条に基づく情報の提供は、（任意であると、強制であるとを問わず）情報の開示に関する制限に違反しないものとみなすものとする。

(6) 本条は、一九九八年データ保護法（法律第二九号）[c.29] に違反する何らかの行為を行うことを許可するものではない。

(7) 本条は、本条とは別に存在する情報提供権限に影響を及ぼさない。

(8) 本条において

「北アイルランド省」（North Ireland Department）とは、雇用及び学習省、環境省又は社会開発省をいう。

「関係職務」（relevant function）とは、次の各号に掲げる職務をいう。

(a) 社会的安全、児童支援、雇用又は訓練に関係する職務

(aa) 児童扶養・強化委員会に関して、当該委員会の職務

(b) 旅券に関係する職務

(c) 一九八八年道路交通法（法律第五二号）[c.52] 第三章又は一九八一年道路交通（北アイルランド）命令（法律的文書第一五四号）[S.I.1981/154 (N.I.1)] 第二章に基づく職務

第九五条　第二章：主務大臣等による情報の提供

(1) 前条に基づいて作成した報告書は、次の各号のいずれかに掲げた者が、第二項に該当する者へ提供することができる。

(a) 主務大臣

（二〇〇八年児童支援（派生的規定）（第二）規則（法律的文書第二六五六号）[S.I.2008/2656] 第三条第三項a号により、aa号を加える）

【aa号を加える】

(aa) 児童扶養・強化委員会

(b) 北アイルランド省

(c) 前条第二項c号に該当する者

(2) 第二項に該当する者とは、次の各号に掲げた者をいう。

(a) 警察局長（a chief officer of police）（スコットランド地方においては県警察長（a chief constable））

(b) 国家刑事情報局長官（the Director General of the National Criminal Intelligence Service）

(c) 国家犯罪対策班長官（the Director General of the National Crime Squad）

（二〇〇五年重大組織犯罪及び警察法（法律第一五号）[c.15] 附則四第一九五条により、b号とc号を次のb号に読み替える）

【b号とc号を次のb号に改める】

(b) 重大組織犯罪庁（the Serious Organised Crime Agency）

(3) 当該報告書の中に、次の各号のいずれかに掲げる情報を含めることができる。

(a) 関係職務の執行に関連して、主務大臣［、児童扶養・強化委員会］（二〇〇八年児童支援（派生的規定）（第二）規則 [S.I.2008/2656] 第三条第三項b号により、括弧内の文言を加える）又は北アイルランド省が保持する情報

【a号を改める】

(a) 関係職務の執行に関連して、主務大臣、児童扶養・強化委員会又は北アイルランド省が保持する情報

(b) 前条第二項c号に定めた役務の提供に関連して、同号に該当する者が保持する情報

(4) 当該情報の中に前項に該当する情報が含まれていたときは、情報の提供を受けた、第二項に該当する者は、次の各号に定める事項を行うことができる。

(a) 本章に基づく罪の防止、探知、調査又は訴追のために使用すると否とを問わず、当該情報を保有すること

(b) 他の目的のためではなく、(本章に基づくと否とを問わず) 罪の防止、探知、調査又は訴追に関係する目的のために、当該情報を使用すること

(5) 前条第五項から第八項までの規定は、第九四条に関して適用すると同様に、本条に関して適用する。

【第九五条の新正文は次のとおり】

第九五条　第二章：主務大臣等による情報の提供

(1) 前条に基づいて作成した報告書は、次の各号のいずれかに掲げた者が、第二項に該当する者へ提供することができる。

(a) 主務大臣

(aa) 児童扶養・強化委員会

(b) 北アイルランド省

(c) 前条第二項c号に該当する者

(2) 第二項に該当する者とは、次の各号に掲げた者をいう。

(a) 警察局長 (a chief officer of police) (スコットランド地方においては県警察長 (a chief constable))

(b) 重大組織犯罪庁 (the Serious Organised Crime Agency)

(3) 当該報告書の中に、次の各号のいずれかに掲げる情報を含めることができる。

(a) 関係職務の執行に関連して、主務大臣、児童扶養・強化委員会又は北アイルランド省が保持する情報

(b) 前条第二項c号に定めた役務の提供に関連して、同号に該当する者が保持する情報

(4) 当該情報の中に前項に該当する情報が含まれていたときは、情報の提供を受けた、第二項に該当する者は、次の各号に定める事項を行うことができる。

(a) 本章に基づく罪の防止、探知、調査又は訴追のために使用すると否とを問わず、当該情報を保有すること

(b) 他の目的のためではなく、(本章に基づくと否とを問わず) 罪の防止、探知、調査又は訴追に関係する目的のために、当該情報を使用すること

(5) 前条第五項から第八項までの規定は、第九四条に関して適用すると同様に、本条に関して適用する。

釈放又は移送についての情報

第九六条　釈放又は移送についての情報

(1) 本条の規定は、拘禁刑若しくは兵役収容期間を服役している関係犯罪者又は病院に収容されている関係犯罪者に適用する。

(2) 主務大臣は、規則をもって、当該犯罪者のために責任を有する者が当該規則で定めた者に対し、当該犯罪者が釈放される機会又は異なる者が当該犯罪者のための責任者となる機会を通知するように要求する規定を定めることができる。

(二〇〇六年警察、公共の秩序及び刑事司法(スコットランド)法(法律第一〇

号）［asp 10］第七九条第二項により、第二項Aと第二項Bを加える）［スコットランド地方に適用］

【第二項Aと第二項Bを加える】［スコットランド地方に適用］

(2A)　主務大臣は、当該規則をもって、犯罪者のために責任を有する者に対し、当該規則に基づいて通知するに当たって、次のいずれかを提供するように要求する規則を定めることができる。［スコットランド地方に適用］

(a)　当該犯罪者についての情報

(b)　当該犯罪者の各部の写真撮影

(2B)　前項中の「写真撮影」(photograph)は、第八八条第二項に従って解釈するものとする。［スコットランド地方に適用］

(3)　主務大臣は、当該規則をもって、本条の適用上、誰が犯罪者のために責任を有するとみなされるかを決定するための規定を定めることができる。

（二〇〇六年警察、公共の秩序及び刑事司法（スコットランド）法［法律第一〇号］［asp 10］第七九条第三項により、第四項を加える）［スコットランド地方に適用］

【第四項を加える】［スコットランド地方に適用］

(4)　主務大臣は、当該規則をもって、異なる目的のために異なる規定を定めることができる。

（二〇一〇年刑事司法及び許可（スコットランド）法（法律第一三号）［asp 13］第一〇二条第五項により、第四項の文言を削る）［スコットランド地方に適用］

【第四項の文言を削る】［スコットランド地方に適用］

(4)　削除［スコットランド地方に適用］

【第九六条の新正文は次のとおり】

第九六条　釈放又は移送についての情報

(1)　本条の規定は、拘禁刑若しくは軍事収容期間を服役している関係犯罪者又は病院に収容されている関係犯罪者に適用する。

(2)　主務大臣は、規則をもって、当該犯罪者のために責任を有する者が当該規則で定めた者に対し、当該犯罪者が釈放される機会又は異なる者が当該犯罪者のための責任者となる機会を通知するように要求する規定を定めることができる。

(2A)　主務大臣は、当該規則をもって、犯罪者のために責任を有する者に対し、当該規則に基づいて通知するに当たって、次のいずれかを提供するように要求する規則を定めることができる。［スコットランド地方に適用］

(a)　当該犯罪者についての情報

(b)　当該犯罪者の各部の写真撮影

(2B)　前項中の「写真撮影」(photograph)は、第八八条第二項に従って解釈するものとする。［スコットランド地方に適用］

(3)　主務大臣は、当該規則をもって、本条の適用上、誰が犯罪者のために責任を有するとみなされるかを決定するための規定を定めることができる。

(4)　削除［スコットランド地方に適用］

（二〇〇六年警察、公共の秩序及び刑事司法（スコットランド）法（法律第一〇号）［asp 10］第八〇条により、第九六条Aを加える）［スコットランド地方に

適用〕

【第九六条Aを加える】〔スコットランド地方に適用〕

第九六条A　ホーム住所への立入り及び当該住所の調査

関係する犯罪者のホーム住所へ立ち入り、当該住所を調査する警察権限

(1)　執行官が、関係する強制力を有している上級警察官の申立てにより、第二項中に掲げる事項に関して確信したときは、当該執行官は、第三項中に定める目的のために、関係する強制力を有している警察官に対し、(必要に応じて、合理的な強制力を用いて)執行官の管轄地域内にある敷地へ立ち入り、当該敷地及びその中にある物を調査し、捜索する権限を与える令状を付与することができる。

(2)　第二項中に掲げる事項とは、次の各号に掲げる事項をいう。

(a)　当該敷地が、次のいずれかであること

(i)　本章に基づく関係犯罪者のホーム住所の直近の届出中に、本人のホーム住所として、関係犯罪者が住所を届け出た敷地

(ii)　第八三条第一項若しくは第八五条第一項に基づく関係犯罪者の直近の届出中に、関係犯罪者が定期的に居住若しくは滞在するその他の敷地の住所として、関係犯罪者が住所を届け出た敷地

(b)　当該犯罪者が、第四項の規定が適用されない犯罪者であること

(c)　関係する強制力を有している警察官が、当該敷地及びその中にある物を調査し、捜索することが、第三項中に定める目的の実施を支援するものであること

(d)　一回を超えて、関係する強制力を有している警察官が、第三項中に定める目的のために、当該敷地及びその中にある物を調査し、捜索しようとして、(当該敷地及びその中にある物の調査・捜索が可能であるか否かを問わず、又は当該敷地への立入りが可能であるか否かを問わず)それをすることができなかったこと

(3)　第三項中に定める目的は、当該犯罪者が性犯罪を犯す危険を評価することとする。

(4)　第四項の規定が適用されない犯罪者とは、次の各号のいずれかに該当しない者をいう。

(a)　裁判所命令によって再勾留されているか、又は勾留に付されている者

(b)　拘禁刑又は兵役収容期間に服している者

(c)　病院に収容されている者

(d)　連合王国外に居る者

(5)　執行官は、関係犯罪者又は敷地に利害関係を有するその他の者からの意見を聴取することなく、第一項に基づく令状を求める申立てを決定するものとする。

(6)　第一項に基づく令状によって、当該令状が関係している敷地内の何らかの物を押収する権限は付与されない。

(7)　第一項に基づく令状は、合理的な時間に執行されなければならない。

(8)　第一項に基づく令状は、当該令状の付与日から起算して一か月の期間が満了するまで、引き続き効力を有する。

(9)　第一項に基づく令状によって、一回に限って、立入りの権限が付与される。

(10)　本条は、他の立入り、調査、捜索又は押収の権限を損なわない。

(11) 本条において

「関係する強制力」(the relevant force) とは、当該敷地が置かれている地域のために維持される警察の強制力をいう。

「上級警察官」(senior police officer) とは、警視以上の階級にある警察官をいう。

「性犯罪」(sexual offence) とは、次に掲げる罪のいずれかをいう。

(a) 附則三第三六条から第五九条Cまでの規定に該当する罪

(b) その他の罪に関して、同附則第六〇条中に定める決定が下される可能性がある状況における、その他の罪

(二〇〇六年暴力犯罪削減法（法律第三八号）[c.38] 第五八条第一項により、見出しと第九六条Bを加える）[イングランド・ウェールズ・北アイルランド地方に適用]

【見出しと第九六条Bを加える】［イングランド・ウェールズ・北アイルランド地方に適用］

ホーム住所への立入り及び当該住所の捜索

第九六条B　関係犯罪者のホーム住所へ立ち入り、当該住所を捜索する権限

(1) 関係する強制力を有している上級警察官が行った申立てにより、敷地に関して第二項中の要件を具備している、と治安判事が確信したときは、当該治安判事は、当該強制力を有している警察官に対し、次の各号に掲げる権限を付与する令状を発付することができる。

(a) 当該令状が関係している関係犯罪者が提示する危険を評価するために、当該敷地へ立ち入る権限

(b) 当該目的のために、当該敷地を捜索する権限

(2) 第二項中の要件とは、次の各号に掲げる事項をいう。

(a) 当該申立て中に定める各一連の敷地の住所が、第三項に該当する住所であること

(b) 関係犯罪者が、第四項の規定が適用されない者であること

(c) 第一項a号中に定める目的のために、警察官が当該敷地へ立ち入り、捜索することが必要であること

(d) 警察官が、少なくとも二回、当該目的で当該敷地を捜索するために当該敷地への立入りを求めて、当該目的のために立ち入ることができなかったこと

(3) 次の各号のいずれかに該当するときは、当該住所は、第三項に該当する住所とする。

(a) 当該住所が、関係犯罪者のホーム住所として、関係犯罪者が、本章に従って、最後に届け出た住所であること

(b) 関係犯罪者が同所に居住しているか、又は定期的に同所で関係犯罪者を発見することができると確信するべき合理的な理由があること

(4) 第四項の規定が適用されない犯罪者とは、次の各号のいずれかに該当しない者をいう。

(a) 裁判所命令によって再勾留されているか、又は勾留に付されている者

(b) 拘禁刑又は兵役収容期間に服している者

(c) 病院に収容されている者

(d) 連合王国外に居る者

(5) 本条に基づいて発付される令状には、当該令状が関係している一以上の一連

の敷地が記載されていなければならない。

(6) 令状を執行する警察官は、当該敷地へ立ち入り、当該敷地を捜索するために必要であるときは、当該令状をもって、合理的な強制力を行使することができる。

(7) 申立てにより、第一項a号に定める目的を達成するために、複数の立入りを許可することが必要である、と治安判事が確信したときは、警察官は、当該令状によって、一回を超えて、当該敷地へ立ち入り、当該敷地を捜索することができる。

(8) 本条に基づいて発付される令状をもって、複数の立入りが許可されたときは、許可される立入りの回数は、無制限又は上限までとすることができる。

(9) 本条において、当該令状が関係している関係犯罪者とは、次のいずれかに該当する関係犯罪者とする。

(a) 本章に従って、当該令状中に定めた敷地が本人のホーム住所である、と警察へ届け出た関係犯罪者

(b) 本人が同所に居住しているか、又は定期的に同所で本人を発見することができると確信するべき合理的な理由がある関係犯罪者

(10) 本条において

「関係する強制力」(the relevant force)とは、当該申立てが行われた敷地又は当該令状が発付された敷地が置かれている警察地域のために維持される警察の強制力をいう。

「上級警察官」(senior police officer)とは、警視以上の階級にある警察官をいう。

届出命令

第九七条　届出命令：申立て及び理由

(1) ある者(「当該被告人」(the defendant))について、次の各号の両者に該当したときは、警察局長は、マジストレート裁判所の委任地域の中に警察局長の警察地域の一部が含まれている場合におけるマジストレート裁判所への不服申立てをもって、本条に基づく命令(「届出命令」(notification order))を求める申立てを行うことができる。

(a) 警察局長が、当該被告人について、次の三条件を具備していると認めたとき

(b) 当該被告人が警察局長の警察地域内に居住しているか、又は当該被告人が警察局長の警察地域内に居るか、若しくは当該地域へ来る意思がある、と警察局長が確信しているとき

(2) 第一の条件は、連合王国外の国で効力を有する法律に基づいて、次の各号のいずれかに該当することとする。

(a) 当該被告人が関係犯罪により有罪宣告を受けたこと(本人がそれによって処罰されたか否かを問わない)

(b) 当該法律に基づいて裁判権を行使する裁判所が、関係犯罪について、当該被告人に責任無能力により無罪とする認定に等しい認定を行ったこと

(c) 当該裁判所が、関係犯罪について、被告人が行為無能力の状態にあって、当該犯罪についてこの者が告発を受けた行為を行ったとの認定に等しい認定を行ったこと

(d) 当該被告人が、関係犯罪について注意を受けたこと

(3) 第二の条件は、次の各号のいずれかに該当することとする。

(a) 一九九七年九月一日以後に行われた有罪宣告、認定又は注意により、第一

の条件を具備したこと

(b) 当該日前に行われた有罪宣告、認定又は注意により、第一の条件を具備したが、この者が当該罪又は認定について、当該日以後に取扱いを受けたこと、又は取扱いを受けなければならないこと

(c) 当該日前に行われた有罪宣告、認定又は注意により、第一の条件を具備したが、その日に、この者が当該罪又は認定について、（第八一条第六項及び第一三一条で読まれている）第八一条第三項中に定めた事項に等しい収容、指導監督その他の処分に関する、当該国で効力を有する法律のもとに服したこと

(4) 第三の条件は、（第九八条第二項及び第三項で変更した）第八二条に定めた期間が、関係犯罪についてまだ満了していないこととする。

(5) 当該申立てにより、第二項から前項までの規定中の条件を具備したことが立証されたときは、当該裁判所は、届出命令を下さなければならない。

(6) 本条及び第九八条中の「関係犯罪」(relevant offence) は、第九九条によって付与された意味を有する。

第九八条　届出命令：効力

(1) 届出命令を下したときは、次の各号の定めるところによる。

(a) 当該命令に関係する有罪宣告、認定又は注意について、当該被告人への本章の適用は、次に定める変更に従うものとする。

(b) これらの変更に従うことを条件にして、当該被告人は、第八二条中に定める届出続行期間中、本章の届出要求に服するか、又は（場合により）引き続き届出要求に服するものとする。

(2) 「関係日」(relevant date) とは、次の各号に定める日をいう。

(a) 第九七条第二項a号に該当する者の事案にあっては、有罪宣告日

(b) 第九七条第二項b号又はc号に該当する者の事案にあっては、認定日

(c) 第九七条第二項d号に該当する者の事案にあっては、注意日

(3) 第八二条において

(a) 表中にある場合を除いて、第八〇条の規定に該当する者（又は関係犯罪者）は、当該被告人と読むものとする。

(b) 表中の第八〇条第一項b号は、第九七条第二項b号と読むものとする。

(c) あらゆる記載の命令は、届出命令を下すことになった罪又は認定について、当該被告人に関して行った対応する処分と読むものとする。

(d) 附則三中に列挙した罪は、関係犯罪と読むものとする。

(4) 第八三条及び第八五条中の本章の施行は、届出命令の送達日と読むものとする。

第九九条　第九七条及び第九八条：関係犯罪

(1) 第九七条及び第九八条中の「関係犯罪」(relevant offence) とは、次の各号の両者に該当する行為をいう。

(a) 関係国で効力を有する法律に基づく罪を構成する行為

(b) 連合王国の一部で行われたとすれば、附則三中（第六〇条を除く）に列挙した罪を構成したと思料される行為

(2) 連合王国外の国で効力を有する法律に基づいて処罰することができる行為は、当該法律中の記載の如何を問わず、第一項の適用上、当該法律に基づく罪を構成するものとする。

(3) 裁判所準則で定めることができる日以前に、当該被告人が次の各号のすべてに

該当する通知書を当該申立て人に送達しなかったときは、第四項に従うことを条件にして、届出命令を求める申立てによって、第一項b号中の条件が具備されたものとみなすものとする。

(a) 関係行為について申立てを受けた事実により、自己の見解において当該条件が具備されていないことを表明する通知書

(b) 当該見解に対する自己の理由を証明する通知書

(c) 当該申立て人に対し、当該条件が具備されていることを立証するように要求する通知書

(4) 当該裁判所が適切と思料したときは、当該裁判所は、当該申立て人に対し、前項に基づく通知書の送達なくして、当該条件が具備されていることを立証するように要求することを、当該被告人に許可することができる。

第一〇〇条　仮届出命令

(1) 届出命令を求める申立て（「主たる申立て」（the main application））が決定されなかったときは、本条の規定を適用する。

(2) 本条に基づく命令（「仮届出命令」（an interim notification order））を求める申立ては、次の各号のいずれかの定めるところによる。

(a) 主たる申立てを含む不服申立ての中で行うことができる。

(b) 主たる申立てが行われたときは、当該申立てを行った者が、当該申立てを受けた裁判所への不服申立てをもって行うことができる。

(3) 当該裁判所が適切と思料したときは、当該裁判所は、仮届出命令を下すことができる。

(4) 仮届出命令は、次の各号の定めるところによる。

(a) 当該命令中に定める確定期間中に限って、効力を有する。

(b) 仮届出命令がまだ失効していないときは、当該命令は、主たる申立ての決定によって効力を失う。

(5) 仮届出命令が効力を有している間は、次の各号の定めるところによる。

(a) 当該被告人は、本章の届出要求に服する。

(b) 本章の規定は、第六項中に定める変更に従うことを条件にして、当該被告人に適用する。

(6) 「関係日」（relevant date）とは、当該命令の送達日をいう。

(7) 当該申立て人又は当該被告人は、不服申立てをもって、仮届出命令を下した裁判所に対し、当該命令の変更、更新又は取消しを求める申立てを行うことができる。

第一〇一条　届出命令及び仮届出命令：上訴

被告人は、届出命令又は仮届出命令に対し、刑事法院へ上訴することができる。

第一〇二条　届出命令及び仮届出命令に関する上訴：スコットランド地方

スコットランド地方において

(a) 届出命令又は仮届出命令を許可又は拒否する中間判決は、上訴可能な中間判決とする。

(b) 当該命令を許可した中間判決に対し上訴が提起されたときは、当該命令は、当該命令を変更又は撤回する裁判所の権限を損なうことなく、当該上訴を処理するまでの間、引き続き効力を有する。

第一〇三条　第九七条から第一〇〇条までの規定：スコットランド地方

(1) 第九七条から第一〇〇条までの規定は、

次の各号に掲げる変更を伴って、スコットランド地方に適用する。

(a)　「警察局長」(a chief of police) 及び「その警察地域」(his police area) は、それぞれ、「県警察長」(a chief constable) 及び「その警察地域」(the area of his police force) と読むものとする。

(b)　当該被告人は、当該命令が求められる対象者又は当該命令が効力を有する対象者と読むものとする。

(c)　届出命令又は仮届出命令を求める申立ては、執行官の執行官管轄地域内に申立て人の警察地域の一部がある場合における執行官への略式の申立てをもって行う(「当該裁判所」(the court) は、これに応じて解釈するものとする)。

(2)　証拠の記録は、前項c号によって行う略式の申立てによって保存するものとする。

(3)　本項により届出命令又は仮届出命令の発令、変更、更新又は取消しを行った裁判所の書記官は、場合により、次の各号のいずれかの写しを、当該命令中に記名された者に提示させ、又は書留若しくは簡易書留速達によってこの者に送付させるものとする(郵便局が発行して、送付された写しの書留の受領書又は証明書は、当該受領書中又は証明書中に記載した日に当該写しを配達した旨の十分な証拠とする)。

(a)　発令、変更又は更新された命令

(b)　取消しの効力を有する中間判決

性犯罪防止命令

第一〇四条　性犯罪防止命令：申立て及び理由

(1)　ある者(「当該被告人」(the defendant)) に第二項から第四項までの規定を適用する場合において、次の各号に該当したときは、裁判所は、この者(「当該被告人」)について、本条に基づく命令を下すことができる。

(a)　第四項の規定を適用した場合において、適格日以後の被告人の行動により、当該被告人による重大な性的危害から公衆又は当該公衆の特定の構成員を保護するために、当該命令を下すことが必要である、と裁判所が確信したとき

(b)　その他の事案において、当該被告人による重大な性的危害から公衆又は当該公衆の特定の構成員を保護するために、当該命令を下すことが必要である、と裁判所が確信したとき

(2)　当該被告人に第二項の規定を適用する場合とは、当該裁判所が、附則三中又は附則五中に列挙した罪について当該被告人を取り扱う場合をいう。

(3)　当該被告人に第三項の規定を適用する場合とは、当該裁判所が、次の各号のいずれかに掲げる認定について当該被告人を取り扱う場合をいう。

(a)　この者が、責任無能力により、附則三中又は附則五中に列挙した罪について無罪であるとの認定

(b)　この者が、行為無能力の状態にあって、当該罪についてこの者が告発を受けた行為を行ったとの認定

(4)　当該被告人に第四項の規定を適用する場合とは、次の各号の両者に該当する場合をいう。

(a)　この者について、当該裁判所へ第五項に基づく申立てを行った場合

(b)　当該申立てにより、この者が適格犯罪者であることが、立証された場合

(5)　警察局長の警察地域内に居住しているか、又は当該地域内に居るか、若しくは

当該地域へ来る意思がある、と警察局長が確信している者について、次の各号の両者に該当したときは、当該警察局長は、マジストレート裁判所への不服申立てをもって、本条に基づく命令を求める申立てを行うことができる。

(a)　この者が適格犯罪者である、と警察局長が認めたとき

(b)　この者が、適格日以後に、当該命令を下すことが必要であると確信する合理的な理由を与えるような方法で行為を行った、と警察局長が認めたとき

(6)　前項に基づく申立ては、マジストレート裁判所の委任地域の中に次の各号のいずれかが含まれている場合におけるマジストレート裁判所に対して行うことができる。

(a)　申立て人の警察地域の一部

(b)　この者が前項b号中に定めた方法で行為を行った、と申立てを受けた場所

第一〇五条　性犯罪防止命令：スコットランド地方に関するその他の規定

(1)　県警察長の警察地域内に居るか、又は当該地域へ来る意思がある、と県警察長が確信している者について、次の各号の両者に該当したときは、当該県警察長は、本条に基づく命令を求める申立てを行うことができる。

(a)　この者が、次のいずれかについて有罪宣告を受けたか、責任無能力により無罪と認定されたか、又は行為無能力の状態にあって、当該罪についてこの者が告発を受けた行為を行った、と県警察長が認めたとき

(i)　附則三第六〇条中に列挙した罪

(ii)　有罪宣告又は認定が本章の施行後であったとすれば、同附則第三六条から第五九条までの規定中に定めた以外のスコットランド地方における罪に関して、同附則第六〇条中に定めた決定が行われた可能性がある、と当該県警察長が思料した場合において、本章の施行前の当該罪

(b)　この者が、有罪宣告又は認定以後に、当該命令を下すことが必要であると確信する合理的な理由を与えるような方法で行為を行った、と県警察長が認めたとき

(2)　前項に基づく申立ては、執行官の執行官管轄地域内に次の各号のいずれかがある場合における執行官への略式の申立てをもって行うことができる。

(a)　当該申立て人の警察地域の一部

（二〇〇五年児童保護及び性犯罪防止（スコットランド）法（法律第九号）[asp 9] 第一七条第一項a号iにより、第二項本文を読み替え、a号をaa号、ab号、ac号に読み替える）

【第二項本文を読み替え、a号をaa号、ab号、ac号に改める】

(2)　前項に基づく申立ては、次の各号に定める執行官への略式の申立てをもって行うことができる。

(aa)　執行官の執行官管轄地域内に当該命令が求められる対象者が居住している場合における執行官

(ab)　執行官の執行官管轄地域内にこの者が居る、と当該申立て人が確信している場合における執行官

(ac)　執行官の執行官管轄地域へこの者が来る意思がある、と当該申立て人が確信している場合における執行官

(b)　[執行官の執行官管轄地域内に] この者が前項b号中に定める方法で行為を行った、と申立てを受けた場所 [がある場合における執行官]（二〇〇五年児童保護及び性犯罪防止（スコット

ランド）法（法律第九号）［asp 9］第一七条第一項 a号ⅱにより、括弧内の文言を加える）

【b号を改める】

(b) 執行官の執行官管轄地域内にこの者が前項b号中に定める方法で行為を行った、と申立てを受けた場所がある場合における執行官

(3) 次の各号の両者に該当したときは、当該執行官は、当該命令を下すことができる。

(a) 有罪宣告又は認定以後のこの者の行動により、この者による重大な性的危害から公衆又は当該公衆の特定の構成員を保護するために、当該命令を下すことが必要である、と執行官が確信したとき

(b) 当該申立てが第一項 a号ⅱによる場合において、当該罪の犯行の中に、この者の行動への重要な性的様相が存在する、と執行官が確信したとき

(4) 第一〇六条第三項の規定は、第一〇四条の目的のために適用すると同様に、本条の目的のために適用し、第一一二条第二項及び第三項の規定は、同条第一項g号［第一項e号］（二〇〇五年児童保護及び性犯罪防止（スコットランド）法（法律第九号）［asp 9］第一七条第一項bにより、下線部を括弧内の文言に読み替える）によって行った略式の申立てに関して適用すると同様に、第一項によって行った略式の申立てに関して適用する。

【第四項を改める】

(4) 第一〇六条第三項の規定は、第一〇四条の目的のために適用すると同様に、本条の目的のために適用し、第一一二条第二項及び第三項の規定は、同条第一項e号によって行った略式の申立てに関して適用すると同様に、第一項によって行った略式の申立てに関して適用する。

【第一〇五条の新正文は次のとおり】

第一〇五条　性犯罪防止命令：スコットランド地方に関するその他の規定

(1) 県警察長の警察地域内に居るか、又は当該地域へ来る意思がある、と県警察長が確信している者について、次の各号の両者に該当したときは、当該県警察長は、本条に基づく命令を求める申立てを行うことができる。

(a) この者が、次のいずれかについて有罪宣告を受けたか、責任無能力により無罪と認定されたか、又は行為無能力の状態にあって、当該罪についてこの者が告発を受けた行為を行った、と県警察長が認めたとき

(i) 附則三第六〇条中に列挙した罪

(ii) 有罪宣告又は認定が本章の施行後であったとすれば、同附則第三六条から第五九条までの規定中に定めた以外のスコットランド地方における罪に関して、同附則第六〇条中に定めた決定が行われた可能性がある、と当該県警察長が思料した場合において、本章の施行前の当該罪

(b) この者が、有罪宣告又は認定以後に、当該命令を下すことが必要であると確信する合理的な理由を与えるような方法で行為を行った、と県警察長が認めたとき

(2) 前項に基づく申立ては、次の各号に定める執行官への略式の申立てをもって行うことができる。

(aa) 執行官の執行官管轄地域内に当該命令が求められる対象者が居住して

いる場合における執行官
(ab) 執行官の執行官管轄地域内にこの者が居る、と当該申立て人が確信している場合における執行官
(ac) 執行官の執行官管轄地域へこの者が来る意思がある、と当該申立て人が確信している場合における執行官
(b) 執行官の執行官管轄地域内にこの者が前項b号中に定める方法で行為を行った、と申立てを受けた場所がある場合における執行官
(3) 次の各号の両者に該当したときは、当該執行官は、当該命令を下すことができる。
(a) 有罪宣告又は認定以後のこの者の行動により、この者による重大な性的危害から公衆又は当該公衆の特定の構成員を保護するために、当該命令を下すことが必要である、と執行官が確信したとき
(b) 当該申立てが第一項a号iiによる場合において、当該罪の犯行の中に、この者の行動への重要な性的様相が存在する、と執行官が確信したとき
(4) 第一〇六条第三項の規定は、第一〇四条の目的のために適用すると同様に、本条の目的のために適用し、第一一二条第二項及び第三項の規定は、同条第一項e号によって行った略式の申立てに関して適用すると同様に、第一項によって行った略式の申立てに関して適用する。

第一〇六条　第一〇四条：補則

(1) 本章中の「性犯罪防止命令」(sexual offences prevention order) とは、第一〇四条又は前条に基づく命令をいう。
(2) 第一〇四条の適用上、第二項から第八項までの規定を適用する。
(3) 「当該被告人による重大な性的危害から公衆又は当該公衆の特定の構成員を保護する」(protecting the public or any particular members of the public from serious sexual harm the defendant) とは、当該被告人による、附則三中に列挙した一以上の罪の犯行によって生じた、重大な身体的又は精神的危害から連合王国の公衆又は当該公衆の特定の構成員を保護することをいう。
(4) 行為、行動、有罪宣告及び認定の中には、本章の施行前に行われたこれらのものが含まれる。
(5) 「適格犯罪者」(qualifying offender) とは、第六項又は第七項に該当する者をいう。
(6) 本章の施行の前後を問わず、次の各号のいずれかに該当したときは、この者は、第六項に該当する者とする。
(a) ある者が、附則三中（第六〇条を除く）又は附則五中に列挙した罪により有罪宣告を受けたとき
(b) ある者が、責任無能力により、当該罪について無罪と認定されたとき
(c) ある者が、行為無能力の状態にあって、当該罪についてこの者が告発を受けた行為を行ったと認定されたとき
(d) ある者が、イングランド及びウェールズ地方又は北アイルランド地方で、当該罪について注意を受けたとき
(7) 連合王国外の国で効力を有する法律に基づいて、本章の施行の前後を問わず、次の各号のいずれかに該当したときは、この者は、第七項に該当する者とする。
(a) ある者が、（処罰を受けたか否かを問わず）関係犯罪により有罪宣告を受けたとき
(b) 当該法律に基づいて裁判権を行使する裁判所が、関係犯罪について、ある

者に責任無能力により無罪とする認定に等しい認定を行ったとき

(c)　当該裁判所が、関係犯罪について、ある者が行為無能力の状態にあって、当該罪についてこの者が告発を受けた行為を行ったとの認定に等しい認定を行ったとき

(d)　ある者が、関係犯罪について注意を受けたとき

(8)　適格犯罪者に関して「適格日」(appropriate date)とは、この者が、第六項中又は前項中に定めた有罪宣告、認定又は注意を受けた日又は(場合により)その初日をいう。

(9)　第七項中の「関係犯罪」(relevant offence)とは、次の各号の両者に該当する行為をいう。

(a)　関係国で効力を有する法律に基づく罪を構成する行為

(b)　連合王国の一部で行われたとすれば、附則三中(第六〇条を除く)又は附則五中に列挙した罪を構成したと思料される行為

(10)　連合王国外の国で効力を有する法律に基づいて処罰することができる行為は、当該法律中の記載の如何を問わず、前項の適用上、当該法律に基づく罪を構成するものとする。

(11)　裁判所準則で定めることができる日以前に、当該被告人が次の各号のすべてに該当する通知書を当該申立て人に送達しなかったときは、第一二項に従うことを条件にして、第一〇四条第五項に基づく申立てによって、第九項b号中の条件が(関係があるときは)具備されたものとみなすものとする。

(a)　関係行為について申立てを受けた事実により、自己の見解において当該条件が具備されていないことを表明する通知書

(b)　当該見解に対する自己の理由を証明する通知書

(c)　当該申立て人に対し、当該条件が具備されていることを立証するように要求する通知書

(12)　当該裁判所が適切と思料したときは、当該裁判所は、当該申立て人に対し、前項に基づく通知書の送達なくして、当該条件が具備されていることを立証するように要求することを、当該被告人に許可することができる。

(二〇〇八年刑事司法及び移民法(法律第四号)[c.4] 第一四一条第一項により、第一三項と第一四項を加える)[イングランド・ウェールズ・北アイルランド地方に適用]

【第一三項と第一四項を加える】[イングランド・ウェールズ・北アイルランド地方に適用]

(13)　イングランド及びウェールズ地方又は北アイルランド地方に関して、第一〇四条及び本条の適用上、第一四項の規定を適用する。

(14)　附則三中に列挙した罪を解釈するに当たって、当該罪が条件に服するように列挙されている、次の各号のいずれかに関係する条件は、考慮されないものとする。

(a)　被告人が、列挙した罪について、又は(第一三二条第九項で定義した)関係する認定について取扱いを受けた方法

(b)　人の年齢

【第一〇六条の新正文は次のとおり】

第一〇六条　第一〇四条：補則

(1)　本章中の「性犯罪防止命令」(sexual

offences prevention order）とは、第一〇四条又は前条に基づく命令をいう。

(2)　第一〇四条の適用上、第二項から第八項までの規定を適用する。

(3)　「当該被告人による重大な性的危害から公衆又は当該公衆の特定の構成員を保護する」(protecting the public or any particular members of the public from serious sexual harm the defendant）とは、当該被告人による、附則三中に列挙した一以上の罪の犯行によって生じた、重大な身体的又は精神的危害から連合王国の公衆又は当該公衆の特定の構成員を保護することをいう。

(4)　行為、行動、有罪宣告及び認定の中には、本章の施行前に行われたこれらのものが含まれる。

(5)　「適格犯罪者」（qualifying offender）とは、第六項又は第七項に該当する者をいう。

(6)　本章の施行の前後を問わず、次の各号のいずれかに該当したときは、この者は、第六項に該当する者とする。

(a)　ある者が、附則三中（第六〇条を除く）又は附則五中に列挙した罪により有罪宣告を受けたとき

(b)　ある者が、責任無能力により、当該罪について無罪と認定されたとき

(c)　ある者が、行為無能力の状態にあって、当該罪についてこの者が告発を受けた行為を行ったと認定されたとき

(d)　ある者が、イングランド及びウェールズ地方又は北アイルランド地方で、当該罪について注意を受けたとき

(7)　連合王国外の国で効力を有する法律に基づいて、本章の施行の前後を問わず、次の各号のいずれかに該当したときは、この者は、第七項に該当する者とする。

(a)　ある者が、（処罰を受けたか否かを問わず）関係犯罪により有罪宣告を受けたとき

(b)　当該法律に基づいて裁判権を行使する裁判所が、関係犯罪について、ある者に責任無能力により無罪とする認定に等しい認定を行ったとき

(c)　当該裁判所が、関係犯罪について、ある者が行為無能力の状態にあって、当該罪についてこの者が告発を受けた行為を行ったとの認定に等しい認定を行ったとき

(d)　ある者が、関係犯罪について注意を受けたとき

(8)　適格犯罪者に関して「適格日」(appropriate date）とは、この者が、第六項中又は前項中に定めた有罪宣告、認定又は注意を受けた日又は（場合により）その初日をいう。

(9)　第七項中の「関係犯罪」（relevant offence）とは、次の各号の両者に該当する行為をいう。

(a)　関係国で効力を有する法律に基づく罪を構成する行為

(b)　連合王国の一部で行われたとすれば、附則三中（第六〇条を除く）又は附則五中に列挙した罪を構成したと思料される行為

(10)　連合王国外の国で効力を有する法律に基づいて処罰することができる行為は、当該法律中の記載の如何を問わず、前項の適用上、当該法律に基づく罪を構成するものとする。

(11)　裁判所準則で定めることができる日以前に、当該被告人が次の各号のすべてに該当する通知書を当該申立て人に送達しなかったときは、第一二項に従

うことを条件にして、第一〇四条第五項に基づく申立てによって、第九項b号中の条件が（関係があるときは）具備されたものとみなすものとする。

(a) 関係行為について申立てを受けた事実により、自己の見解において当該条件が具備されていないことを表明する通知書

(b) 当該見解に対する自己の理由を証明する通知書

(c) 当該申立て人に対し、当該条件が具備されていることを立証するように要求する通知書

(12) 当該裁判所が適切と思料したときは、当該裁判所は、当該申立て人に対し、前項に基づく通知書の送達なくして、当該条件が具備されていることを立証するように要求することを、当該被告人に許可することができる。

(13) イングランド及びウェールズ地方又は北アイルランド地方に関して、第一〇四条及び本条の適用上、第一四項の規定を適用する。［イングランド・ウェールズ・北アイルランドの各地方に適用］

(14) 附則三中に列挙した罪を解釈するに当たって、当該罪が条件に服するように列挙されている、次の各号のいずれかに関係する条件は、考慮されないものとする。［イングランド・ウェールズ・北アイルランドの各地方に適用］

(a) 被告人が、列挙した罪について、又は（第一三二条第九項で定義した）関係する認定について取扱いを受けた方法

(b) 人の年齢

第一〇七条　性犯罪防止命令：効力

(1) 性犯罪防止命令は、次の各号の両者の定めるところによる。

(a) 裁判所が、当該被告人に対し、当該命令中に定める何らかの行為を行うことを禁止する。

(b) 当該命令中に定める（五年以上の）確定期間中、又は他の命令があるまで効力を有する。

(2) 当該命令中に含めることができる禁止事項は、当該被告人による重大な性的危害から公衆又は当該公衆の特定の構成員を保護するために必要な禁止事項に限られる。

(3) 次の各号の両者に該当したときは、当該被告人は、引き続き届出要求に服するものとする。

(a) 当該命令の発令前に関係犯罪者であった被告人について、命令が下されたとき

(b) （適切に更新された）命令が効力を有する期間中に、当該被告人が、（本項［及び第八八条Fと第八八条G］（二〇一一年「二〇〇三年性犯罪法」（救済）（スコットランド）命令（スコットランド法律的文書第四五号）[S.S.I.2011/45]第四条第一項a号により、括弧内の文言を加える）［スコットランド地方に適用］とは別に）本章の届出要求に服していなかったとき

【第三項b号を改める】

(b) （適切に更新された）命令が効力を有する期間中に、当該被告人が、（本項［及び第八八条Fと第八八条G］［スコットランド地方に適用］とは別に）本章の届出要求に服していなかったとき

（二〇一一年「二〇〇三年性犯罪法」（救済）（スコットランド）命令（スコットランド法律的文書第四五号）[S.S.I.2011

／45〕第四条第一項b号により、第三項Aと第三項Bを加える）〔スコットランド地方に適用〕

【第三項Aと第三項Bを加える】〔スコットランド地方に適用〕

(3A)　次の各号の両者に該当したときは、性犯罪防止命令は失効する。

(a)　（第八八条Aの意味の枠内における）関係性犯罪者に関して、性犯罪防止命令が効力を有しているとき

(b)　第八八条Fと第八八条Gにより、当該関係性犯罪者が、本章の届出要求に服さないとき

(3B)　前項の規定は、性犯罪防止命令に適用すると同様に、第一〇八条第八項b号及びc号中に定める命令に適用する。

(4)　当該命令の発令前に関係犯罪者でなかった被告人について、命令が下されたときは、次の各号の両者の定めるところによる。

(a)　当該命令により、当該被告人は、当該命令の発令から（適切に更新された）命令が失効するまで、本章の届出要求に服する。

(b)　第五項中に定めた変更に従うことを条件にして、本章の規定を当該被告人に適用する。

(5)　「関係日」(relevant date) は、当該命令の送達日とする。

(6)　裁判所が、（当該裁判所が下した場合であると、他の裁判所が下した場合であるとを問わず）既に性犯罪防止命令に服している者に関して当該命令を下したときは、早期の命令は、失効する。

(7)　本条及び第一〇八条の適用上、第一〇六条第三項の規定を適用する。

【第一〇七条の新正文は次のとおり】

第一〇七条　性犯罪防止命令：効力

(1)　性犯罪防止命令は、次の各号の両者の定めるところによる。

(a)　裁判所が、当該被告人に対し、当該命令中に定める何らかの行為を行うことを禁止する。

(b)　当該命令中に定める（五年以上の）確定期間中、又は他の命令があるまで効力を有する。

(2)　当該命令中に含めることができる禁止事項は、当該被告人による重大な性的危害から公衆又は当該公衆の特定の構成員を保護するために必要な禁止事項に限られる。

(3)　次の各号の両者に該当したときは、当該被告人は、引き続き届出要求に服するものとする。

(a)　当該命令の発令前に関係犯罪者であった被告人について、命令が下されたとき

(b)　（適切に更新された）命令が効力を有する期間中に、当該被告人が、（本項〔及び第八八条Fと第八八条G〕〔スコットランド地方に適用〕とは別に）本章の届出要求に服していなかったとき

(3A)　次の各号の両者に該当したときは、性犯罪防止命令は失効する。〔スコットランド地方に適用〕

(a)　（第八八条Aの意味の枠内における）関係性犯罪者に関して、性犯罪防止命令が効力を有しているとき

(b)　第八八条Fと第八八条Gにより、当該関係性犯罪者が、本章の届出要求に服さないとき

(3B)　前項の規定は、性犯罪防止命令に適用すると同様に、第一〇八条第八項b号及びc号中に定める命令に適用する。

［スコットランド地方に適用］

(4) 当該命令の発令前に関係犯罪者でなかった被告人について、命令が下されたときは、次の各号の両者の定めるところによる。

(a) 当該命令により、当該被告人は、当該命令の発令から（適切に更新された）命令が失効するまで、本章の届出要求に服する。

(b) 第五項中に定めた変更に従うことを条件にして、本章の規定を当該被告人に適用する。

(5) 「関係日」(relevant date) は、当該命令の送達日とする。

(6) 裁判所が、（当該裁判所が下した場合であると、他の裁判所が下した場合であるとを問わず）既に性犯罪防止命令に服している者に関して当該命令を下したときは、早期の命令は、失効する。

(7) 本条及び第一〇八条の適用上、第一〇六条第三項の規定を適用する。

第一〇八条　性犯罪防止命令：変更、更新及び取消し

(1) 第二項に該当する者は、権限を有する裁判所に対し、性犯罪防止命令を変更し、更新し、又は取り消す命令を求める申立てを行うことができる。

(2) 第二項に該当する者とは、次の各号に掲げる者をいう。

(a) 当該被告人

(b) 当該被告人が居住する地域の警察局長

(c) 当該被告人が警察局長の警察地域内に居るか、又は当該地域へ来る意思がある、と確信している警察局長

(d) 第一〇四条第五項に基づく申立てによって当該命令を下したときは、当該申立てを行った警察局長

(3) 第一項に基づく申立ては、次の各号に定める方法で行うことができる。

(a) 権限を有する裁判所が刑事法院であったときは、裁判所規則に従って

(b) その他の事案にあっては、不服申立てによって

(4) 第五項及び第六項に従うことを条件にして、当該裁判所は、当該申立てによって、当該申立てを行った者及び（審問を受けることを希望した場合において）第二項に掲げたその他の者を審問した後に、自己が適切と思料する、性犯罪防止命令を変更し、更新し、又は取り消す命令を下すことができる。

(5) 当該被告人による重大な性的危害から公衆又は当該公衆の特定の構成員を保護するために必要である場合に限って、当該被告人に追加禁止事項を課するように、命令を更新又は変更することができる（更新又は変更された命令には、その目的のために必要な禁止事項のみを含めることができる）。

(6) 当該裁判所は、当該被告人及び次の各号のいずれかに掲げる者の同意を得ないで、当該命令を下した日から起算して五年の終了前に、当該命令を取り消してはならない。

(a) 警察局長が当該申立てを行ったときは、当該警察局長

(b) その他の事案にあっては、当該被告人が居住する地域の警察局長

(7) 本条中の「権限を有する裁判所」(the appropriate court) とは、次の各号に掲げる裁判所をいう。

(a) 刑事法院又は控訴院が性犯罪防止命令を下したときは、刑事法院

(b) マジストレート裁判所が当該命令を下したときは、当該裁判所、当該被告

人が居住する地域のマジストレート裁判所、又は警察局長が当該申立てを行った場合において、マジストレート裁判所の委任地域の中に当該警察局長の警察地域の一部が含まれている場合におけるマジストレート裁判所

(c)　少年裁判所が当該命令を下したときは、当該裁判所、当該被告人が居住する地域の少年裁判所、又は警察局長が当該申立てを行った場合において、少年裁判所の委任地域の中に当該警察局長の警察地域の一部が含まれている場合における少年裁判所

(8)　本条の規定は、性犯罪防止命令に適用すると同様に、次の各号に掲げる条項に基づく命令に適用する。

(a)　一九九七年性犯罪者法（法律第五一号）[c.51] 第五条A（規制命令）

(b)　一九九八年犯罪及び秩序違反法（法律第三七号）[c.37] 第二条又は第二〇条（イングランド及びウェールズ地方又はスコットランド地方で下した性犯罪者命令）

(c)　一九九八年刑事司法（北アイルランド）命令（法律的文書第二八三九号）[S.I.1998/2839（N.I.20）] 第六条（北アイルランド地方で下した性犯罪者命令）

第一〇九条　仮性犯罪防止命令

(1)　第一〇四条第五項又は第一〇五条第一項に基づく申立て（「主たる申立て」（the main application））が決定されなかったときは、本条の規定を適用する。

(2)　本条に基づく命令（「仮性犯罪防止命令」（interim sexual offences prevention order））を求める申立ては、次の各号のいずれかの定めるところによる。

(a)　主たる申立てを行う不服申立てをもって行うことができる。

(b)　主たる申立てが行われたときは、当該申立てを行った者が、当該申立てを受けた裁判所への不申服立てをもって行うことができる。

(3)　当該裁判所が適切と思料したときは、当該裁判所は、仮性犯罪防止命令を下して、当該被告人が当該命令中に定めた何らかの行為を行うことを禁止することができる。

(4)　仮性犯罪防止命令は、次の各号の定めるところによる。

(a)　当該命令中に定める確定期間中に限って、効力を有する。

(b)　仮性犯罪防止命令がまだ失効していないときは、当該命令は、主たる申立ての決定後に失効する。

(5)　第一〇七条第三項から第五項までの規定において、性犯罪防止命令を仮性犯罪防止命令とし、かつ二箇所の「適切に更新された」（as renewed from time to time）を削除して、これらの規定を仮性犯罪防止命令に適用する。

(6)　当該申立て人又は当該被告人は、不服申立てをもって、仮性犯罪防止命令を下した裁判所に対し、当該命令の変更、更新又は取消しを求める申立てを行うことができる。

(7)　前項の規定は、仮性犯罪防止命令に適用すると同様に、次の各号に掲げる条項に基づく命令に適用する。

(a)　一九九八年犯罪及び秩序違反法（法律第三七号）[c.37] 第二条A又は第二〇条第四項a号（イングランド及びウェールズ地方又はスコットランド地方で下した仮命令）

(b)　一九九八年刑事司法（北アイルランド）命令（法律的文書第二八三九号）[S.I.1998/2839（N.I.20）] 第六条A（北アイルランド地方で下した仮命令）

第一一〇条　性犯罪防止命令及び仮性犯罪防止命令：上訴［イングランド・ウェールズ・スコットランド・北アイルランド地方に適用］

(1)　次の各号に該当したときは、被告人は、性犯罪防止命令の発令に対し、刑事法院へ上訴することができる。

(a)　当該命令が当該罪に対し被告人に言い渡した刑であったものとして、第一〇四条第二項の規定をこの者に適用したとき

(b)　被告人が当該罪により有罪宣告を受け、かつ当該命令が当該罪に対し被告人に言い渡した刑であったものとして、（第一〇四条第二項の規定ではなく）第一〇四条第三項の規定をこの者に適用したとき

(c)　第一〇四条第五項に基づく申立てによって当該命令が下されたとき

(2)　被告人は、仮性犯罪防止命令の発令に対し、刑事法院へ上訴することができる。

(3)　被告人は、第一〇八条に基づく命令の発令又はその発令拒否に対し、次の各号に掲げる裁判所へ上訴することができる。

(a)　当該命令を求める申立てが刑事法院へ行われたときは、控訴院

(b)　その他の事案にあっては、刑事法院

(4)　刑事法院は、第一項c号、第二項又は第三項b号に基づく上訴により、当該上訴に対するその決定に効力を与えるために必要な命令を下すことができ、また刑事法院が適切と認める付随的又は派生的命令を下すこともできる。

(5)　第一項c号又は第二項に基づく上訴により刑事法院が下した命令（マジストレート裁判所が申立てを再審理することを指示する命令を除く）は、（それぞれ）第一〇八条第七項又は第一〇九条第七項の適用上、それが（刑事法院の命令ではなく）上訴が提起されることになった元の裁判所の命令であったものとみなすものとする。

第一一〇条　性犯罪防止命令及び仮性犯罪防止命令：上訴［イングランド・ウェールズ・北アイルランド地方に適用］

(1)　次の各号に該当したときは、被告人は、性犯罪防止命令の発令に対し、刑事法院へ上訴することができる。

(a)　当該命令が当該罪に対し被告人に言い渡した刑であったものとして、第一〇四条第二項の規定をこの者に適用したとき

(b)　被告人が当該罪により有罪宣告を受け、かつ当該命令が当該罪に対し被告人に言い渡した刑であったものとして、（第一〇四条第二項の規定ではなく）第一〇四条第三項の規定をこの者に適用したとき

(c)　第一〇四条第五項に基づく申立てによって当該命令が下されたとき

(2)　被告人は、仮性犯罪防止命令の発令に対し、刑事法院へ上訴することができる。

(3)　被告人は、第一〇八条に基づく命令の発令又は当該命令の発令拒否に対し、次の各号に掲げる裁判所へ上訴することができる。

(a)　当該命令を求める申立てが刑事法院へ行われたときは、控訴院

(b)　その他の事案にあっては、刑事法院

(4)　刑事法院は、第一項c号、第二項又は第三項b号に基づく上訴により、当該上訴に対するその決定に効力を与えるために必要な命令を下すことができ、また刑事法院が適切と認める付随的又は派生的命令を下すこともできる。

(5)　第一項c号又は第二項に基づく上訴により刑事法院が下した命令（マジストレート裁判所が申立てを再審理すること

を指示する命令を除く）は、（それぞれ）第一〇八条第七項又は第一〇九条第七項の適用上、それが（刑事法院の命令ではなく）上訴が提起されることになった元の裁判所の命令であったものとみなすものとする。

第一一一条　性犯罪防止命令及び仮性犯罪防止命令に関する上訴：スコットランド地方

スコットランド地方において

(a)　［第一〇四条第五項又は第一〇五条第一項に基づく申立てによる］（二〇〇五年児童保護及び性犯罪防止（スコットランド）法（法律第九号）［asp 9］第一七条第二項a号iiにより、括弧内の文言を加える）性犯罪防止命令又は仮性犯罪防止命令を許可し、拒否し、変更し、更新し、又は取り消す（二〇〇五年児童保護及び性犯罪防止（スコットランド）法（法律第九号）［asp 9］第一七条第二項a号iにより、下線部を削る）する中間判決［又はこれらの命令のいずれかを拒否し、変更し、更新し、若しくは取り消す］（二〇〇五年児童保護及び性犯罪防止（スコットランド）法（法律第九号）［asp 9］第一七条第二項a号iiiにより、括弧内の文言を加える）中間判決は、上訴可能な中間判決とする。（二〇〇五年児童保護及び性犯罪防止（スコットランド）法（法律第九号）［asp 9］第一七条第二項b号により、末尾のandを削る）

【a号を改める】

(a)　第一〇四条第五項又は第一〇五条第一項に基づく申立てによる性犯罪防止命令若しくは[注]仮性犯罪防止命令を許可する[注]中間判決、又はこれらの命令のいずれかを拒否し、変更し、更新し、若しくは取り消す中間判決は、上訴可能な中間判決とする。

訳者注：正文の改正により、「又は」を「若しくは」に、「許可し、」を「許可する」に変更

(b)　当該命令を許可し、拒否し、変更し、又は更新する中間判決に対し上訴が提起されたときは、当該命令は、当該命令を変更又は撤回する裁判所の権限を損なうことなく、当該上訴を処理するまでの間、引き続き効力を有する。（二〇〇五年児童保護及び性犯罪防止（スコットランド）法（法律第九号）［asp 9］第一七条第二項c号により、c号とd号を加える）

【c号とd号を加える】

(c)　他の事案において下した性犯罪防止命令、及び当該命令の変更、更新又は取消しを許可し、又は拒否する命令は、上訴の適用上、次の規定の定めるところによる。

(i)　正式手続の事案にあっては、一九九五年刑事手続（スコットランド）法（法律第四六号）［c.46］第一〇六条第一項d号（プロベーション命令及び地域社会奉仕命令に対する上訴）［一九九五年刑事手続（スコットランド）法（法律第四六号）［c.46］第一〇六条第一項dza号（コミュニティー返済命令に対する上訴）］（二〇一一年「二〇一〇年刑事司法及び許可（スコットランド）法」（派生・補充規定）命令（スコットランド法律的文書第二五号）［S.S.I.2011/25］附則第二条第三項a号により、下線部を括弧内の文言に読み替える）中に付されたと同種

の命令であったものとみなすことができる。

(ii) 略式手続の事案にあっては、同法第一七五条第二項c号（プロベーション命令、地域社会奉仕命令及びその他の命令に対する上訴）[同法第一七五条第二項cza号（コミュニティー返済命令に対する上訴）]（二〇一一年「二〇一〇年刑事司法及び許可（スコットランド）法」（派生・補充規定）命令（スコットランド法律的文書第二五号）[S.S.I.2011/25] 附則第二条第三項b号により、下線部を括弧内の文言に読み替える）中に付されたと同種の命令であったものとみなすことができる。

(d) 前項によって上訴が提起されたときは、「刑事上級裁判所」（High Court of Justiciary）は、当該上訴手続において、当該上訴の処分の未決定に対して上訴された命令を停止することができる。

【c号を改める】

(c) 他の事案において下した性犯罪防止命令、及び当該命令の変更、更新又は取消しを許可し、又は拒否する命令は、上訴の適用上、次の規定の定めるところによる。

(i) 正式手続の事案にあっては、一九九五年刑事手続（スコットランド）法（法律第四六号）[c.46] 第一〇六条第一項dza号（コミュニティー返済命令に対する上訴）中に付されたと同種の命令であったものとみなすことができる。

(ii) 略式手続の事案にあっては、同法第一七五条第二項cza号（コミュニティー返済命令に対する上訴）中に付されたと同種の命令であったものとみなすことができる。

【第一一一条の新正文は次のとおり】

第一一一条　性犯罪防止命令及び仮性犯罪防止命令に関する上訴：スコットランド地方

(a) スコットランド地方において第一〇四条第五項又は第一〇五条第一項に基づく申立てによる性犯罪防止命令若しくは仮性犯罪防止命令を許可する中間判決、又はこれらの命令のいずれかを拒否し、変更し、更新し、若しくは取り消す中間判決は、上訴可能な中間判決とする。

(b) 当該命令を許可し、拒否し、変更し、又は更新する中間判決に対し上訴が提起されたときは、当該命令は、当該命令を変更又は撤回する裁判所の権限を損なうことなく、当該上訴を処理するまでの間、引き続き効力を有する。

(c) 他の事案において下した性犯罪防止命令、及び当該命令の変更、更新又は取消しを許可し、又は拒否する命令は、上訴の適用上、次の規定の定めるところによる。

(i) 正式手続の事案にあっては、一九九五年刑事手続（スコットランド）法（法律第四六号）[c.46] 第一〇六条第一項dza号（コミュニティー返済命令に対する上訴）中に付されたと同種の命令であったものとみなすことができる。

(ii) 略式手続の事案にあっては、同法第一七五条第二項cza号（コミュニティー返済命令に対する上訴）

中に付されたと同種の命令であったものとみなすことができる。

(d)　前項によって上訴が提起されたときは、「刑事上級裁判所」(High Court of Justiciary) は、当該上訴手続において、当該上訴の処分の未決定に対して上訴された命令を停止することができる。

（二〇一〇年刑事司法及び許可（スコットランド）法（法律第一三号）［asp 13］第一〇〇条第二項c号により、第一一一条Aを加える）［スコットランド地方に適用］

【第一一一条Aを加える】［スコットランド地方に適用］

第一一一条A　性犯罪防止命令及び仮性犯罪防止命令の要求：スコットランド地方

(1)　本条の規定は、スコットランド地方における裁判所が下したか、又は下す予定の性犯罪防止命令又は仮性犯罪防止命令に関して適用する。

(2)　当該命令により、当該被告人に対し、当該命令中に定める行為を禁止することに加えて、又は禁止することに代えて、当該被告人に対し、当該命令中に定める行為を行うように要求することができる。

(3)　これに応じて、当該命令に関して、次の各号の定めるところによる。

(a)　第一〇七条第二項中及び第一〇八条第五項中の禁止事項の中には、要求事項が含まれる。

(b)　第一一三条第一項中の、ある者が禁止された行為を行ったことの中には、ある者が行うように要求された行為を行わなかったことが含まれる。

第一一二条　第一〇四条及び第一〇六条から第一〇九条までの規定：スコットランド地方

(1)　第一〇四条及び第一〇六条から第一〇九条までの規定は、次の各号に掲げる変更を伴って、スコットランド地方に適用する。

(a)　第一〇四条第一項b号、第二項及び第三項の規定を考慮しないものとする。

（二〇〇五年児童保護及び性犯罪防止（スコットランド）法（法律第九号）［asp 9］第一七条第四項a号により、a号を削る）

（二〇〇五年児童保護及び性犯罪防止（スコットランド）法（法律第九号）［asp 9］第一七条第四項b号により、aa号を加える）

【a号を削り、aa号を加える】

(aa)　第一〇四条第二項中及び第三項中の、附則三又は附則五中に列挙した罪は、附則三の第三八条から第六〇条までに列挙した罪と読むものとする。

(b)　第一〇四条第五項に基づく申立ては、附則五第六四条から第一一一条までの規定に列挙した罪に関係する有罪宣告又は認定のみによって適格犯罪者となった者については、適格性を有しない。

(c)　「警察局長」(a chief of police) 及び「その警察地域」(his police area) は、それぞれ、「県警察長」(a chief constable) 及び「その警察地域」(the area of his police force) と読むものとする。

(d)　当該被告人は、当該命令が効力を有する対象者又は当該命令が求められる対象者と読むものとする。

(e)　性犯罪防止命令又は仮性犯罪防止命令（二〇〇五年児童保護及び性犯罪防止（スコットランド）法（法律第九号）[asp 9] 第一七条第四項c号iにより、下線部を削る）を求める申立ては、次に定める執行官への略式の申立てをもって行う。

【e号本文を改める】
(e)　性犯罪防止命令を求める申立ては、次に定める執行官への略式の申立てをもって行う。

(i)　執行官の執行官管轄地域が当該申立て人の警察地域の一部にある場合における執行官
（二〇〇五年児童保護及び性犯罪防止（スコットランド）法（法律第九号）[asp 9] 第一七条第四項c号iiにより、iをia・ib・icに読み替える）

【iをia・ib・icに改める】
(ia)　執行官の執行官管轄地域内に当該命令が求められる対象者が居住している場合における執行官
(ib)　執行官の執行官管轄地域内にこの者が居る、と当該申立て人が確信している場合における執行官
(ic)　執行官の執行官管轄地域へこの者が来る意思がある、と当該申立て人が確信している場合における執行官

(ii)　[執行官の執行官管轄地域内に]（二〇〇五年児童保護及び性犯罪防止（スコットランド）法（法律第九号）[asp 9] 第一七条第四項c号iiiにより、括弧内の文言を加える）当該命令が求められる対象者又は当該命令が効力を有する対象者 [この者]（二〇〇五年児童保護及び性犯罪防止（スコットランド）法（法律第九号）[asp 9] 第一七条第四項c号ivにより、下線部を括弧内の文言に読み替える）が第一〇四条第五項b号中に定める方法で行為を行った、と申立てを受けた場所 [がある場合における執行官]（二〇〇五年児童保護及び性犯罪防止（スコットランド）法（法律第九号）[asp 9] 第一七条第四項c号iiiにより、括弧内の文言を加える）

【iiを改める】
(ii)　執行官の執行官管轄地域内にこの者が第一〇四条第五項b号中に定める方法で行為を行った、と申立てを受けた場所がある場合における執行官

（[当該裁判所]（the court）[当該命令に関する裁判所]（二〇〇五年児童保護及び性犯罪防止（スコットランド）法（法律第九号）[asp 9] 第一七条第四項c号vにより、下線部を括弧内の文言に読み替える）は、これに応じて解釈するものとする。）

【裁判所の解釈に関する規定を改める】
（当該命令に関する裁判所は、これに応じて解釈するものとする。）

（二〇〇五年児童保護及び性犯罪防止（スコットランド）法（法律第九号）[asp 9] 第一七条第四項d号により、ea号を加える）

【ea号を加える】
(ea)　仮性犯罪防止命令を求める申立ては、次のいずれかの定めるところによる。
(i)　主たる申立ての方法で行う。

(ii)　主たる申立てが行われたときは、主たる申立てを行った人が当該申立てを行った対象執行官の執行官管轄地域のための執行官への申立てをもって行う。

(当該命令に関する裁判所は、これに応じて解釈するものとする。)

(f)　性犯罪防止命令又は仮性犯罪防止命令のいずれか［第一〇四条第五項若しくは第一〇五条第一項に基づく申立てによって下した性犯罪防止命令、又は仮性犯罪防止命令］（二〇〇五年児童保護及び性犯罪防止（スコットランド）法（法律第九号）［asp 9］第一七条第四項e号iにより、下線部を括弧内の文言に読み替える）の変更、更新又は取消しを求める申立ては、当該命令を下した執行官又は次のいずれかの執行官への略式の申立てをもって行う。

【f号本文を改める】

(f)　第一〇四条第五項若しくは第一〇五条第一項に基づく申立てによって下した性犯罪防止命令、又は仮性犯罪防止命令の変更、更新又は取消しを求める申立ては、当該命令を下した執行官又は次のいずれかの執行官への略式の申立てをもって行う。

(i)　執行官の執行官管轄地域内に当該命令に服する者が居住している場合における執行官（二〇〇五年児童保護及び性犯罪防止（スコットランド）法（法律第九号）［asp 9］第一七条第四項e号iiにより、末尾のorを削る）

【iを改める】（訳文に変更なし）

(i)　執行官の執行官管轄地域内に当該命令に服する者が居住している場合における執行官

(ii)　県警察長が当該申立てを行った場合において、執行官の執行官管轄地域が当該申立て人の警察地域の一部にある場合における執行官

（二〇〇五年児童保護及び性犯罪防止（スコットランド）法（法律第九号）［asp 9］第一七条第四項e号iiiにより、iiをiiaとiibに読み替える）

【iiをiiaとiibに改める】

(iia)　執行官の執行官管轄地域内にこの者が居る、と当該申立て人が確信している場合における執行官

(iib)　執行官の執行官管轄地域へこの者が来る意思がある、と当該申立て人が確信している場合における執行官

(「当該裁判所」(the court)［本号によって行った申立てに関する裁判所］（二〇〇五年児童保護及び性犯罪防止（スコットランド）法（法律第九号）［asp 9］第一七条第四項e号ivにより、下線部を括弧内の文言に読み替える）は、これに応じて解釈するものとする。)

【裁判所の解釈に関する規定を改める】

(本号によって行った申立てに関する裁判所は、これに応じて解釈するものとする。)

（二〇〇五年児童保護及び性犯罪防止（スコットランド）法（法律第九号）［asp 9］第一七条第四項f号により、g号とh号を加える）

【g号とh号を加える】

(g)　第一〇四条第二項又は第三項の規定

が適用された場合において下した性犯罪防止命令の変更、更新又は取消しを求める申立ては、当該命令が効力を有する対象者又は検察官のみが行うことができる。

(h) 当該申立ては、次に掲げる裁判所又は執行官に対して行う。

(i) 変更、更新又は取消しを求める性犯罪防止命令が、「刑事上級裁判所」(High Court of Justiciary) の下したものであったときは、当該裁判所

(ii) 当該命令が執行官の下したものであったときは、権限を有する執行官

(二〇〇五年児童保護及び性犯罪防止(スコットランド)法(法律第九号)[asp 9] 第一七条第五項により、第一項Aを加える)

【第一項Aを加える】

(1A) 前項b号ii中の「権限を有する執行官」(appropriate sherif) とは、次の各号に定める執行官をいう。

(a) 当該命令が効力を有する対象者が、当該命令の変更、更新又は取消しの時点に、当該命令を下した執行官の執行官管轄地域外の執行官管轄地域に居住している事案にあっては、この者が居住している執行官管轄地域において刑事管轄権を執行する執行官

(b) その他の事案にあっては、当該命令を下した執行官の執行官裁判所地区において刑事管轄権を執行する執行官

(2) 証拠の記録は、前項e号又はf号によって行う略式の申立てによって保存するものとする。

(3) 本項により性犯罪防止命令又は仮性犯罪防止命令の発令、変更、更新又は取消しを行った裁判所の書記官は、場合により、次の各号のいずれかの写しを、当該命令中に記名された者に提示させ、又は書留若しくは簡易書留速達によってこの者に送付させるものとする(郵便局が発行して、送付された写しの書留の受領書又は証明書は、当該受領書中又は証明書中に記載した日に当該写しを配達した旨の十分な証拠とする)。

(a) 発令、変更又は更新された命令

(b) 取消しの効力を有する中間判決

【第一一二条の新正文は次のとおり】

第一一二条　第一〇四条及び第一〇六条から第一〇九条までの規定:スコットランド地方

(1) 第一〇四条及び第一〇六条から第一〇九条までの規定は、次の各号に掲げる変更を伴って、スコットランド地方に適用する。

(aa) 第一〇四条第二項中及び第三項中の、附則三中又は附則五中に列挙した罪は、附則三の第三八条から第六〇条までに列挙した罪と読むものとする。

(b) 第一〇四条第五項に基づく申立ては、附則五第六四条から第一一一条までの規定に列挙した罪に関係する有罪宣告又は認定のみによって適格犯罪者となった者については、適格性を有しない。

(c) 「警察局長」(a chief of police) 及び「その警察地域」(his police area) は、それぞれ、「県警察長」(a chief constable) 及び「その警察地域」(the area of his police force) と読

むものとする。

(d)　当該被告人は、当該命令が効力を求められる対象者又は当該命令が効力を有する対象者と読むものとする。

(e)　性犯罪防止命令を求める申立ては、次に定める執行官への略式の申立てをもって行う。

(ia)　執行官の執行官管轄地域内に当該命令が求められる対象者が居住している場合における執行官

(ib)　執行官の執行官管轄地域内にこの者が居る、と当該申立て人が確信している場合における執行官

(ic)　執行官の執行官管轄地域へこの者が来る意思がある、と当該申立て人が確信している場合における執行官

(ii)　執行官の執行官管轄地域内にこの者が第一〇四条第五項b号中に定める方法で行為を行った、と申立てを受けた場所がある場合における執行官

(当該命令に関する裁判所は、これに応じて解釈するものとする。)

(ea)　仮性犯罪防止命令を求める申立ては、次のいずれかの定めるところによる。

(i)　主たる申立ての方法で行う。

(ii)　主たる申立てが行われたときは、主たる申立てを行った人が当該申立てを行った対象執行官の執行官管轄地域のための執行官への申立てをもって行う。

(当該命令に関する裁判所は、これに応じて解釈するものとする。)

(f)　第一〇四条第五項若しくは第一〇五条第一項に基づく申立てによって下した性犯罪防止命令、又は仮性犯罪防止命令の変更、更新又は取消しを求める申立ては、当該命令を下した執行官又は次のいずれかの執行官への略式の申立てをもって行う。

(i)　執行官の執行官管轄地域内に当該命令に服する者が居住している場合における執行官

(iia)　執行官の執行官管轄地域内にこの者が居る、と当該申立て人が確信している場合における執行官

(iib)　執行官の執行官管轄地域へこの者が来る意思がある、と当該申立て人が確信している場合における執行官

(本号によって行った申立てに関する裁判所は、これに応じて解釈するものとする。)

(g)　第一〇四条第二項又は第三項の規定が適用された場合において下した性犯罪防止命令の変更、更新又は取消しを求める申立ては、当該命令が効力を有する対象者又は検察官のみが行うことができる。

(h)　当該申立ては、次に掲げる裁判所又は執行官に対して行う。

(i)　変更、更新又は取消しを求める性犯罪防止命令が、「刑事上級裁判所」(High Court of Justiciary)の下したものであったときは、当該裁判所

(ii)　当該命令が執行官の下したものであったときは、権限を有する執行官

(1A)　前項b号ii中の「権限を有する執行官」(appropriate sherif) とは、次の各号に定める執行官をいう。

(a)　当該命令が効力を有する対象者が、当該命令の変更、更新又は取消しの時点に、当該命令を下した執行官の執行官管轄地域外の執行官管轄地域

に居住している事案にあっては、この者が居住している執行官管轄地域において刑事管轄権を執行する執行官

(b) その他の事案にあっては、当該命令を下した執行官の執行官裁判所地区において刑事管轄権を執行する執行官

(2) 証拠の記録は、前項e号又はf号によって行う略式の申立てによって保存するものとする。

(3) 本項により性犯罪防止命令又は仮性犯罪防止命令の発令、変更、更新又は取消しを行った裁判所の書記官は、場合により、次の各号のいずれかの写しを、当該命令中に記名された者に提示させ、又は書留若しくは簡易書留速達によってこの者に送付させるものとする（郵便局が発行して、送付された写しの書留の受領書又は証明書は、当該受領書中又は証明書中に記載した日に当該写しを配達した旨の十分な証拠とする）。

(a) 発令、変更又は更新された命令

(b) 取消しの効力を有する中間判決

第一一三条　罪：性犯罪防止命令又は仮性犯罪防止命令

(1) ある者が、合理的な免責事由なくして、次の各号に掲げる命令によって禁止された何らかの行為を行ったときは、この者は、罪を犯したものとする。

(a) 性犯罪防止命令

(b) 仮性犯罪防止命令

(c) 一九九七年性犯罪者法（法律第五一号）［c.51］第五条Ａに基づく命令（規制命令）

(d) 一九九八年犯罪及び秩序違反法（法律第三七号）［c.37］第二条、第二条Ａ又は第二〇条に基づく命令（イングランド及びウェールズ地方又はスコットランド地方で下した性犯罪者命令及び仮命令）

(e) 一九九八年刑事司法（北アイルランド）命令（法律的文書第二八三九号）［S.I.1998/2839（N.I.20）］第六条及び第六条Ａ（北アイルランド地方で下した性犯罪者命令及び仮命令）

(2) 本条に基づく罪により有罪となった者は、次の各号の定めるところによる。

(a) 略式起訴に基づく有罪宣告により、六か月以下の拘禁若しくは法定上限以下の罰金に処し、又は両者を併科する。

(b) 正式起訴に基づく有罪宣告により、五年以下の拘禁に処する。

(3) ある者が本条に基づく罪により有罪宣告を受けたときは、当該罪について、この者に有罪を宣告した裁判所は、条件付き釈放を求める命令、又はスコットランド地方においてはプロベーション命令［コミュニティー返済命令］（二〇一一年［二〇一〇年刑事司法及び許可（スコットランド）法］（派生・補充規定）命令（スコットランド法律的文書第二五号）［S.S.I.2011/25］附則第二条第四項により、下線部を括弧内の文言に読み替える）［スコットランド地方に適用］を下すことができない。

【第三項を改める】

(3) ある者が本条に基づく罪により有罪宣告を受けたときは、当該罪について、この者に有罪を宣告した裁判所は、条件付き釈放を求める命令、又はスコットランド地方においては［コミュニティー返済命令］［スコットランド地方に適用］を下すことができない。

【第一一三条の新正文は次のとおり】

第一一三条　罪：性犯罪防止命令又は仮性犯罪防止命令

(1) ある者が、合理的な免責事由なくして、次の各号に掲げる命令によって禁止された何らかの行為を行ったときは、この者は、罪を犯したものとする。

(a) 性犯罪防止命令

(b) 仮性犯罪防止命令

(c) 一九九七年性犯罪者法（法律第五一号）[c.51] 第五条Aに基づく命令（規制命令）

(d) 一九九八年犯罪及び秩序違反法（法律第三七号）[c.37] 第二条、第二条A又は第二〇条に基づく命令（イングランド及びウェールズ地方又はスコットランド地方で下した性犯罪者命令及び仮命令）

(e) 一九九八年刑事司法（北アイルランド）命令（法律的文書第二八三九号）[S.I.1998/2839 (N.I.20)] 第六条及び第六条A（北アイルランド地方で下した性犯罪者命令及び仮命令）

(2) 本条に基づく罪により有罪となった者は、次の各号の定めるところによる。

(a) 略式起訴に基づく有罪宣告により、六か月以下の拘禁若しくは法定上限以下の罰金に処し、又は両者を併科する。

(b) 正式起訴に基づく有罪宣告により、五年以下の拘禁に処する。

(3) ある者が本条に基づく罪により有罪宣告を受けたときは、当該罪について、この者に有罪を宣告した裁判所は、条件付き釈放を求める命令、又はスコットランド地方においては［コミュニティー返済命令］［スコットランド地方に適用］を下すことができない。

外国旅行禁止命令

第一一四条　外国旅行禁止命令：申立て及び理由

(1) 警察局長の警察地域内に居住しているか、又は当該地域内に居るか、若しくは当該地域へ来る意思がある、と警察局長が確信している者（「当該被告人」(the defendant)）について、次の各号の両者に該当したときは、当該警察局長は、マジストレート裁判所への不服申立てをもって、本条に基づく命令（「外国旅行禁止命令」(foreign travel order)）を求める申立てを行うことができる。

(a) 当該被告人が適格犯罪者である、と警察局長が認めたとき

(b) 当該被告人が、適格日以後に、当該命令を下すことが必要であると確信する合理的な理由を与えるような方法で行為を行った、と警察局長が認めたとき

(2) 前項に基づく申立ては、マジストレート裁判所の委任地域の中に、当該申立て人の警察地域の一部が含まれている場合におけるマジストレート裁判所に対して行うことができる。

(3) 次の各号の両者に該当したときは、当該裁判所は、当該申立てにより、外国旅行禁止命令を下すことができる。

(a) 当該被告人が適格犯罪者である、と当該裁判所が確信したとき

(b) 適格日以後の当該被告人の行動により、連合王国外での当該被告人による重大な性的危害から児童全体又はある児童を保護するために、当該命令を下すことが必要である、と当該裁判所が確信したとき

第一一五条　第一一四条：解釈

(1) 第一一四条の適用上、第二項から第五

項までの規定を適用する。

(2)　「連合王国外での当該被告人による重大な性的危害から児童全体又はある児童を保護する」(protecting children generally or any child from serious sexual harm from the defendant outside the United Kingdom) とは、連合王国の一部で行われたとすれば、附則三中に列挙した罪を構成すると思料される何らかの行為を、当該被告人が連合王国外で行ったことによって生じた重大な身体的又は心理的危害から、一六歳［一八歳］（二〇〇九年警備及び犯罪法（法律第二六号）［c.26］第二三条第一項a号により、下線部を括弧内の文言に読み替える）［イングランド・ウェールズ・北アイルランド地方に適用］：（二〇一〇年刑事司法及び許可（スコットランド）法（法律第一三号）［asp 13］第一〇一条第二項により、下線部を括弧内の文言に読み替える）［スコットランド地方に適用］未満の者全体又は一六歳［一八歳］（二〇〇九年警備及び犯罪法（法律第二六号）［c.26］第二三条第一項a号により、下線部を括弧内の文言に読み替える）［イングランド・ウェールズ・北アイルランド地方に適用］：（二〇一〇年刑事司法及び許可（スコットランド）法（法律第一三号）［asp 13］第一〇一条第二項により、下線部を括弧内の文言に読み替える）［スコットランド地方に適用］未満の特定の者を保護することをいう。

【第二項を改める】

(2)　「連合王国外での当該被告人による重大な性的危害から児童全体又はある児童を保護する」(protecting children generally or any child from serious sexual harm from the defendant outside the United Kingdom) とは、連合王国の一部で行われたとすれば、附則三中に列挙した罪を構成すると思料される何らかの行為を、当該被告人が連合王国外で行ったことによって生じた重大な身体的又は心理的危害から、［一八歳］［イングランド・ウェールズ・北アイルランド・スコットランド地方に適用］未満の者全体又は［一八歳］［イングランド・ウェールズ・北アイルランド・スコットランド地方に適用］未満の特定の者を保護することをいう。

(3)　行為及び行動の中には、本章の施行前に行われたこれらのものが含まれる。

(4)　「適格犯罪者」(qualifying offender) は、第一一六条によって付与された意味を有する。

(5)　適格犯罪者に関して、「適格日」(appropriate date) とは、第一一六条第一項又は第三項中に定めるとおり、この者が、有罪宣告、認定又は注意を受けた日又は（場合により）その初日をいう。

(6)　本条及び第一一六条の規定を北アイルランド地方に適用する場合において、これらの規定中の一六歳未満の者は、一七歳未満の者と読むものとする。（二〇〇九年警備及び犯罪法（法律第二六号）［c.26］附則八第二章により、第六項の文言を削る）［イングランド・ウェールズ・北アイルランド地方に適用］

【第六項の文言を削る】［イングランド・ウェールズ・北アイルランド地方に適用］

(6)　削除

【第一一五条の新正文は次のとおり】

第一一五条　第一一四条：解釈

(1)　第一一四条の適用上、第二項から第五項までの規定を適用する。

(2)　「連合王国外での当該被告人による重大な性的危害から児童全体又はある児童を保護する」(protecting children generally or any child from serious sexual harm from the defendant outside the United Kingdom）とは、連合王国の一部で行われたとすれば、附則三中に列挙した罪を構成すると思料される何らかの行為を、当該被告人が連合王国外で行ったことによって生じた重大な身体的又は心理的危害から、［一八歳］［イングランド・ウェールズ・北アイルランド・スコットランド地方に適用］未満の者全体又は［一八歳］［イングランド・スコットランド・ウェールズ・北アイルランド地方に適用］未満の特定の者を保護することをいう。

(3)　行為及び行動の中には、本章の施行前に行われたこれらのものが含まれる。

(4)　「適格犯罪者」(qualifying offender）は、第一一六条によって付与された意味を有する。

(5)　適格犯罪者に関して、「適格日」(appropriate date）とは、第一一六条第一項又は第三項中に定めるとおり、この者が、有罪宣告、認定又は注意を受けた日又は（場合により）その初日をいう。

(6)　削除［イングランド・ウェールズ・北アイルランド地方に適用］

第一一六条　第一一四条：適格犯罪者［イングランド・ウェールズ・北アイルランド地方に適用］

(1)　本章の施行の前後を問わず、次の各号のいずれかに該当したときは、この者は、第一一四条の適用上、適格犯罪者とする。

(a)　ある者が、第二項に該当する罪により有罪宣告を受けたとき

(b)　ある者が、責任無能力により、当該罪について無罪と認定されたとき

(c)　ある者が、行為無能力の状態にあって、当該罪についてこの者が告発を受けた行為を行ったと認定されたとき

(d)　ある者が、イングランド及びウェールズ地方又は北アイルランド地方で、当該罪について注意を受けたとき

(2)　第二項に該当する罪とは、次の各号に掲げる罪をいう。

(a)　附則三の第一三条から第一五条まで、第四四条から第四六条まで、第七七条、第七八条及び第八二条の各規定に該当する罪

(b)　同附則の第三一条に該当する罪であって、その意図した罪が一六歳［一八歳］（二〇〇九年警備及び犯罪法（法律第二六号）［c.26］第二三条第一項b号・第二項により、下線部を括弧内の文言に読み替える）［イングランド・ウェールズ・北アイルランド地方に適用］未満の者に対する罪であった場合

(c)　次のいずれかに該当する場合において、同附則の第九三条［又は第九三条A］（二〇〇六年軍事法（法律第五二号）［c.52］附則一六第二〇七条a号により、括弧内の文言を加える）に該当する罪

(i)　対応する通常の罪が、同附則の第一三条から第一五条までの規定に該当する罪であった場合

(ii)　対応する通常の罪が、同附則の第三一条に該当する罪であって、その

意図した罪が一六歳［一八歳］（二〇〇九年警備及び犯罪法（法律第二六号）［c.26］第二三条第一項b号・第二項により、下線部を括弧内の文言に読み替える）［イングランド・ウェールズ・北アイルランド地方に適用］未満の者に対する罪であった場合

(iii) 対応する通常の罪が、同附則の第一条から第一二条まで、第一六条から第三〇条まで及び第三二条から第三五条までの各規定に該当する罪であって、当該罪の被害者が犯行時に一六歳［一八歳］（二〇〇九年警備及び犯罪法（法律第二六号）［c.26］第二三条第一項b号・第二項により、下線部を括弧内の文言に読み替える）［イングランド・ウェールズ・北アイルランド地方に適用］未満であった場合

(d) 同附則のその他の条項に該当する罪であって、当該罪の被害者が犯行時に一六歳［一八歳］（二〇〇九年警備及び犯罪法（法律第二六号）［c.26］第二三条第一項b号・第二項により、下線部を括弧内の文言に読み替える）［イングランド・ウェールズ・北アイルランド地方に適用］未満であった場合

【第二項を改める】

(2) 第二項に該当する罪とは、次の各号に掲げる罪をいう。

(a) 附則三の第一三条から第一五条まで、第四四条から第四六条まで、第七七条、第七八条及び第八二条の各規定に該当する罪

(b) 同附則の第三一条に該当する罪であって、その意図した罪が［一八歳］［イングランド・ウェールズ・北アイルランド地方に適用］未満の者に対する罪であった場合

(c) 次のいずれかに該当する場合において、同附則の第九三条又は第九三条Aに該当する罪

(i) 対応する通常の罪が、同附則の第一三条から第一五条までの規定に該当する罪であった場合

(ii) 対応する通常の罪が、同附則の第三一条に該当する罪であって、その意図した罪が［一八歳］［イングランド・ウェールズ・北アイルランド地方に適用］未満の者に対する罪であった場合

(iii) 対応する通常の罪が、同附則の第一条から第一二条まで、第一六条から第三〇条まで及び第三二条から第三五条までの各規定に該当する罪であって、当該罪の被害者が犯行時に［一八歳］［イングランド・ウェールズ・北アイルランド地方に適用］未満であった場合

(d) 同附則のその他の条項に該当する罪であって、当該罪の被害者が犯行時に［一八歳］［イングランド・ウェールズ・北アイルランド地方に適用］未満であった場合

（二〇〇六年軍事法（法律第五二号）［c.52］附則一六第二〇七条b号により、第二項Aを加える）

【第二項Aを加える】

(2A) 第二項c号中の対応する通常の罪は、附則三第九三条Aに該当する罪に関して、イングランド及びウェールズ地方の法律に基づく対応する罪と読むものとする。

(3) 連合王国外の国で効力を有する法律に

基づいて、本章の施行の前後を問わず、次の各号のいずれかに該当したときも、この者は、第一一四条の適用上、適格犯罪者とする。

(a) ある者が（処罰を受けたか否かを問わず）関係犯罪により有罪宣告を受けたとき

(b) 当該法律に基づいて裁判権を行使する裁判所が、関係犯罪について、ある者に責任無能力により無罪とする認定に等しい認定を行ったとき

(c) 当該裁判所が、関係犯罪について、ある者が行為無能力の状態にあって、当該罪についてこの者が告発を受けた行為を行ったとの認定に等しい認定を行ったとき

(4) 前項中の「関係犯罪」(relevant offence）とは、次の各号の両者に該当する行為をいう。

(a) 関係国で効力を有する法律に基づく罪を構成する行為

(b) 連合王国の一部で行われたとすれば、第二項に該当する罪を構成したと思料される行為

(5) 連合王国外の国で効力を有する法律に基づいて処罰することができる行為は、当該法律中の記載の如何を問わず、前項の適用上、当該法律に基づく罪を構成するものとする。

(6) 裁判所準則で定めることができる日以前に、当該被告人が次の各号のすべてに該当する通知書を当該申立て人に送達しなかったときは、第七項に従うことを条件にして、第一一四条に基づく申立てによって、第四項b号中の条件が（関係があるときは）具備されたものとみなすものとする。

(a) 関係行為について申立てを受けた事実により、自己の見解において当該条件が具備されていないことを表明する通知書

(b) 当該見解に対する自己の理由を証明する通知書

(c) 当該申立て人に対し、当該条件が具備されていることを立証するように要求する通知書

(7) 当該裁判所が適切と思料したときは、当該裁判所は、当該申立て人に対し、前項に基づく通知書の送達なくして、当該条件が具備されていることを立証するように要求することを、当該被告人に許可することができる。

【第一一六条［イングランド・ウェールズ・北アイルランド地方に適用］の新正文は次のとおり】

第一一六条　第一一四条：適格犯罪者［イングランド・ウェールズ・北アイルランド地方に適用］

(1) 本章の施行の前後を問わず、次の各号のいずれかに該当したときは、この者は、第一一四条の適用上、適格犯罪者とする。

(a) ある者が、第二項に該当する罪により有罪宣告を受けたとき

(b) ある者が、責任無能力により、当該罪について無罪と認定されたとき

(c) ある者が、行為無能力の状態にあって、当該罪についてこの者が告発を受けた行為を行ったと認定されたとき

(d) ある者が、イングランド及びウェールズ地方又は北アイルランド地方で、当該罪について注意を受けたとき

(2) 第二項に該当する罪とは、次の各号に掲げる罪をいう。

(a) 附則三の第一三条から第一五条まで、第四四条から第四六条まで、第

七七条、第七八条及び第八二条の各規定に該当する罪

(b) 同附則の第三一条に該当する罪であって、その意図した罪が一八歳未満の者に対する罪であった場合

(c) 次のいずれかに該当する場合において、同附則の第九三条又は第九三条Aに該当する罪

(i) 対応する通常の罪が、同附則の第一三条から第一五条までの規定に該当する罪であった場合

(ii) 対応する通常の罪が、同附則の第三一条に該当する罪であって、その意図した罪が一八歳未満の者に対する罪であった場合

(iii) 対応する通常の罪が、同附則の第一条から第一二条まで、第一六条から第三〇条まで及び第三二条から第三五条までの各規定に該当する罪であって、当該罪の被害者が犯行時に一八歳未満であった場合

(d) 同附則のその他の条項に該当する罪であって、当該罪の被害者が犯行時に一八歳未満であった場合

(2A) 第二項c号中の対応する通常の罪は、附則三第九三条Aに該当する罪に関して、イングランド及びウェールズ地方の法律に基づく対応する罪と読むものとする。

(3) 連合王国外の国で効力を有する法律に基づいて、本章の施行の前後を問わず、次の各号のいずれかに該当したときも、この者は、第一一四条の適用上、適格犯罪者とする。

(a) ある者が（処罰を受けたか否かを問わず）関係犯罪により有罪宣告を受けたとき

(b) 当該法律に基づいて裁判権を行使する裁判所が、関係犯罪について、ある者に責任無能力により無罪とする認定に等しい認定を行ったとき

(c) 当該裁判所が、関係犯罪について、ある者が行為無能力の状態にあって、当該罪についてこの者が告発を受けた行為を行ったとの認定に等しい認定を行ったとき

(4) 前項中の「関係犯罪」(relevant offence) とは、次の各号の両者に該当する行為をいう。

(a) 関係国で効力を有する法律に基づく罪を構成する行為

(b) 連合王国の一部で行われたとすれば、第二項に該当する罪を構成したと思料される行為

(5) 連合王国外の国で効力を有する法律に基づいて処罰することができる行為は、当該法律中の記載の如何を問わず、前項の適用上、当該法律に基づく罪を構成するものとする。

(6) 裁判所準則で定めることができる日以前に、当該被告人が次の各号のすべてに該当する通知書を当該申立て人に送達しなかったときは、第七項に従うことを条件にして、第一一四条に基づく申立てによって、第四項b号中の条件が（関係があるときは）具備されたものとみなすものとする。

(a) 関係行為について申立てを受けた事実により、自己の見解において当該条件が具備されていないことを表明する通知書

(b) 当該見解に対する自己の理由を証明する通知書

(c) 当該申立て人に対し、当該条件が具備されていることを立証するように要求する通知書

(7) 当該裁判所が適切と思料したときは、

当該裁判所は、当該申立て人に対し、前項に基づく通知書の送達なくして、当該条件が具備されていることを立証するように要求することを、当該被告人に許可することができる。

第一一六条　第一一四条：適格犯罪者［スコットランド地方に適用］

(1)　本章の施行の前後を問わず、次の各号のいずれかに該当したときは、この者は、第一一四条の適用上、適格犯罪者とする。

(a)　ある者が、第二項に該当する罪により有罪宣告を受けたとき

(b)　ある者が、責任無能力により、当該罪について無罪と認定されたとき

(c)　ある者が、行為無能力の状態にあって、当該罪についてこの者が告発を受けた行為を行ったと認定されたとき

(d)　ある者が、イングランド及びウェールズ地方又は北アイルランド地方で、当該罪について注意を受けたとき

(2)　第二項に該当する罪とは、次の各号に掲げる罪をいう。

(a)　附則三の第一三条から第一五条まで、第四四条から第四六条まで、第七七条、第七八条及び第八二条の各規定に該当する罪

(b)　同附則の第三一条に該当する罪であって、その意図した罪が一六歳未満の者に対する罪であった場合

(c)　次のいずれかに該当する場合において、同附則の第九三条［又は第九三条A］（二〇〇六年軍事法（法律第五二号）［c.52］附則一六第二〇七条a号により、括弧内の文言を加える）に該当する罪

【c号の本文を改める】
(c)　次のいずれかに該当する場合において、同附則の第九三条又は第九三条Aに該当する罪

(i)　対応する通常の罪が、同附則の第一三条から第一五条までの規定に該当する罪であった場合

(ii)　対応する通常の罪が、同附則の第三一条に該当する罪であって、その意図した罪が一六歳未満の者に対する罪であった場合

(iii)　対応する通常の罪が、同附則の第一条から第一二条まで、第一六条から第三〇条まで及び第三二条から第三五条までの各規定に該当する罪であって、当該罪の被害者が犯行時に一六歳未満であった場合

(d)　同附則のその他の条項に該当する罪であって、当該罪の被害者が犯行時に一六歳［一八歳］（二〇一〇年刑事司法及び許可（スコットランド）法（法律第一三号）［asp 13］第一〇一条第三項により、下線部を括弧内の文言に読み替える）［スコットランド地方に適用］未満であった場合

【d号を改める】
(d)　同附則のその他の条項に該当する罪であって、当該罪の被害者が犯行時に［一八歳］［スコットランド地方に適用］未満であった場合

（二〇〇六年軍事法（法律第五二号）［c.52］附則一六第二〇七条b号により、第二項Aを加える）

【第二項Aを加える】
(2A)　第二項c号中の対応する通常の罪は、附則三第九三条Aに該当する罪に関して、イングランド及びウェールズ地方の法律に基づく対応する罪と読むものとする。

(3) 連合王国外の国で効力を有する法律に基づいて、本章の施行の前後を問わず、次の各号のいずれかに該当したときも、この者は、第一一四条の適用上、適格犯罪者とする。

(a) ある者が（処罰を受けたか否かを問わず）関係犯罪により有罪宣告を受けたとき

(b) 当該法律に基づいて裁判権を行使する裁判所が、関係犯罪について、ある者に責任無能力により無罪とする認定に等しい認定を行ったとき

(c) 当該裁判所が、関係犯罪について、ある者が行為無能力の状態にあって、当該罪についてこの者が告発を受けた行為を行ったとの認定に等しい認定を行ったとき

(4) 前項中の「関係犯罪」(relevant offence) とは、次の各号の両者に該当する行為をいう。

(a) 関係国で効力を有する法律に基づく罪を構成する行為

(b) 連合王国の一部で行われたとすれば、第二項に該当する罪を構成したと思料される行為

(5) 連合王国外の国で効力を有する法律に基づいて処罰することができる行為は、当該法律中の記載の如何を問わず、前項の適用上、当該法律に基づく罪を構成するものとする。

(6) 裁判所準則で定めることができる日以前に、当該被告人が次の各号のすべてに該当する通知書を当該申立て人に送達しなかったときは、第七項に従うことを条件にして、第一一四条に基づく申立てによって、第四項b号中の条件が（関係があるときは）具備されたものとみなすものとする。

(a) 関係行為について申立てを受けた事実により、自己の見解において当該条件が具備されていないことを表明する通知書

(b) 当該見解に対する自己の理由を証明する通知書

(c) 当該申立て人に対し、当該条件が具備されていることを立証するように要求する通知書

(7) 当該裁判所が適切と思料したときは、当該裁判所は、当該申立て人に対し、前項に基づく通知書の送達なくして、当該条件が具備されていることを立証するように要求することを、当該被告人に許可することができる。

【第一一六条［スコットランド地方に適用］の新正文は次のとおり】

第一一六条　第一一四条：適格犯罪者

［スコットランド地方に適用］

(1) 本章の施行の前後を問わず、次の各号のいずれかに該当したときは、この者は、第一一四条の適用上、適格犯罪者とする。

(a) ある者が、第二項に該当する罪により有罪宣告を受けたとき

(b) ある者が、責任無能力により、当該罪について無罪と認定されたとき

(c) ある者が、行為無能力の状態にあって、当該罪についてこの者が告発を受けた行為を行ったと認定されたとき

(d) ある者が、イングランド及びウェールズ地方又は北アイルランド地方で、当該罪について注意を受けたとき

(2) 第二項に該当する罪とは、次の各号に掲げる罪をいう。

(a) 附則三の第一三条から第一五条まで、第四四条から第四六条まで、第

七七条、第七八条及び第八二条の各規定に該当する罪

(b) 同附則の第三一条に該当する罪であって、その意図した罪が一六歳未満の者に対する罪であった場合

(c) 次のいずれかに該当する場合において、同附則の第九三条又は第九三条Aに該当する罪

(i) 対応する通常の罪が、同附則の第一三条から第一五条までの規定に該当する罪であった場合

(ii) 対応する通常の罪が、同附則の第三一条に該当する罪であって、その意図した罪が一六歳未満の者に対する罪であった場合

(iii) 対応する通常の罪が、同附則の第一条から第一二条まで、第一六条から第三〇条まで及び第三二条から第三五条までの各規定に該当する罪であって、当該罪の被害者が犯行時に一六歳未満であった場合

(d) 同附則のその他の条項に該当する罪であって、当該罪の被害者が犯行時に一八歳未満であった場合

(2A) 第二項c号中の対応する通常の罪は、附則三第九三条Aに該当する罪に関して、イングランド及びウェールズ地方の法律に基づく対応する罪と読むものとする。

(3) 連合王国外の国で効力を有する法律に基づいて、本章の施行の前後を問わず、次の各号のいずれかに該当したときも、この者は、第一一四条の適用上、適格犯罪者とする。

(a) ある者が（処罰を受けたか否かを問わず）関係犯罪により有罪宣告を受けたとき

(b) 当該法律に基づいて裁判権を行使する裁判所が、関係犯罪について、ある者に責任無能力により無罪とする認定に等しい認定を行ったとき

(c) 当該裁判所が、関係犯罪について、ある者が行為無能力の状態にあって、当該罪についてこの者が告発を受けた行為を行ったとの認定に等しい認定を行ったとき

(4) 前項中の「関係犯罪」（relevant offence）とは、次の各号の両者に該当する行為をいう。

(a) 関係国で効力を有する法律に基づく罪を構成する行為

(b) 連合王国の一部で行われたとすれば、第二項に該当する罪を構成したと思料される行為

(5) 連合王国外の国で効力を有する法律に基づいて処罰することができる行為は、当該法律中の記載の如何を問わず、前項の適用上、当該法律に基づく罪を構成するものとする。

(6) 裁判所準則で定めることができる日以前に、当該被告人が次の各号のすべてに該当する通知書を当該申立て人に送達しなかったときは、第七項に従うことを条件にして、第一一四条に基づく申立てによって、第四項b号中の条件が（関係があるときは）具備されたものとみなすものとする。

(a) 関係行為について申立てを受けた事実により、自己の見解において当該条件が具備されていないことを表明する通知書

(b) 当該見解に対する自己の理由を証明する通知書

(c) 当該申立て人に対し、当該条件が具備されていることを立証するように要求する通知書

(7) 当該裁判所が適切と思料したときは、

当該裁判所は、当該申立て人に対し、前項に基づく通知書の送達なくして、当該条件が具備されていることを立証するように要求することを、当該被告人に許可することができる。

第一一七条　外国旅行禁止命令：効力

(1) 外国旅行禁止命令は、当該命令中に定める、六か月［五年］（二〇〇九年警備及び犯罪法（法律第二六号）［c.26］第二四条第一項により、下線部を括弧内の文言に読み替える）［イングランド・ウェールズ・北アイルランド地方に適用］：（二〇一〇年刑事司法及び許可（スコットランド）法（法律第一三号）［asp 13］第一〇一条第四項により、下線部を括弧内の文言に読み替える）［スコットランド地方に適用］を超えない固定期間中、効力を有する。

【第一項を改める】

(1) 外国旅行禁止命令は、当該命令中に定める、［五年］［イングランド・ウェールズ・北アイルランド・スコットランド地方に適用］を超えない固定期間中、効力を有する。

(2) 裁判所は、当該命令により、当該被告人に対し、当該命令中に定める、次のいずれかを行うことを禁止する。

(a) 当該命令中に記名又は記載した連合王国外の国へ旅行すること

(b) 当該命令中に記名又は記載した国以外の、連合王国外の国へ旅行すること

(c) 連合王国外の国へ旅行すること

(3) 当該命令中に含めることができる禁止事項は、連合王国外で、当該被告人による重大な性的危害から児童全体又はある児童を保護するために必要な禁止事項に限られる。

(4) （適切に更新された）命令が効力を有する期間中に、被告人が関係犯罪者でなかったときは、当該命令により、当該被告人を、第八六条第一項に基づいて定めた規則で課せられる要求に服させるものとする（これらの規則の適用上、当該被告人は、本人が関係犯罪者であったものとみなすものとする）。

(5) 裁判所が、（当該裁判所が下した場合であると、他の裁判所が下した場合であるとを問わず）既に外国旅行禁止命令に服している者に関して当該命令を下したときは、早期の命令は、失効する。

(6) 本条及び第一一八条の適用上、第一一五条第二項の規定を適用する。

【第一一七条の新正文は次のとおり】

第一一七条　外国旅行禁止命令：効力

(1) 外国旅行禁止命令は、当該命令中に定める、［五年］［イングランド・ウェールズ・北アイルランド・スコットランド地方に適用］を超えない固定期間中、効力を有する。

(2) 裁判所は、当該命令により、当該被告人に対し、当該命令中に定める、次のいずれかを行うことを禁止する。

(a) 当該命令中に記名又は記載した連合王国外の国へ旅行すること

(b) 当該命令中に記名又は記載した国以外の、連合王国外の国へ旅行すること

(c) 連合王国外の国へ旅行すること

(3) 当該命令中に含めることができる禁止事項は、連合王国外で、当該被告人による重大な性的危害から児童全体又はある児童を保護するために必要な禁止事項に限られる。

(4) （適切に更新された）命令が効力を有する期間中に、被告人が関係犯罪者

でなかったときは、当該命令により、当該被告人を、第八六条第一項に基づいて定めた規則で課せられる要求に服させるものとする（これらの規則の適用上、当該被告人は、本人が関係犯罪者であったものとみなすものとする）。

(5)　裁判所が、（当該裁判所が下した場合であると、他の裁判所が下した場合であるとを問わず）既に外国旅行禁止命令に服している者に関して当該命令を下したときは、早期の命令は、失効する。

(6)　本条及び第一一八条の適用上、第一一五条第二項の規定を適用する。

（二〇〇九年警備及び犯罪法（法律第二六号）[c.26] 第二五条第二項により、第一一七条Aを加える）［イングランド・ウェールズ・北アイルランド地方に適用］

【第一一七条Aを加える】［イングランド・ウェールズ・北アイルランド地方に適用］

第一一七条A　外国旅行禁止命令：旅券の引渡し

(1)　本条の規定は、第一一七条第二項c号に該当する禁止事項を記載した外国旅行禁止命令に関して適用する。

(2)　当該命令によって、当該被告人に対し、次の各号のいずれかに、当該命令中に定める警察署に、本人の旅券のすべてを引き渡すように要求しなければならない。

(a)　禁止事項が効力を有する日以前に

(b)　当該命令中に定める期間内に

(3)　この者が第一一七条第二項c号に該当する禁止事項を記載した外国旅行禁止命令に服することを終止した後、引き渡されたすべての旅券が、合理的に実施可能な限り速やかに、返還されなければならない。

(4)　次の各号の旅券の両者に関しては、前項の規定を適用しない。

(a)　連合王国外の国の機関又はその機関に代わる者が発付した旅券が当該機関に返還された場合における、当該旅券

(b)　国際組織又はその組織に代わる者が発付した旅券が当該組織に返還された場合における、当該旅券

(5)　本条中の「旅券」(passport) とは、次の各号に該当する旅券をいう。

(a)　一九七一年移民法（法律第七七号）[c.77] の意味の枠内における連合王国の旅券

(b)　連合王国外の国の機関若しくはその機関に代わる者、又は国際組織若しくはその組織に代わる者が発付した旅券

(c)　（何らかの状況又はすべての状況において）旅券に代えて使用することができる資料

（二〇一〇年刑事司法及び許可（スコットランド）法（法律第一三号）[asp 13] 第一〇一条第五項により、第一一七条Bを加える）［スコットランド地方に適用］

【第一一七条Bを加える】［スコットランド地方に適用］

第一一七条B　旅券の引渡し：スコットランド地方

(1)　本条の規定は、第一一七条第二項c号に該当する禁止事項を記載した外国旅行禁止命令に関して適用する。

(2)　当該命令によって、当該命令が効力

を有する対象者に対し、次の各号のいずれかに、当該命令中に定めるスコットランド地方の警察署に、本人の旅券のすべてを引き渡すように要求しなければならない。

(a) 禁止事項が効力を有する日以前に

(b) 当該命令中に定める期間内に

(3) この者が第一一七条第二項c号に該当する禁止事項を記載した外国旅行禁止命令に服することを終止した後、引き渡されたすべての旅券が、合理的に実施可能な限り速やかに、返還されなければならない。

(4) 次の各号の旅券の両者に関しては、前項の規定を適用しない。

(a) 連合王国外の国の機関又はその機関に代わる者が発付した旅券が当該機関に返還された場合における、当該旅券

(b) 国際組織又はその組織に代わる者が発付した旅券が当該組織に返還された場合における、当該旅券

(5) 本条中の「旅券」(passport)とは、次の各号に該当する旅券をいう。

(a) 一九七一年移民法（法律第七七号）[c.77] の意味の枠内における連合王国の旅券

(b) 連合王国外の国の機関若しくはその機関に代わる者、又は国際組織若しくはその組織に代わる者が発付した旅券

(c) （何らかの状況又はすべての状況において）旅券に代えて使用することができる資料

第一一八条　外国旅行禁止命令：変更、更新及び取消し

(1) 第二項に該当する者は、権限を有する裁判所への不服申立てをもって、外国旅行禁止命令を変更し、更新し、又は取り消す命令を求める申立てを行うことができる。

(2) 第二項に該当する者とは、次の各号に掲げる者をいう。

(a) 当該被告人

(b) 警察局長の申立てにより外国旅行禁止命令が下されることになった場合における警察局長

(c) 当該被告人が居住する地域の警察局長

(d) 当該被告人が警察局長の警察地域内に居るか、又は当該地域へ来る意思がある、と確信している警察局長

(3) 裁判所は、第四項に従うことを条件にして、当該申立てによって、当該申立てを行った者及び（審理を受けることを希望した場合において）第二項に掲げたその他の者を審理した後に、自己が適切と思料する、外国旅行禁止命令を変更し、更新し、又は取り消す命令を下すことができる。

(4) 当該被告人による重大な性的危害から児童全体又はある児童を保護するために必要である場合に限って、当該被告人に追加禁止事項を課するように、命令を更新又は変更することができる（更新又は変更された命令には、その目的のために必要な禁止事項のみを含めることができる）。

(5) 本条中の「権限を有する裁判所」(the appropriate court)とは、次の各号に掲げる裁判所をいう。

(a) 外国旅行禁止命令を下した裁判所

(b) 当該被告人が居住する地域のマジストレート裁判所

(c) 警察局長が当該申立てを行ったときは、マジストレート裁判所の委任地域の中に当該警察局長の警察地域の一部

が含まれている場合におけるマジストレート裁判所

第一一九条　外国旅行禁止命令：上訴

(1) 被告人は、次の各号に掲げる事項に対し刑事法院へ上訴することができる。

(a) 外国旅行禁止命令の発令

(b) 前条に基づく命令の発令又はその発令の拒否

(2) 刑事法院は、当該上訴により、当該上訴の決定に効力を与えるために必要な命令を下すことができ、また刑事法院が適切と認める付随的又は派生的命令を下すこともできる。

(3) 第一項a号に基づく上訴により刑事法院が下した命令（マジストレート裁判所が申立てを再審理することを指示する命令を除く）は、前条第五項の適用上、それが（刑事法院の命令ではなく）上訴が提起されることになった元の裁判所の命令であったものとみなすものとする。

第一二〇条　外国旅行禁止命令に関する上訴：スコットランド地方

スコットランド地方において

(a) 外国旅行禁止命令を許可し、拒否し、変更し、更新し、又は取り消す中間判決は、上訴可能な中間判決とする。

(b) 当該命令を許可し、変更し、又は更新する中間判決に対し、上訴が提起されたときは、当該命令は、当該命令を変更又は撤回する裁判所の権限を損なうことなく、当該上訴を処理するまでの間、引き続き効力を有する。

第一二一条　第一一四条から第一一八条までの規定：スコットランド地方

(1) 第一一四条から第一一八条までの規定は、次の各号に掲げる変更を伴って、スコットランド地方に適用する。

(a) 「警察局長」(a chief officer of police) 及び「その警察地域」(his police area) は、それぞれ、「県警察長」(a chief constable) 及び「その警察地域」(the area of his police force) と読むものとする。

(b) 当該被告人は、当該命令が求められる対象者又は当該命令が効力を有する対象者と読むものとする。

(c) 外国旅行禁止命令を求める申立ては、執行官管轄地域が当該申立て人の警察地域の一部にある場合における、当該執行官管轄地域を管轄する執行官への略式の申立てをもって行う（「当該裁判所」(the court) は、これに応じて解釈するものとする）。

(d) 第一一八条第五項a号からc号までの規定は、次のとおり読み替えるものとする。

「(a) 外国旅行禁止命令を下した執行官

(b) 県警察長が当該申立てを行ったときは、執行官の執行官管轄地域の中に当該申立て人の警察地域の一部が含まれている場合における執行官」

(2) 証拠の記録は、前項c号によって行う略式の申立てによって保存するものとする。

(3) 本項により外国旅行禁止命令の発令、変更、更新又は取消しを行った裁判所の書記官は、場合により、次の各号のいずれかの写しを、当該命令中に記名された者に提示させ、又は書留若しくは簡易書留速達によってこの者に送付させることができる（郵便局が発行して、送付された写しの書留の受領書又は証明書は、当該受領書中又は証明書中に記載した日に当該写しを配達した旨の十分な証拠とする）。

(a) 発令、変更又は更新された命令

(b) 取消しの効力を有する中間判決

第一二二条　罪：外国旅行禁止命令の違反

(1) ある者が、合理的な免責事由なくして、外国旅行禁止命令によって禁止された何らかの行為を行ったときは、この者は、罪を犯したものとする。

（二〇〇九年警備及び犯罪法（法律第二六号）[c.26] 第二五条第三項により、第一項Aを加える）［イングランド・ウェールズ・北アイルランド地方に適用］

【第一項Aを加える】［イングランド・ウェールズ・北アイルランド地方に適用］

(1A) ある者が、合理的な免責事由なくして、第一一七条Aに基づく要求を遵守しなかったときは、この者は、罪を犯したものとする。

（二〇一〇年刑事司法及び許可（スコットランド）法（法律第一三号）[asp 13] 第一〇一条第六項により、第一項Bと第一項Cを加える）［スコットランド地方に適用］

【第一項Bと第一項Cを加える】［スコットランド地方に適用］

(1B) ある者が、合理的な免責事由なくして、次の各号のいずれかを遵守しなかったときは、この者は、罪を犯したものとする。

(a) 第一一七条A第二項に基づく要求（旅券の引渡し：イングランド・ウェールズ・北アイルランド地方）

(b) 第一一七条B第二項に基づく要求（旅券の引渡し：スコットランド地方）

(1C) 前項に基づく罪については、次の各号のいずれかに定める執行官裁判所地区において行われたものとして、（かつ当該罪が、その審理若しくは処罰に付随し、又は審理若しくは処罰から派生するすべての適用上、当該地区において行われたものとみなして）この者を訴追し、審理し、及び処罰することができる。

(a) この者が逮捕され、又は拘束されている執行官裁判所地区

(b) 法務総裁が決定することができる執行官裁判所地区

(2) 本条に基づく罪により有罪となった者は、次の各号の定めるところによる。

(a) 略式起訴に基づく有罪宣告により、六か月以下の拘禁若しくは法定上限以下の罰金に処し、又は両者を併科する。

(b) 正式起訴に基づく有罪宣告により、五年以下の拘禁に処する。

(3) ある者が本条に基づく罪により有罪宣告を受けたときは、当該罪について、この者に有罪を宣告した裁判所は、条件付き釈放を求める命令（又はスコットランド地方においてはプロベーション命令［コミュニティー返済命令］（二〇一一年「二〇一〇年刑事司法及び許可（スコットランド）法」（派生・補充規定）命令（スコットランド法律的文書第二五号）[S.S.I.2011/25] 附則第二条第五項により、下線部を括弧内の文言に読み替える）［スコットランド地方に適用］を下すことができない。

【第一一二条の新正文は次のとおり】

第一一二条　罪：外国旅行禁止命令の違反

(1) ある者が、合理的な免責事由なくして、外国旅行禁止命令によって禁止された何らかの行為を行ったときは、この者は、罪を犯したものとする。

(1A) ある者が、合理的な免責事由なくして、第一一七条Aに基づく要求を遵守

しなかったときは、この者は、罪を犯したものとする。［イングランド・ウェールズ・北アイルランド地方に適用］

(1B)　ある者が、合理的な免責事由なくして、次の各号のいずれかを遵守しなかったときは、この者は、罪を犯したものとする。［スコットランド地方に適用］

(a)　第一一七条A第二項に基づく要求（旅券の引渡し：イングランド・ウェールズ・北アイルランド地方）

(b)　第一一七条B第二項に基づく要求（旅券の引渡し：スコットランド地方）

(1C)　前項に基づく罪については、次の各号のいずれかに定める執行官裁判所地区において行われたものとして、（かつ当該罪が、その審理若しくは処罰に付随し、又は審理若しくは処罰から派生するすべての適用上、当該地区において行われたものとみなして）この者を訴追し、審理し、及び処罰することができる。［スコットランド地方に適用］

(a)　この者が逮捕され、又は拘束されている執行官裁判所地区

(b)　法務総裁が決定することができる執行官裁判所地区

(2)　本条に基づく罪により有罪となった者は、次の各号の定めるところによる。

(a)　略式起訴に基づく有罪宣告により、六か月以下の拘禁若しくは法定上限以下の罰金に処し、又は両者を併科する。

(b)　正式起訴に基づく有罪宣告により、五年以下の拘禁に処する。

(3)　ある者が本条に基づく罪により有罪宣告を受けたときは、当該罪について、この者に有罪を宣告した裁判所は、条件付き釈放を求める命令（又はスコットランド地方においては［コミュニティー返済命令］［スコットランド地方に適用］）を下すことができない。

性的危害禁止命令

第一二三条　性的危害禁止命令：申立て、理由及び効力

(1)　警察局長の警察地域内に居住しているか、又は当該地域内に居るか、若しくは当該地域へ来る意思がある、と警察局長が確信している一八歳以上の者（「当該被告人」（the defendant））について、次の各号の両者に該当したときは、警察局長は、マジストレート裁判所への不服申立てをもって、本条に基づく命令（「性的危害禁止命令」（risk of sexual harm order））を求める申立てを行うことができる。

(a)　当該被告人が、本章の施行の前後を問わず、少なくとも二回、第三項に該当する行為を行った、と警察局長が認めたとき

(b)　これらの行為の結果、当該命令を下すことが必要であると確信する合理的な理由がある、と警察局長が認めたとき

(2)　前項に基づく申立ては、マジストレート裁判所の委任地域の中に、次の各号のいずれかが含まれている場合におけるマジストレート裁判所に対して行うことができる。

(a)　当該申立て人の警察地域の一部

(b)　当該被告人が前項a号中に定めた方法で行為を行った、と申立てを受けた場所

(3)　第三項に該当する行為とは、次の各号に掲げる行為をいう。

(a) 児童を巻き込んで性的行為を行うか、又は児童の面前で性的行為を行うこと
(b) 児童に対し、ある者が性的行為を行っている状況を見つめるように、又は性的な活動画像若しくは静止画像を閲覧するように強制又は勧誘すること
(c) 性的行為に関係しているか、又は性的行為への関連を含む何らかの物を児童に与えること
(d) 通信の一部が性的である場合において、児童と通信を行うこと

(4) 次の各号の両者に該当したときは、当該裁判所は、当該申立てにより、性的危害禁止命令を下すことができる。
(a) 当該被告人が、本章の施行の前後を問わず、少なくとも二回、第三項に該当する行為を行った、と裁判所が確信したとき
(b) 当該被告人による危害から児童全体又はある児童を保護するために、当該命令を下すことが必要である、と裁判所が確信したとき

(5) 性的危害禁止命令は、次の各号の定めるところによる。
(a) 裁判所が、当該被告人に対し、当該命令中に定める何らかの行為を行うことを禁止する。
(b) 当該命令中に定める（二年以上の）固定期間中、又は他の命令があるまで効力を有する。

(6) 課することができる禁止事項は、当該被告人による危害から児童全体又はある児童を保護するために必要な禁止事項に限られる。

(7) 裁判所が、（当該裁判所が下した場合であると、他の裁判所が下した場合であるとを問わず）既に性的危害禁止命令に服している者に関して当該命令を下したときは、早期の命令は、失効する。

第一二四条　第一二三条：解釈

(1) 前条の適用上、第二項から第七項までの規定を適用する。

(2) 「当該被告人による危害から児童全体又はある児童を保護する」(protecting children generally or any child from harm from the defendant) とは、当該被告人が前条第三項に該当する行為を行ったことによって生じた身体的又は心理的危害から、児童全体又はある児童を保護することをいう。

(3) 「児童」(child) とは、一六歳未満の者をいう。

(4) 「画像」(image) とは、実物であると創造物であるとを問わず、あらゆる方法によって作成された画像をいう。

(5) 「性的行為」(sexual activity) とは、人の目的にかかわりなく、すべての状況において、通常人であれば性的であると思料される行為をいう。

(6) 次の各号のいずれかに該当したときは、通信は性的とする。
(a) 通信の一部が性的行為に関係しているとき
(b) 人の目的にかかわりなく、すべての状況において、通常人であれば通信の一部が性的であると思料されるとき

(7) 次の各号のいずれかに該当するときは、画像は性的とする。
(a) 画像の一部が性的行為に関係しているとき
(b) 人の目的にかかわりなく、すべての状況において、通常人であれば画像の一部が性的であると思料されるとき

(8) 本条を北アイルランド地方に適用するときは、本条中の第三項は、「一六歳」を「一七歳」と読み替えて効力を有する。

第一二五条　性的危害禁止命令：変更、更新及び取消し

(1) 第二項に該当する者は、権限を有する裁判所への不服申立てをもって、性的危害禁止命令を変更し、更新し、又は取り消す命令を求める申立てを行うことができる。

(2) 第二項に該当する者とは、次の各号に掲げる者をいう。

(a) 当該被告人

(b) 警察局長の申立てにより性的危害禁止命令が下されることになった場合における警察局長

(c) 当該被告人が居住する地域の警察局長

(d) 当該被告人が警察局長の警察地域内に居るか、又は当該地域へ来る意思がある、と確信している警察局長

(3) 第四項及び第五項に従うことを条件にして、当該裁判所は、当該申立てによって、当該申立てを行った者及び（審問を受けることを希望した場合において）第二項に掲げたその他の者を審問した後に、自己が適切と思料する、性的危害禁止命令を変更し、更新し、又は取り消す命令を下すことができる。

(4) 当該被告人による危害から児童全体又はある児童を保護するために必要である場合に限って、当該被告人に追加禁止事項を課するように、命令を更新又は変更することができる（更新又は変更された命令には、その目的のために必要な禁止事項のみを含めることができる）。

(5) 当該裁判所は、当該被告人及び次の各号のいずれかに掲げる者の同意を得ないで、当該命令を下した日から起算して二年の終了前に、当該命令を取り消してはならない。

(a) 警察局長が当該申立てを行ったときは、当該警察局長

(b) その他の事案にあっては、当該被告人が居住する地域の警察局長

(6) 本条の適用上、第一二四条第二項の規定を適用する。

(7) 本条中の「権限を有する裁判所」(the appropriate court) とは、次の各号のいずれかに掲げる裁判所をいう。

(a) 性的危害禁止命令を下した裁判所

(b) 当該被告人が居住する地域のマジストレート裁判所

(c) 警察局長が当該申立てを行ったときは、マジストレート裁判所の委任地域の中に当該警察局長の警察地域の一部が含まれている場合におけるマジストレート裁判所

第一二六条　仮性的危害禁止命令

(1) 性的危害禁止命令を求める申立て（「主たる申立て」(the main application)）が決定されなかったときは、本条の規定を適用する。

(2) 本条に基づく命令（「仮性的危害禁止命令」(interim risk of sexual harm order)）を求める申立ては、次の各号のいずれかの定めるところによる。

(a) 主たる申立てを行う不服申立てをもって行うことができる。

(b) 主たる申立てが行われたときは、当該申立てを行った者が、当該申立てを受けた裁判所への不服申立てをもって行うことができる。

(3) 当該裁判所が適切と思料したときは、当該裁判所は、仮性的危害禁止命令を下して、当該被告人が当該命令中に定めた何らかの行為を行うことを禁止することができる。

(4) 仮性的危害禁止命令は、次の各号の定めるところによる。

(a) 当該命令中に定める固定期間中に限って、効力を有する。

(b) 仮性的危害禁止命令がまだ失効して

いないときは、当該命令は、主たる申立ての決定後に失効する。

(5) 当該申立て人又は当該被告人は、不服申立てをもって、仮性的危害禁止命令を下した裁判所に対し、当該命令の変更、更新又は取消しを求める申立てを行うことができる。

第一二七条　性的危害禁止命令及び仮性的危害禁止命令：上訴

(1) 被告人は、次の各号のいずれかに掲げる事項に対し刑事法院へ上訴することができる。

(a) 性的危害禁止命令の発令

(b) 仮性的危害禁止命令の発令

(c) 第一二五条に基づく命令の発令又はその発令の拒否

(2) 刑事法院は、当該上訴により、当該上訴の決定に効力を与えるために必要な命令を下すことができ、また刑事法院が適切と認める付随的又は派生的命令を下すこともできる。

(3) 第一項ａ号又はｂ号に基づく上訴により刑事法院が下した命令（マジストレート裁判所が申立てを再審理することを指示する命令を除く）は、（それぞれ）第一二五条第七項又は第一二六条第五項の適用上、それが（刑事法院の命令ではなく）上訴が提起されることになった元の裁判所の命令であったものとみなすものとする。

第一二八条　罪：性的危害禁止命令又は仮性的危害禁止命令の違反

(1) ある者が、合理的な免責事由なくして、次の各号のいずれかによって禁止された何らかの行為を行ったときは、この者は、罪を犯したものとする。

(a) 性的危害禁止命令

(b) 仮性的危害禁止命令

（二〇〇六年暴力犯罪削減法（法律第三八号）[c.38] 第五六条第二項により、第一項Ａを加える）

> **【第一項Ａを加える】**
>
> (1A) 前項中の、及びこれに応じて、第一二九条第五項中の、性的危害禁止命令及び仮性的危害禁止命令の中には、それぞれ、次の各号に掲げる命令が含まれるものとし、本条の適用上、連合王国の一地方において下した命令によって課せられた禁止事項は、（明文をもって特定の地域に限定されない限り）連合王国の当該地方及びその他のすべての地方に適用される。
>
> (a) 二〇〇五年児童保護及び性犯罪防止（スコットランド）法（法律第九号）[asp 9] 第二条に基づく命令（スコットランドの性的危害禁止命令）
>
> (b) 同法第五条に基づく命令（スコットランドの仮性的危害禁止命令）

(2) 本条に基づく罪により有罪となった者は、次の各号の定めるところによる。

(a) 略式起訴に基づく有罪宣告により、六か月以下の拘禁若しくは法定上限以下の罰金に処し、又は両者を併科する。

(b) 正式起訴に基づく有罪宣告により、五年以下の拘禁に処する。

(3) ある者が本条に基づく罪により有罪宣告を受けたときは、当該罪について、この者に有罪を宣告した裁判所は、条件付き釈放を求める命令を下すことができない。

> 【第一二八条の新正文は次のとおり】
>
> **第一二八条　罪：性的危害禁止命令又は仮性的危害禁止命令の違反**
>
> (1) ある者が、合理的な免責事由なくして、次の各号のいずれかによって禁止

された何らかの行為を行ったときは、この者は、罪を犯したものとする。

(a) 性的危害禁止命令

(b) 仮性的危害禁止命令

(1A) 前項中の、及びこれに応じて、第一二九条第五項中の、性的危害禁止命令及び仮性的危害禁止命令の中には、それぞれ、次の各号に掲げる命令が含まれるものとし、本条の適用上、連合王国の一地方において下した命令によって課せられた禁止事項は、(明文をもって特定の地域に限定されない限り)連合王国の当該地方及びその他のすべての地方に適用される。

(a) 二〇〇五年児童保護及び性犯罪防止(スコットランド)法(法律第九号)[asp 9] 第二条に基づく命令(スコットランドの性的危害禁止命令)

(b) 同法第五条に基づく命令(スコットランドの仮性的危害禁止命令)

(2) 本条に基づく罪により有罪となった者は、次の各号の定めるところによる。

(a) 略式起訴に基づく有罪宣告により、六か月以下の拘禁若しくは法定上限以下の罰金に処し、又は両者を併科する。

(b) 正式起訴に基づく有罪宣告により、五年以下の拘禁に処する。

(3) ある者が本条に基づく罪により有罪宣告を受けたときは、当該罪について、この者に有罪を宣告した裁判所は、条件付き釈放を求める命令を下すことができない。

第一二九条　前条に基づく罪の有罪宣告等の効力

(1) 本条の規定は、次の各号のいずれかに掲げる者(「当該被告人」(the defendant))に適用する。

(a) 前条に基づく[第一項A中に掲げる](二〇〇六年暴力犯罪削減法(法律第三八号)[c.38] 第五六条第三項により、下線部を括弧内の文言に読み替える)罪により有罪宣告を受けた者

【a号を改める】
(a) 第一項A中に掲げる罪により有罪宣告を受けた者

(b) 責任無能力により、当該罪について無罪と認定された者

(c) 行為無能力の状態にあって、当該罪についてこの者が告発を受けた行為を行ったと認定された者

(d) 当該罪について注意を受けた者

(二〇〇六年暴力犯罪削減法(法律第三八号)[c.38] 第五六条第三項により、第一項Aを加える)

【第一項Aを加える】
(1A) 第一項A中に掲げる罪とは、次の各号に掲げる罪をいう。
(a) 前条に基づく罪
(b) 二〇〇五年児童保護及び性犯罪防止(スコットランド)法(法律第九号)[asp 9] 第七条に基づく罪(スコットランドの性的危害禁止命令又は仮性的危害禁止命令の違反)

(2) 次の各号の両者に該当したときは、当該被告人は、届出要求に服するものとする。

(a) 本条の規定が被告人に適用される前に、被告人が関係犯罪者であったとき

(b) (適切に更新された)関係命令が効力を有している間に、当該被告人が(本項とは別に)本章の届出要求に服していなかったと思料されるとき

(3) 本条の規定が被告人に適用される前に、

当該被告人が関係犯罪者でなかったときは、次の各号の両者の定めるところによる。

(a) 本条により、被告人は、本条の規定が最初に適用される時点から、(適切に更新された) 関係命令が失効するまで、本章の届出要求に服するものとする。

(b) 第四項に定める変更に従うことを条件にして、本章の規定を当該被告人に適用する。

(4) 「関係日」(relevant date) は、本条の規定を最初に当該被告人に適用する日とする。

(5) 本条中の「関係命令」(relevant order) とは、次の各号に定める命令をいう。

(a) 性的危害禁止命令の違反について、第一項に該当する有罪宣告、認定又は注意があったときは、当該命令

(b) 仮性的危害禁止命令の違反について、第一項に該当する有罪宣告、認定又は注意があったときは、当該命令が関係する申立ての審理後に下した性的危害禁止命令、又は性的危害禁止命令が下されなかったときは、仮性的危害禁止命令

【第一二九条の新正文は次のとおり】

第一二九条　前条に基づく罪の有罪宣告等の効力

(1) 本条の規定は、次の各号のいずれかに掲げる者(「当該被告人」(the defendant)) に適用する。

(a) 第一項A中に掲げる罪により有罪宣告を受けた者

(b) 責任無能力により、当該罪について無罪と認定された者

(c) 行為無能力の状態にあって、当該罪についてこの者が告発を受けた行為を行ったと認定された者

(d) 当該罪について注意を受けた者

(1A) 第一項A中に掲げる罪とは、次の各号に掲げる罪をいう。

(a) 前条に基づく罪

(b) 二〇〇五年児童保護及び性犯罪防止(スコットランド)法(法律第九号) [asp 9] 第七条に基づく罪(スコットランドの性的危害禁止命令又は仮性的危害禁止命令の違反)

(2) 次の各号の両者に該当したときは、当該被告人は、届出要求に服するものとする。

(a) 本条の規定が被告人に適用される前に、被告人が関係犯罪者であったとき

(b) (適切に更新された) 関係命令が効力を有している間に、当該被告人が(本項とは別に) 本章の届出要求に服していなかったと思料されるとき

(3) 本条の規定が被告人に適用される前に、当該被告人が関係犯罪者でなかったときは、次の各号の両者の定めるところによる。

(a) 本条により、被告人は、本条の規定が最初に適用される時点から、(適切に更新された) 関係命令が失効するまで、本章の届出要求に服するものとする。

(b) 第四項に定める変更に従うことを条件にして、本章の規定を当該被告人に適用する。

(4) 「関係日」(relevant date) は、本条の規定を最初に当該被告人に適用する日とする。

(5) 本条中の「関係命令」(relevant order) とは、次の各号に定める命令

をいう。

(a)　性的危害禁止命令の違反について、第一項に該当する有罪宣告、認定又は注意があったときは、当該命令

(b)　仮性的危害禁止命令の違反について、第一項に該当する有罪宣告、認定又は注意があったときは、当該命令が関係する申立ての審理後に下した性的危害禁止命令、又は性的危害禁止命令が下されなかったときは、仮性的危害禁止命令

附則三及び附則五を改める権限

第一三〇条　附則三及び附則五を改める権限

(1)　主務大臣は、命令をもって、附則三又は附則五を改めることができる。

(2)　第三項に従うことを条件にして、第四項に該当する改正が効力を有するに先立って、当該改正を有罪宣告、認定又は注意に適用しない。

(3)　第一〇六条及び第一一六条の適用上、第四項に該当する改正は、当該改正が効力を有する前後の有罪宣告、認定又は注意に適用する。

(4)　第四項に該当する改正とは、ある改正が次の各号のいずれかに該当する場合をいう。

(a)　罪を追加する場合

(b)　罪に関係する枠付けを排除する場合

(c)　特定の年齢の者、特定の状況にあった者又は特定の処分を受けた者が行う罪又はこれらの者に対して行う罪について、その他の場合であったとすれば、附則の枠内に該当させないと思料される場合において、当該附則の枠内に該当させる方法で、枠付けを変更する場合

通則

第一三一条　少年犯罪者：適用

本章の規定は、次の各号に掲げる事項と同等の拘禁刑に適用されると同様に、これらの各号の事項に適用され、本章中の刑務所又は拘禁は、これに応じて解釈するものとする。

(a)　収容及び訓練命令〔(二〇〇六年軍事法(法律第五二号)[c.52] 第二一一条に基づく命令を含む)〕(二〇〇六年軍事法(法律第五二号)[c.52] 附則一六第二〇八条第二項により、括弧内の文言を加える)に基づいて、又は閉鎖訓練命令に基づいて、人に服役を科する収容期間

【a号を改める】

(a)　収容及び訓練命令(二〇〇六年軍事法(法律第五二号)[c.52] 第二一一条に基づく命令を含む)に基づいて、又は閉鎖訓練命令に基づいて、人に服役を科する収容期間

(b)　一九九五年刑事手続(スコットランド)法(法律第四六号)[c.46] 第四四条第一項に基づいて、人に居住収容施設への収容を命ずる期間

(c)　一九六八年児童及び少年法(北アイルランド)(法律第三四号)[c.34 (N.I.)] 第七四条第一項a号又はe号に基づく命令によって、人に体験を課し、又は服役を科する訓練スクールへの訓練期間又はリマンド・センターへの拘束期間

(d)　一九九八年刑事司法(児童)(北アイルランド)命令(法律的文書第一五〇四号)[S.I.1998/1504 (N.I.9)] 第三九条に基づいて、人に少年司法センターへの収容を命ずる期間

(e)　前号に定めた命令の第四四条Aに基

づいて、人に閉鎖収容施設への収容を命ずる期間

(f) 少年犯罪者施設又は少年犯罪者センターへの収容刑

(g) 一九五五年陸軍法(法律第一八号)[3&4 Eliz.2 c.18] 若しくは一九五五年空軍法(法律第一九号)[3&4 Eliz.2 c.19] の第七一条AA若しくは同附則五A第一〇条第一項、又は一九五七年海軍規律法(法律第五三号)[c.53] 第四三条AA若しくは同附則四A第一〇条第一項の意味の枠内における拘束命令に基づく刑

(h) 二〇〇〇年刑事裁判所権限(量刑)法(法律第六号)[c.6] 第九〇条若しくは第九一条、[二〇〇六年軍事法(法律第五二号)[c.52] 第二〇九条若しくは第二一八条、](二〇〇六年軍事法(法律第五二号)[c.52] 附則一六第二〇八条第三項により、括弧内の文言を加える)一九九五年刑事手続(スコットランド)法(法律第四六号)[c.46] 第二〇八条又は一九九八年刑事司法(児童)(北アイルランド)命令(法律的文書第一五〇四号)[S.I.1998/1504 (N.I.9)] 第四五条に基づく収容刑

【h号を改める】

(h) 二〇〇〇年刑事裁判所権限(量刑)法(法律第六号)[c.6] 第九〇条若しくは第九一条、二〇〇六年軍事法(法律第五二号)[c.52] 第二〇九条若しくは第二一八条、一九九五年刑事手続(スコットランド)法(法律第四六号)[c.46] 第二〇八条又は一九九八年刑事司法法(児童)(北アイルランド)命令(法律的文書第一五〇四号)[S.I.1998/1504 (N.I.9)] 第四五条に基づく収容刑

(i) 二〇〇〇年刑事裁判所権限(量刑)法(法律第六号)[c.6] 第九三条又は第九四条に基づく終身拘束刑

(j) 一九五五年陸軍法(法律第一八号)[3&4 Eliz.2 c.18] 若しくは一九五五年空軍法(法律第一九号)[3&4 Eliz.2 c.19] の第七一条A、又は一九五七年海軍規律法(法律第五三号)[c.53] 第四三条Aに基づく収容刑又は終身拘束刑

(二〇〇三年刑事司法法(法律第四四号)[c.44] 附則三二第一四三条により、k号とl号を加える)

【k号とl号を加える】(その後再度改める：後述)

(k) 二〇〇三年刑事司法法第二二六条に基づく公衆の保護のための収容刑[(二〇〇六年軍事法(法律第五二号)[c.52] 第二二一条の結果として言い渡される当該刑を含む)](二〇〇六年軍事法(法律第五二号)[c.52] 附則一六第二〇八条第四項により、括弧内の文言を加える)

(l) 同法第二二八条に基づく拡張刑 [二〇〇三年刑事司法法第二二八条に基づく拡張刑(二〇〇六年軍事法(法律第五二号)[c.52] 第二二二条の結果として言い渡される当該刑を含む)](二〇〇六年軍事法(法律第五二号)[c.52] 附則一六第二〇八条第五項により、下線部を括弧内の文言に読み替える)

【k号とl号を再度改める】

(k) 二〇〇三年刑事司法法第二二六条に基づく公衆の保護のための収容刑(二〇〇六年軍事法(法律第五二号)

[c.52] 第二二二条の結果として言い渡される当該刑を含む）

(l) 二〇〇三年刑事司法第二二八条に基づく拡張刑（二〇〇六年軍事法（法律第五二号）[c.52] 第二二二条の結果として言い渡される当該刑を含む）

（二〇〇八年刑事司法（北アイルランド）命令（法律的文書第一二一六号）[S.I.2008/1216 (N.I.1)] 附則五第一〇条第二項により、m号を加える）[北アイルランド地方に適用]

【m号を加える】[北アイルランド地方に適用]

(m) 二〇〇八年刑事司法（北アイルランド）命令（法律的文書第一二一六号）[S.I.2008/1216 (N.I.1)] 第一三条第四項b号又は第一四条第五項に基づく収容刑

【第一三一条の新正文は次のとおり】

第一三一条　少年犯罪者：適用

本章の規定は、次の各号に掲げる事項と同等の拘禁刑に適用されると同様に、これらの各号の事項に適用され、本章中の刑務所又は拘禁は、これに応じて解釈するものとする。

(a) 収容及び訓練命令（二〇〇六年軍事法（法律第五二号）[c.52] 第二一一条に基づく命令を含む）に基づいて、又は閉鎖訓練命令に基づいて、人に服役を科する収容期間

(b) 一九九五年刑事手続（スコットランド）法（法律第四六号）[c.46] 第四四条第一項に基づいて、人に居住収容施設への収容を命ずる期間

(c) 一九六八年児童及び少年法（北アイルランド）（法律第三四号）[c.34 (N.I.)] 第七四条第一項a号又はe号に基づく命令によって、人に体験を課し、又は服役を科する訓練スクールへの訓練期間又はリマンド・センターへの拘束期間

(d) 一九九八年刑事司法（児童）（北アイルランド）命令（法律的文書第一五〇四号）[S.I.1998/1504 (N.I.9)] 第三九条に基づいて、人に少年司法センターへの収容を命ずる期間

(e) 前号に定めた命令の第四四条Aに基づいて、人に閉鎖収容施設への収容を命ずる期間

(f) 少年犯罪者施設又は少年犯罪者センターへの収容刑

(g) 一九五五年陸軍法（法律第一八号）[3&4 Eliz.2 c.18] 若しくは一九五五年空軍法（法律第一九号）[3&4 Eliz.2 c.19] の第七一条AA若しくは同附則五A第一〇条第一項、又は一九五七年海軍規律法（法律第五三号）[c.53] 第四三条AA若しくは同附則四A第一〇条第一項の意味の枠内における拘束命令に基づく刑

(h) 二〇〇〇年刑事裁判所権限（量刑）法（法律第六号）[c.6] 第九〇条若しくは第九一条、二〇〇六年軍事法（法律第五二号）[c.52] 第二〇九条若しくは第二一八条、一九九五年刑事手続（スコットランド）法（法律第四六号）[c.46] 第二〇八条又は一九九八年刑事司法（児童）（北アイルランド）命令（法律的文書第一五〇四号）[S.I.1998/1504 (N.I.9)] 第四五条に基づく収容刑

(i) 二〇〇〇年刑事裁判所権限（量刑）法（法律第六号）[c.6] 第九三条又は第九四条に基づく終身拘束刑

(j) 一九五五年陸軍法（法律第一八

号）［3&4 Eliz.2 c.18］若しくは一九五五年空軍法（法律第一九号）［3&4 Eliz.2 c.19］の第七一条A、又は一九五七年海軍規律法（法律第五三号）［c.53］第四三条Aに基づく収容刑又は終身拘束刑

(k) 二〇〇三年刑事司法法第二二六条に基づく公衆の保護のための収容刑（二〇〇六年軍事法（法律第五二号）［c.52］第二二一条の結果として言い渡される当該刑を含む）

(l) 二〇〇三年刑事司法法第二二八条に基づく拡張刑（二〇〇六年軍事法（法律第五二号）［c.52］第二二二条の結果として言い渡される当該刑を含む）

(m) 二〇〇八年刑事司法（北アイルランド）命令（法律的文書第一二一六号）［S.I.2008/1216（N.I.1）］第一三条第四項b号又は第一四条第五項に基づく収容刑［北アイルランド地方に適用］

第一三二条　枠付けを伴う罪

(1) 本条の規定は、附則三中に列挙した罪について、又は（関係する認定が被告人について下されたときは）当該認定について、当該被告人が取扱いを受ける方法に関係する条件（「量刑条件」）（sentencing condition）に従うことを条件にして、当該罪に適用する。

(2) 量刑条件又はその他の種類の条件のいずれかが具備されている場合において、ある罪が列挙されたときは、量刑条件に従うことを条件にして列挙した罪のみに、本条の規定を適用する。

(3)（特に第八二条第六項を含む）本章の適用上、次の各号の定めるところによる。

(a) 量刑条件を具備した時点に、本条の規定を適用する罪により、ある者が有罪宣告を受けたものとみなすものとする。

(b)（場合により）当該罪に関して、量刑条件を具備した時点に、関係する認定が行われたものとみなすものとする。

(4) 次の条項中の外国の罪は、次の各号の両者に該当する行為とする。

(a) 連合王国外の国で効力を有する法律（「関係外国法律」）（the relevant foreign law）に基づく罪を構成する行為

(b) 連合王国の一部で行われたとすれば、（本条の規定が適用されない附則三中に列挙した罪を除く）本条の規定が適用される罪を構成したと思料される行為

(5) 外国の罪に関して、対応する連合王国の罪は、その外国の罪の事案において、第三項b号の規定が適用される罪（又はすべての罪）とする。

(6) 本章の適用上、本章の規定が対応する連合王国の罪に適用されると同様に、ある者が、外国の罪について、附則三中に定めたと等しい方法で、関係外国法律に基づいて取扱いを受けた時点に、この者が、当該法律に基づいて有罪宣告を受けたものとみなすものとする。

(7) 人の事案において、関係外国法律に基づいて裁判権を行使する裁判所が、外国の罪について、関係する認定に等しい認定を行ったときは、本章の適用上、本章の規定が対応する連合王国の罪に適用されると同様に、この者が、当該認定について、附則三中に定めたと等しい方法で、関係外国法律に基づいて取扱いを受けた時点に、当該裁判所の認定が行われたものとみなすものとする。

(8)（第一三〇条に基づく命令又はその他によって）量刑条件に服することを条件

にして、ある罪が附則五中に列挙されたときは、附則三が附則五であったものとして、本条の規定を当該罪に適用する。

(9) 罪に関して、本条中の「関係する認定」(relevant finding) とは、次の各号のいずれかをいう。

(a) この者が、責任無能力により、当該罪について無罪であるとの認定

(b) この者が、行為無能力の状態にあって、当該罪についてこの者が告発を受けた行為を行ったとの認定

（二〇〇九年警備及び犯罪法（法律第二六号）[c.26] 第二二条第二項により、第一三二条Aを加える）[イングランド・ウェールズ・北アイルランド地方に適用]

【第一三二条Aを加える】[イングランド・ウェールズ・北アイルランド地方に適用]

第一三二条A　不服申立てのための期限の不適用

一九八〇年マジストレート裁判所法（法律第四三号）[c.43] 第一一七条（期限）の規定は、本章の規定に基づく不服申立てには適用しない。

第一三三条 第二章：一般的解釈

(1) 本章において

「病院へ収容許可された」(admitted to be hospital) とは、次の各号のいずれかに基づいて病院へ収容許可されたことをいう。

(a) 一九八三年精神保健法（法律第二〇号）[c.20] 第三七条、一九九五年刑事手続（スコットランド）法（法律第四六号）[c.46] 第五七条第二項a号若しくは第五八条 [五七条A第二項]（二〇〇五年「二〇〇三年精神保健（ケア及び治療）（スコットランド）法」（制定法改正）命令（スコットランド法律的文書第四六五号）[S.S.I. 2005/465] 附則一第三三条第二項a号により、および二〇〇五年「二〇〇三年精神保健（ケア及び治療）（スコットランド）法」（派生的規定）命令（法律的文書第二〇七八号）[S.I.2005/2078] 附則一第七条第a号により、下線部を括弧内の文言に読み替える）[スコットランド地方に適用] 又は一九八六年精神保健（北アイルランド）命令（法律的文書第五九五号）[S.I. 1986/595 (N.I.4)] 第四四条若しくは第五〇条A第二項

【a号を改める】

(a) 一九八三年精神保健法（法律第二〇号）[c.20] 第三七条、一九九五年刑事手続（スコットランド）法（法律第四六号）[c.46] 第五七条第二項a号若しくは [五七条A第二項] [スコットランド地方に適用] 又は一九八六年精神保健（北アイルランド）命令（法律的文書第五九五号）[S.I.1986/595 (N.I.4)] 第四四条若しくは第五〇条A第二項

(b) 一九九一年刑事手続（責任無能力及び訴答不適格）法（法律第二五号）[c.25] 附則一

(c) 一九五五年陸軍法（法律第一八号）[3&4 Eliz.2 c.18] 若しくは一九五五年空軍法（法律第一九号）[3&4 Eliz.2 c.19] の第一一六条B第三項又は一九五七年海軍規律法（法律第五三号）[c.53] 第六三条Bに基づく規則（二〇〇四年家庭内暴力、犯罪及び被害者法（法律第二八号）[c.28] 附則一〇第五七条第二項a号により、c号の文言を読み替える）

【c号を改める】（その後再度改める：後述）

(c)　一九八三年精神保健法（法律第二〇号）[c.20] 第四六条、[一九八四年精神保健（スコットランド）法（法律第三六号）[c.36] 第六九条]（二〇〇五年「二〇〇三年精神保健（ケア及び治療）（スコットランド）法」（制定法改正）命令）（スコットランド法律的文書第四六五号）[S.S.I.2005/465] 附則二により、括弧内の文言を廃止する）[スコットランド地方に適用] 又は一九八六年精神保健（北アイルランド）命令（法律的文書第五九五号）[S.I.1986/595 (N.I.4)] 第五二条

【c号を再度改める】

(c)　一九八三年精神保健法（法律第二〇号）[c.20] 第四六条、[一九八四年精神保健（スコットランド）法（法律第三六号）[c.36] 第六九条]（廃止する）[スコットランド地方に適用] 又は一九八六年精神保健（北アイルランド）命令（法律的文書第五九五号）[S.I.1986/595 (N.I.4)] 第五二条

（二〇一〇年「二〇〇三年性犯罪法」（救済）（スコットランド）命令（スコットランド法律的文書第三七〇号）[S.S.I. 2010/370] 第四条第一項a号により、および二〇一一年「二〇〇三年性犯罪法」（救済）（スコットランド）命令（スコットランド法律的文書第四五号）[S.S.I. 2011/45] 第四条第二項a号により、「申立て可能日」の定義を加える）[スコットランド地方に適用]

【「申立て可能日」の定義を加える】[スコットランド地方に適用]

「申立て可能日」(applicable date) は、第八八条D第五項によって付与された意味を有する。

「注意を受けた」(cautioned) とは、次の各号のいずれかをいい、「注意」(caution) は、これに応じて解釈するものとする。

(a)　関係者が罪を認めた後に、警察官によって注意を受けたこと、[（又は北アイルランド地方においては、警察官によって注意を受けたこと）]（二〇〇八年刑事司法及び移民法（法律第四号）[c.4] 附則二六第五六条第二項a号により、下線部を削り、括弧内の文言を加える）[イングランド・ウェールズ・北アイルランド地方に適用]

【a号を改める】[イングランド・ウェールズ・北アイルランド地方に適用]

(a)　関係者が罪を認めた後に、注意を受けたこと、（又は北アイルランド地方においては、警察官によって注意を受けたこと）

(b)　一九九八年犯罪及び秩序違反法（法律第三七号）[c.37] 第六五条によって付与された意味の枠内で譴責又は警告を受けたこと

「コミュニティー命令」(community order) とは、次の各号のいずれかをいう。

(a)　[二〇〇三年刑事司法法（法律第四四号）[c.44] の成立前に二〇〇〇年刑事裁判所権限（量刑）法（法律第六号）[c.6] が効力を有していたと同様の、]（二〇〇三年刑事司法法（法律第四四号）[c.44] 附則三二第一四四条により、括弧内の文言を加える）同法の意味の枠内におけるコミュニティー命令

【a号を改める】
(a)　二〇〇三年刑事司法法（法律第四四号）[c.44] の成立前に 二〇〇〇年刑事裁判所権限（量刑）法（法律第六号）[c.6] が効力を有していたと同様の、同法の意味の枠内におけるコミュニティー命令

(b)　一九九五年刑事手続（スコットランド）法（法律第四六号）[c.46] に基づくプロベーション命令若しくはコミュニティー奉仕命令又は同法第二三五条を遵守して下した指導監督アテンダンス命令 [一九九五年刑事手続（スコットランド）法（法律第四六号）[c.46] に基づいて下したコミュニティー返済命令]（二〇一一年「二〇一〇年刑事司法及び許可（スコットランド）法」（派生・補充規定）命令（スコットランド法律的文書第二五号）[S.S.I. 2011/25] 附則第二条第六項 a号により、下線部を括弧内の文言に読み替える）[スコットランド地方に適用]

【b号を改める】［スコットランド地方に適用］
(b)　一九九五年刑事手続（スコットランド）法（法律第四六号）[c.46] に基づいて下したコミュニティー返済命令
［スコットランド地方に適用］

(c)　一九九六年刑事司法（北アイルランド）命令（法律的文書第三一六〇号）[S.I.1996/3160 (N.I.24)] の意味の枠内におけるコミュニティー命令、一九五〇年プロベーション法（北アイルランド）（法律第七号）[c.7 (N.I.)] 第一条に基づくプロベーション命令又は一九七六年犯罪者処遇（北アイルランド）命令（法律的文書第二二六号）[S.I.1976/226 (N.I.40)] 第七条に基づくコミュニティー奉仕命令

(d)　コミュニティー指導監督命令

「コミュニティー指導監督命令」(community supervision order) とは、一九五五年陸軍法（法律第一八号）[3&4 Eliz.2 c.18] 若しくは一九五五年空軍法（法律第一九号）[3&4 Eliz.2 c.19] の附則五A第四条又は一九五七年海軍規律法（法律第五三号）[c.53] 附則四A第四条に基づく命令をいう。

「国」(country) の中には、領域が含まれる。

（二〇一〇年「二〇〇三年性犯罪法」（救済）（スコットランド）命令（スコットランド法律的文書第三七〇号）[S.S.I.2010/370] 第四条第一項 a号により、および二〇一一年「二〇〇三年性犯罪法」（救済）（スコットランド）命令（スコットランド法律的文書第四五号）[S.S.I. 2011/45] 第四条第二項 a号により、「届出要求解除日」の定義を加える）［スコットランド地方に適用］

【「届出要求解除日」の定義を加える】
［スコットランド地方に適用］
「届出要求解除日」(date of discharge) は、第八八条B第一項によって付与された意味を有する。

「病院に収容された」(detained in a hospital) とは、次の各号のいずれかに基づいて収容されたことをいう。

(a)　一九八三年精神保健法（法律第二〇号）[c.20] 第三章、一九八四年精神保健（スコットランド）法（法律第三六号）[c.36] 第七一条 [二〇〇三年精神保健（ケア及び治療）（スコットランド）法（法律第一三号）[asp

13〕第一三六条〕（二〇〇五年「二〇〇三年精神保健（ケア及び治療）（スコットランド）法」（制定法改正）命令（スコットランド法律的文書第四六五号）〔S.S.I.2005/465〕附則一第三三条第二項b号により、および二〇〇五年「二〇〇三年精神保健（ケア及び治療）（スコットランド）法」（派生的規定）命令（法律的文書第二〇七八号）〔S.I.2005/2078〕附則一第七条第b号により、下線部を括弧内の文言に読み替える）〔スコットランド地方に適用〕、一九九五年刑事手続（スコットランド）法（法律第四六号）〔c.46〕第六章又は一九八六年精神保健（北アイルランド）命令（法律的文書第五九五号）〔S.I.1986/595（N.I.4）〕第三章

【a号を改める】

(a)　一九八三年精神保健法（法律第二〇号）第三章、〔二〇〇三年精神保健（ケア及び治療）（スコットランド）法（法律第一三号）〔asp 13〕第一三六条〕〔スコットランド地方に適用〕、一九九五年刑事手続（スコットランド）法（法律第四六号）〔c.46〕第六章又は一九八六年精神保健（北アイルランド）命令（法律的文書第五九五号）〔S.I.1986/595（N.I.4）〕第三章

(b)　一九九一年刑事手続（責任無能力及び訴答不適格）法（法律第二五号）〔c.25〕附則一

(c)　一九五五年陸軍法（法律第一八号）〔3&4 Eliz.2 c.18〕若しくは一九五五年空軍法（法律第一九号）〔3&4 Eliz.2 c.19〕の第一一六条B第三項又は一九五七年海軍規律法（法律第五三号）〔c.53〕第六三条Bに基づく規則

（二〇〇四年家庭内暴力、犯罪及び被害者法（法律第二八号）〔c.28〕附則一〇第五七条第二項b号により、c号の文言を読み替える）

【c号を改める】（その後再度改める：後述）

(c)　一九八三年精神保健法（法律第二〇号）〔c.20〕第四六条、〔一九八四年精神保健（スコットランド）法（法律第三六号）〔c.36〕第六九条〕（二〇〇五年「二〇〇三年精神保健（ケア及び治療）（スコットランド）法」（制定法改正）命令（スコットランド法律的文書第四六五号）〔S.S.I.2005/465〕附則二により、括弧内の文言を廃止する）〔スコットランド地方に適用〕又は一九八六年精神保健（北アイルランド）命令（法律的文書第五九五号）〔S.I.1986/595（N.I.4）〕第五二条

【c号を再度改める】

(c)　一九八三年精神保健法（法律第二〇号）〔c.20〕第四六条、〔一九八四年精神保健（スコットランド）法（法律第三六号）〔c.36〕第六九条〕（廃止する）〔スコットランド地方に適用〕又は一九八六年精神保健（北アイルランド）命令（法律的文書第五九五号）〔S.I.1986/595（N.I.4）〕第五二条

（二〇一〇年「二〇〇三年性犯罪法」（救済）（スコットランド）命令（スコットランド法律的文書第三七〇号）〔S.S.I.2010/370〕第四条第一項a号により、および二〇一一年「二〇〇三年性犯罪法」（救済）（スコットランド）命令（スコットランド法律的文書第四五号）〔S.S.I.2011/45〕第四条第二項a号によ

り、「その後の届出要求解除日」の定義を加える）［スコットランド地方に適用］

【「その後の届出要求解除日」の定義を加える】［スコットランド地方に適用］

「その後の届出要求解除日」（further date of discharge）は、第八八条B第三項によって付与された意味を有する。

「後見人命令」（guardianship order）とは、一九八三年精神保健法（法律第二〇号）［c.20］第三七条、一九九五年刑事手続（スコットランド）法（法律第四六号）［c.46］第五八条又は一九八六年精神保健（北アイルランド）命令（法律的文書第五九五号）［S.I.1986/595（N.I.4）］第四四条に基づく後見人命令をいう。

「ホーム住所」（home address）は、第八三条第七項によって付与された意味を有する。

「仮届出命令」（interim notification order）は、第一〇〇条第二項によって付与された意味を有する。

「仮性的危害禁止命令」（interim risk of sexual harm order）は、第一二六条第二項によって付与された意味を有する。

「仮性犯罪防止命令」（interim sexual offences prevention order）は、第一〇九条第二項によって付与された意味を有する。

（二〇〇八年刑事司法及び移民法（法律第四号）［c.4］附則二六第五六条第二項b号により、「兵役拘束に服する」の定義を加える）［イングランド・ウェールズ・北アイルランド地方に適用］

【「兵役拘束に服する」の定義を加える】［イングランド・ウェールズ・北アイルランド地方に適用］

「兵役拘束に服する」（kept in service custody）とは、二〇〇六年軍事法（法律第五二号）［c.52］第一〇五条第二項に基づく命令によって兵役拘束に服することをいう（ただし、第三項をも参照）。

「地方警察地域」（local police area）は、第八八条第三項によって付与された意味を有する。

「地方プロベーション局」（local probation board）は、二〇〇〇年刑事司法及び裁判所業務法（法律第四三号）［c.43］におけると同一の意味を有する。

（二〇一〇年「二〇〇三年性犯罪法」（救済）（スコットランド）命令（スコットランド法律的文書第三七〇号）［S.S.I.2010/370］第四条第一項a号により、および二〇一一年「二〇〇三年性犯罪法」（救済）（スコットランド）命令（スコットランド法律的文書第四五号）［S.S.I.2011/45］第四条第二項a号により、「届出続行命令」の定義を加える）［スコットランド地方に適用］

【「届出続行命令」の定義を加える】［スコットランド地方に適用］

「届出続行命令」（notification continuation order）は、第八八条C第二項によって付与された意味を有する。

「届出命令」（notification order）は、第九七条第一項によって付与された意味を有する。

「届出続行期間」（notification period）は、第八〇条第一項によって付与された意味を有する。

「条件付き釈放を求める命令」（order for conditional discharge）は、次の各号によって付与された意味を有する。

(a)　二〇〇〇年刑事裁判所権限（量刑）法（法律第六号）［c.6］第一二条第三

項
(b) 一九九六年刑事司法（北アイルランド）命令（法律的文書第三一六〇号）[S.I.1996/3160 (N.I.24)] 第二条第二項
(c) 一九五五年陸軍法（法律第一八号）[3&4 Eliz.2 c.18] 附則五A第二条第一項
(d) 一九五五年空軍法（法律第一九号）[3&4 Eliz.2 c.19] 附則五A第二条第一項
(e) 一九五七年海軍規律法（法律第五三号）[c.53] 附則四A第二条第一項
（二〇〇六年軍事法（法律第五二号）[c.52] 附則一六第二〇九条第二項a号により、下線部を「条件付き釈放を求める命令」の定義に読み替える）

【「条件付き釈放を求める命令」の定義を改める】

「条件付き釈放を求める命令」(order for conditional discharge) とは、犯罪者を条件付きで釈放する、次の各号に定める規定に基づく命令をいう。
(a) 二〇〇〇年刑事裁判所権限（量刑）法（法律第六号）[c.6] 第一二条
(b) 一九九六年刑事司法（北アイルランド）命令（法律的文書第三一六〇号）[S.I.1996/3160 (N.I.24)] 第四条
(c) 二〇〇六年軍事法（法律第五二号）[c.52] 第一八五条
(d) 一九五五年陸軍法（法律第一八号）[3&4 Eliz.2 c.18] 若しくは一九五五年空軍法（法律第一九号）[3&4 Eliz.2 c.19] の附則五A第三条又は一九五七年海軍規律法（法律第五三号）[c.53] 附則四A第三条

「養育責任」(parental responsibility) は、一九八九年児童法（法律第四一号）[c.41] 又は一九九五年児童（北アイルランド）命令（法律的文書第七五五号）[S.I.1995/755 (N.I.2)] におけると同一の意味を有し、「複数の養育責任」(parental responsibilities) は、一九九五年児童（スコットランド）法（法律第三六号）[c.36] 第一章におけると同一の意味を有する。

「条件付き釈放期間」(the period of conditional discharge) は、次の各号によって付与された意味を有する。
(a) 二〇〇〇年刑事裁判所権限（量刑）法（法律第六号）[c.6] 第一二条第三項
(b) 一九九六年刑事司法（北アイルランド）命令（法律的文書第三一六〇号）[S.I.1996/3160 (N.I.24)] 第二条第二項
(c) 一九五五年陸軍法（法律第一八号）[3&4 Eliz.2 c.18] 附則五A第二条第一項
(d) 一九五五年空軍法（法律第一九号）[3&4 Eliz.2 c.19] 附則五A第二条第一項
(e) 一九五七年海軍規律法（法律第五三号）[c.53] 附則四A第二条第一項
（二〇〇六年軍事法（法律第五二号）[c.52] 附則一六第二〇九条第二項b号により、c号・d号・e号を次のc号に読み替える）

【c号・d号・e号を次のc号に改める】

(c) 二〇〇六年軍事法（法律第五二号）[c.52] 第一八五条第二項

「プロベーション命令」(probation order) は、一九九五年刑事手続（スコットランド）法（法律第四六号）[c.46] 第二二八条第一項によって付与された意味を有する。

「プロベーション期間」（probation period）は、一九九五年刑事手続（スコットランド）法第三〇七条第一項によって付与された意味を有する。

（二〇一一年「二〇一〇年刑事司法及び許可（スコットランド）法」（派生・補充規定）命令（スコットランド法律的文書第二五号）[S.S.I.2011/25] 附則第二条第六項b号により、「プロベーション命令」（probation order）と「プロベーション期間」（probation period）の定義を削る）[スコットランド地方に適用]

「関係日」（relevant date）は、第八二条第六項によって付与された意味を有する（[第八八条B、]（二〇一〇年「二〇〇三年性犯罪法」（救済）（スコットランド）命令（S.S.I.2013/370）第四条第一項b号により、および二〇一一年「二〇〇三年性犯罪法」（救済）（スコットランド）命令（スコットランド法律的文書第四五号）[S.S.I.2011/45] 第四条第二項b号により、括弧内の文言を加える）[スコットランド地方に適用] 第九八条、第一〇〇条、第一〇七条、第一〇九条及び第一二九条に定めた状況における場合を除く）。

【「関係日」の定義を改める】

「関係日」（relevant date）は、第八二条第六項によって付与された意味を有する（[第八八条B、] [スコットランド地方に適用] 第九八条、第一〇〇条、第一〇七条、第一〇九条及び第一二九条に定めた状況における場合を除く）。

「関係犯罪者」（relevant offender）は、第八〇条第二項によって付与された意味を有する。

「行動規制命令」（restriction order）とは、次の各号のいずれかをいう。

(a) 一九八三年精神保健法（法律第二〇号）[c.20] 第四一条、一九九五年刑事手続（スコットランド）法（法律第四六号）[c.46] 第五七条第二項b号若しくは第五九条又は一九八六年精神保健（北アイルランド）命令（法律的文書第五九五号）[S.I.1986/595 (N.I.4)] 第四七条第一項に基づく命令

(b) 一九九一年刑事手続（責任無能力及び訴答不適格）法（法律第二五号）[c.25] 附則一第二条第一項b号又は一九八六年精神保健（北アイルランド）命令（法律的文書第五九五号）[(S.I.1986/595 (N.I.4)] 第五〇条A第三項b号に基づく指示

(c) 一九五五年陸軍法（法律第一八号）[3&4 Eliz.2 c.18] 若しくは一九五五年空軍法（法律第一九号）[3&4 Eliz.2 c.19] の第一一六条B第二項又は一九五七年海軍規律法（法律第五三号）[c.53] 第六三条Bに基づく指示

（二〇〇四年家庭内暴力、犯罪及び被害者法（法律第二八号）[c.28] 附則一〇第五七条第二項c号により、c号の文言を読み替える）

【c号を改める】（その後再度改める：後述）

(c) 一九八三年精神保健法（法律第二〇号）[c.20] 第四六条、[一九八四年精神保健（スコットランド）法（法律第三六号）[c.36] 第六九条]（二〇〇五年「二〇〇三年精神保健（ケア及び治療）（スコットランド）法」（制定法改正）命令（スコットランド法律的文書第四六五号）[S.S.I.2005/465] 附則二

により廃止する）［スコットランド地方に適用］又は一九八六年精神保健（北アイルランド）命令（法律的文書第五九五号）［S.I.1986/595（N.I.4）］第五二条に基づく指示

【c号を再度改める】

(c)　一九八三年精神保健法（法律第二〇号）［c.20］第四六条、［一九八四年精神保健（スコットランド）法（法律第三六号）［c.36］第六九条］（廃止する）［スコットランド地方に適用］又は一九八六年精神保健（北アイルランド）命令（法律的文書第五九五号）［S.I.1986/595（N.I.4）］第五二条に基づく指示

「性的危害禁止命令」（risk of sexual harm order）は、第一二三条第一項によって付与された意味を有する。

（二〇〇六年軍事法（法律第五二号）［c.52］附則一六第二〇九条第二項c号により、「兵役収容」の定義を加える）

【「兵役収容」の定義を加える】

「兵役収容」（service detention）は、二〇〇六年軍事法（法律第五二号）［c.52］第三七四条によって付与された意味を有する。

「性犯罪防止命令」（sexual offences prevention order）は、第一〇六条第一項によって付与された意味を有する。

（二〇一一年「二〇一〇年刑事司法及び許可（スコットランド）法」（派生・補充規定）命令（スコットランド法律的文書第二五号）［S.S.I.2011/25］附則第二条第六項c号により、「所定の」の定義を加える）［スコットランド地方に適用］

【「所定の」の定義を加える】［スコットランド地方に適用］

「所定の」（specified）とは、犯罪者指導監督要求に関して、当該要求中に定めたことをいう。

「指導監督」（supervision）とは、当該目的のために下した命令を遵守した指導監督をいい、許可書に基づいて刑務所から釈放された者の事案にあっては、その許可書中に記載された条件を遵守した指導監督をいう。

「兵役収容期間」（term of service detention）とは、一九五五年陸軍法（法律第一八号）［3&4 Eliz.2 c.18］若しくは一九五五年空軍法（法律第一九号）［3&4 Eliz.2 c.19］の第七一条第一項e号又は一九五七年海軍規律法（法律第五三号）［c.53］第四三条第一項e号に基づいて定めた収容期間をいう。

（二〇〇六年軍事法（法律第五二号）［c.52］附則一七により、「兵役収容期間」（term of service detention）の定義を削る）。

「兵役収容期間」の定義を削る。

（二〇〇四年家庭内暴力、犯罪及び被害者法（法律第二八号）［c.28］附則一〇第五七条第三項により、第一項Aを加える）

【第一項Aを加える】

(1A)　「病院へ収容許可された」（admitted to a hospital）、「病院に収容された」（detained in a hospital）又は「行動規制命令」（restriction order）の定義のa号中に定める規定の中には、次の各号のいずれかに定める規定によって、これらの規定が採用されている規定が

含まれる。

(a) 一九八四年刑事手続（責任無能力）法（法律第八四号）[c.84] 第五条

(b) 一九六八年刑事上訴法（法律第一九号）[c.19] 第六条又は第一四条

（二〇〇六年軍事法（法律第五二号）[c.52] 附則一六第二〇九条第三項により、ba号を加える）

【ba号を加える】

(ba) （二〇〇六年軍事法（法律第五二号）[c.52] 附則四（一九六八年軍法会議上訴法（法律第二〇号）[c.20] 第一六条第二項で採用されている場合を含む）

(c) 一九五五年陸軍法（法律第四六号）[c.46] 若しくは一九五五年空軍法（法律第一九号）[3&4 Eliz.2 c.19] の第一一六条A又は一九五七年海軍規律法（法律第五三号）[c.53] 第六三条A

(d) 一九六八軍法会議（上訴）法（法律第二〇号）[c.20] 第一六条又は第二三条

(2) 第一四一条に基づいて、本章の異なる規定の施行のために異なる日が指定されたときは、当該規定中の本章の施行は、（第九八条第四項に従うことを条件にして）当該規定の施行と読むものとする。

（二〇〇八年刑事司法及び移民法（法律第四号）[c.4] 附則二六第五六条第三項により、第三項を加える）[イングランド・ウェールズ・北アイルランド地方に適用]

【第三項を加える】[イングランド・ウェールズ・北アイルランド地方に適用]

(3) 二〇〇六年軍事法（法律第五二号）[c.52] 第一〇五条第二項の施行に先立つ時点に関して、「兵役拘束に服する」(kept in service custody) とは、一九五五年陸軍法（法律第一八号）[3&4 Eliz.2 c.18] 若しくは一九五五年空軍法（法律第一九号）[3&4 Eliz.2 c.19] の第七五条第二項A又は（場合により）一九七五年海軍規制法（法律第五三号）[c.53] 第四七条G第二項に基づいて下した命令により、陸軍、空軍又は海軍の拘束に服することをいう。

【第一三三条の新正文は次のとおり】

第一三三条　第二章：一般的解釈

(1) 本章において「病院へ収容許可された」(admitted to be hospital) とは、次の各号のいずれかに基づいて病院へ収容許可されたことをいう。

(a) 一九八三年精神保健法（法律第二〇号）[c.20] 第三七条、一九九五年刑事手続（スコットランド）法（法律第四六号）[c.46] 第五七条第二項a号若しくは[五七条A第二項][スコットランド地方に適用]又は一九八六年精神保健（北アイルランド）命令（法律的文書第五九五号）[S.I.1986/595 (N.I.4)] 第四四条若しくは第五〇条A第二項

(b) 一九九一年刑事手続（責任無能力及び訴答不適格）法（法律第二五号）[c.25] 附則一

(c) 一九八三年精神保健法（法律第二〇号）[c.20] 第四六条、[一九八四年精神保健（スコットランド）法（法律第三六号）[c.36] 第六九条]

（廃止する）［スコットランド地方に適用］又は一九八六年精神保健（北アイルランド）命令（法律的文書第五九五号）［S.I.1986/595（N.I.4）］第五二条

「申立て可能日」（applicable date）は、第八八条D第五項によって付与された意味を有する。

「注意を受けた」（cautioned）とは、次の各号のいずれかをいい、「注意」（caution）は、これに応じて解釈するものとする。

(a)　関係者が罪を認めた後に、注意を受けたこと、（又は北アイルランド地方においては、警察官によって注意を受けたこと）［イングランド・ウェールズ・北アイルランド地方に適用］）

(b)　一九九八年犯罪及び秩序違反法（法律第三七号）［c.37］第六五条によって付与された意味の枠内で譴責又は警告を受けたこと

「コミュニティー命令」（community order）とは、次の各号のいずれかをいう。

(a)　二〇〇三年刑事司法法（法律第四四号）［c.44］の成立前に二〇〇〇年刑事裁判所権限（量刑）法（法律第六号）［c.6］が効力を有していたと同様の、同法の意味の枠内におけるコミュニティー命令

(b)　一九九五年刑事手続（スコットランド）法（法律第四六号）［c.46］に基づいて下したコミュニティー返済命令［スコットランド地方に適用］

(c)　一九九六年刑事司法法（北アイルランド）命令（法律的文書第三一六〇号）［S.I.1996/3160（N.I.24）］の意味の枠内におけるコミュニティー命令、一九五〇年プロベーション法（北アイルランド）（法律第七号）［c.7（N.I.）］第一条に基づくプロベーション命令又は一九七六年犯罪者処遇（北アイルランド）命令（法律的文書第二二六号）［S.I.1976/226（N.I.40）］第七条に基づくコミュニティー奉仕命令

(d)　コミュニティー指導監督命令

「コミュニティー指導監督命令」（community supervision order）とは、一九五五年陸軍法（法律第一八号）［3&4 Eliz.2 c.18］若しくは一九五五年空軍法（法律第一九号）［3&4 Eliz.2 c.19］の附則五A第四条又は一九五七年海軍規律法（法律第五三号）［c.53］附則四A第四条に基づく命令をいう。

「国」（country）の中には、領域が含まれる。

「届出要求解除日」（date of discharge）は、第八八条B第一項によって付与された意味を有する。［スコットランド地方に適用］

「病院に収容された」（detained in a hospital）とは、次の各号のいずれかに基づいて収容されたことをいう。

(a)　一九八三年精神保健法（法律第二〇号）第三章、二〇〇三年精神保健（ケア及び治療）（スコットランド）法（法律第一三号）［asp 13］第一三六条［スコットランド地方に適用］、一九九五年刑事手続（スコットランド）法（法律第四六号）［c.46］第六章又は一九八六年精神保健（北アイルランド）命令（法律的文書第五九五号）［S.I.1986/595（N.I.4）］第三章

(b)　一九九一年刑事手続（責任無能力

及び訴答不適格）法（法律第二五号）［c.25］附則一

(c) 一九八三年精神保健法（法律第二〇号）［c.20］第四六条、［一九八四年精神保健（スコットランド）法（法律第三六号）［c.36］第六九条］（廃止する）［スコットランド地方に適用］又は一九八六年精神保健（北アイルランド）命令（法律的文書第五九五号）［S.I.1986/595（N.I.4）］第五二条

「その後の届出要求解除日」（further date of discharge）は、第八八条B第三項によって付与された意味を有する。［スコットランド地方に適用］

「後見人命令」（guardianship order）とは、一九八三年精神保健法（法律第二〇号）［c.20］第三七条、一九九五年刑事手続（スコットランド）法（法律第四六号）［c.46］第五八条又は一九八六年精神保健（北アイルランド）命令（法律的文書第五九五号）［S.I.1986/595（N.I.4）］第四四条に基づく後見人命令をいう。

「ホーム住所」（home address）は、第八三条第七項によって付与された意味を有する。

「仮届出命令」（interim notification order）は、第一〇〇条第二項によって付与された意味を有する。

「仮性的危害禁止命令」（interim risk of sexual harm order）は、第一二六条第二項によって付与された意味を有する。

「仮性犯罪防止命令」（interim sexual offences prevention order）は、第一〇九条第二項によって付与された意味を有する。

「兵役拘束に服する」（kept in service custody）とは、二〇〇六年軍事法（法律第五二号）［c.52］第一〇五条第二項に基づく命令によって兵役拘束に服することをいう（ただし、第三項をも参照）。［イングランド・ウェールズ・北アイルランド地方に適用］

「地方警察地域」（local police area）は、第八八条第三項によって付与された意味を有する。

「地方プロベーション局」（local probation board）は、二〇〇〇年刑事司法及び裁判所業務法（法律第四三号）［c.43］における同一の意味を有する。

「届出続行命令」（notification continuation order）は、第八八条C第二項によって付与された意味を有する。［スコットランド地方に適用］

「届出命令」（notification order）は、第九七条第一項によって付与された意味を有する。

「届出続行期間」（notification period）は、第八〇条第一項によって付与された意味を有する。

「条件付き釈放を求める命令」（order for conditional discharge）とは、犯罪者を条件付きで釈放する、次の各号に定める規定に基づく命令をいう。

(a) 二〇〇〇年刑事裁判所権限（量刑）法（法律第六号）［c.6］第一二条

(b) 一九九六年刑事司法（北アイルランド）命令（法律的文書第三一六〇号）［S.I.1996/3160（N.I.24）］第四条

(c) 二〇〇六年軍事法（法律第五二号）［c.52］第一八五条

(d) 一九五五年陸軍法（法律第一八

号）[3&4 Eliz.2 c.18] 若しくは一九五五年空軍法（法律第一九号）[3&4 Eliz.2 c.19] の附則五A第三条又は一九五七年海軍規律法（法律第五三号）[c.53] 附則四A第三条

「養育責任」(parental responsibility）は、一九八九年児童法（法律第四一号）[c.41] 又は一九九五年児童（北アイルランド）命令（法律的文書第七五五号）[S.I.1995/755 (N.I.2)] におけると同一の意味を有し、「複数の養育責任」(parental responsibilities) は、一九九五年児童（スコットランド）法（法律第三六号）[c.36] 第一章におけると同一の意味を有する。

「条件付き釈放期間」(the period of conditional discharge) は、次の各号によって付与された意味を有する。

(a) 二〇〇〇年刑事裁判所権限（量刑）法（法律第六号）[c.6] 第一二条第三項

(b) 一九九六年刑事司法（北アイルランド）命令（法律的文書第三一六〇号）[S.I.1996/3160 (N.I.24)] 第二条第二項

(c) 二〇〇六年軍事法（法律第五二号）[c.52] 第一八五条第二項

（「プロベーション命令」(probation order) と「プロベーション期間」(probation period) の定義を削る）

「関係日」(relevant date) は、第八二条第六項によって付与された意味を有する（[第八八条B、][スコットランド地方に適用] 第九八条、第一〇〇条、第一〇七条、第一〇九条及び第一二九条に定めた状況における場合を除く）。

「関係犯罪者」(relevant offender) は、第八〇条第二項によって付与された意味を有する。

「行動規制命令」(restriction order) とは、次の各号のいずれかをいう。

(a) 一九八三年精神保健法（法律第二〇号）[c.20] 第四一条、一九九五年刑事手続（スコットランド）法（法律第四六号）[c.46] 第五七条第二項b号若しくは第五九条又は一九八六年精神保健（北アイルランド）命令（法律的文書第五九五号）[S.I.1986/595 (N.I.4)] 第四七条第一項に基づく命令

(b) 一九九一年刑事手続（責任無能力及び訴答不適格）法（法律第二五号）[c.25] 附則一第二条第一項b号又は一九八六年精神保健（北アイルランド）命令（法律的文書第五九五号）[S.I.1986/595 (N.I.4)] 第五〇条A第三項b号に基づく指示

(c) 一九八三年精神保健法（法律第二〇号）[c.20] 第四六条、[一九八四年精神保健（スコットランド）法（法律第三六号）[c.36] 第六九条]（廃止する）[スコットランド地方に適用] 又は一九八六年精神保健（北アイルランド）命令（法律的文書第五九五号）[S.I.1986/595 (N.I.4)] 第五二条に基づく指示

「性的危害禁止命令」(risk of sexual harm order) は、第一二三条第一項によって付与された意味を有する。

「兵役収容」(service detention) は、二〇〇六年軍事法（法律第五二号）[c.52] 第三七四条によって付与された意味を有する。

「性犯罪防止命令」(sexual offences prevention order) は、第一〇六条第一項によって付与された意味を有する。

犯罪者指導監督要求に関して、「所

定の」(specified) とは、当該要求中に定めたことをいう。[スコットランド地方に適用]

「指導監督」(supervision) とは、当該目的のために下した命令を遵守した指導監督をいい、許可書に基づいて刑務所から釈放された者の事案にあっては、その許可書中に記載された条件を遵守した指導監督をいう。

（「兵役収容期間」(term of service detention) の定義を削る）

(1A) 「病院へ収容許可された」(admitted to a hospital)、「病院に収容された」(detained in a hospital) 又は「行動規制命令」(restriction order) の定義のa号中に定める規定の中には、次の各号のいずれかに定める規定によって、これらの規定が採用されている規定が含まれる。

(a) 一九八四年刑事手続（責任無能力）法（法律第八四号）[c.84] 第五条

(b) 一九六八年刑事上訴法（法律第一九号）[c.19] 第六条又は第一四条

(ba) （二〇〇六年軍事法（法律第五二号）[c.52] 附則四（一九六八年軍法会議上訴法（法律第二〇号）[c.20] 第一六条第二項で採用されている場合を含む）

(c) 一九五五年陸軍法（法律第四六号）[c.46] 若しくは一九五五年空軍法（法律第一九号）[3&4 Eliz.2 c.19] の第一一六条A又は一九五七年海軍規律法（法律第五三号）[c.53] 第六三条A

(d) 一九六八軍法会議（上訴）法（法律第二〇号）[c.20] 第一六条又は第二三条

(2) 第一四一条に基づいて、本章の異なる規定の施行のために異なる日が指定されたときは、当該規定中の本章の施行は、（第九八条第四項に従うことを条件にして）当該規定の施行と読むものとする。

(3) 二〇〇六年軍事法（法律第五二号）[c.52] 第一〇五条第二項の施行に先立つ時点に関して、「兵役拘束に服する」(kept in service custody) とは、一九五五年陸軍法（法律第一八号）[3&4 Eliz.2 c.18] 若しくは一九五五年空軍法（法律第一九号）[3&4 Eliz.2 c.19] の第七五条第二項A又は（場合により）一九七五年海軍規制法（法律第五三号）[c.53] 第四七条G第二項に基づいて下した命令により、陸軍、空軍又は海軍の拘束に服することをいう。[イングランド・ウェールズ・北アイルランド地方に適用]

第一三四条　条件付き釈放及びプロベーション命令

(1) 本章の適用上、条件付き釈放を求める命令、又はスコットランド地方においてはプロベーション命令（二〇一一年「二〇一〇年刑事司法及び許可（スコットランド）法」（派生・補充規定）命令（スコットランド法律的文書第二五号）[S.S.I.2011/25] 附則第二条第七項a号により、下線部を削る）[スコットランド地方に適用] を下すこととなった罪の有罪宣告には、次の各号に掲げる規定を適用しない。

【第一項本文を改める】

(1) 本章の適用上、条件付き釈放を求める命令（「、又はスコットランド地方においてはプロベーション命令」を削る）[スコットランド地方に適用] を下すこととなった罪の有罪宣告には、次の各号に掲げる規定を適用しない。

(a)　二〇〇〇年刑事裁判所権限（量刑）法（法律第六号）[c.6] 第一四条第一項（有罪宣告でないとみなされる、無条件又は条件付き釈放を伴う有罪宣告）

(b)　一九九六年刑事司法（北アイルランド）命令（法律的文書第三一六〇号）[S.I.1996/3160（N.I.24）] 第六条第一項（有罪宣告でないとみなされる、無条件又は条件付き釈放を伴う有罪宣告）

(c)　一九九五年刑事手続（スコットランド）法（法律第四六号）[c.46] 第二四七条第一項（有罪宣告でないとみなされる、プロベーション命令又は（二〇一一年「二〇一〇年刑事司法及び許可（スコットランド）法」（派生・補充規定）命令（スコットランド法律的文書第二五号）[S.S.I.2011/25] 附則第二条第七項b号により、下線部を削る）[スコットランド地方に適用] 無条件釈放を伴う有罪宣告）

【c号を改める】

(c)　一九九五年刑事手続（スコットランド）法（法律第四六号）[c.46] 第二四七条第一項（有罪宣告でないとみなされる、（[プロベーション命令又は] を削る）[スコットランド地方に適用] 無条件釈放を伴う有罪宣告）

（二〇〇六年軍事法（法律第五二号）[c.52] 附則一六第二一〇条により、ca号を加える）

【ca号を加える】

(ca)　二〇〇六年軍事法（法律第五二号）[c.52] 第一八七条第一項（有罪宣告でないとみなされる、無条件又は条件付き釈放を伴う有罪宣告）

(d)　一九五五年陸軍法（法律第一八号）[3&4 Eliz.2 c.18] 若しくは一九五五年空軍法（法律第一九号）[3&4 Eliz.2 c.19] の附則第五A第五条第一項又は一九五七年海軍規律法（法律第五三号）[c.53] 附則四A第五条第一項（有罪宣告でないとみなされる、無条件若しくは条件付き釈放又はコミュニティー指導監督命令を伴う有罪宣告）

(2)　前項の規定は、本章の施行後の有罪宣告のみに適用する。

(3)　第一条d号に列挙した規定は、本章の適用上、（本章の施行の前後を問わず）コミュニティー指導監督命令を下すこととなるか、又は下すこととなった罪の有罪宣告には適用しない。

【第一三四条の新正文は次のとおり】

第一三四条　条件付き釈放及びプロベーション命令

(1)　本章の適用上、条件付き釈放を求める命令（[、又はスコットランド地方においてはプロベーション命令] を削る）[スコットランド地方に適用] を下すこととなった罪の有罪宣告には、次の各号に掲げる規定を適用しない。

(a)　二〇〇〇年刑事裁判所権限（量刑）法（法律第六号）[c.6] 第一四条第一項（有罪宣告でないとみなされる、無条件又は条件付き釈放を伴う有罪宣告）

(b)　一九九六年刑事司法（北アイルランド）命令（法律的文書第三一六〇号）[S.I.1996/3160（N.I.24）] 第六条第一項（有罪宣告でないとみなさ

れる、無条件又は条件付き釈放を伴う有罪宣告）

(c) 一九九五年刑事手続（スコットランド）法（法律第四六号）[c.46] 第二四七条第一項（有罪宣告でないとみなされる、（［プロベーション命令又は］を削る）［スコットランド地方に適用］無条件釈放を伴う有罪宣告）

(ca) 二〇〇六年軍事法（法律第五二号）[c.52] 第一八七条第一項（有罪宣告でないとみなされる、無条件又は条件付き釈放を伴う有罪宣告）

(d) 一九五五年陸軍法（法律第一八号）[3&4 Eliz.2 c.18] 若しくは一九五五年空軍法（法律第一九号）[3&4 Eliz.2 c.19] の附則第五A第五条第一項又は一九五七年海軍規律法（法律第五三号）[c.53] 附則四A第五条第一項（有罪宣告でないとみなされる、無条件若しくは条件付き釈放又はコミュニティー指導監督命令を伴う有罪宣告）

(2) 前項の規定は、本章の施行後の有罪宣告のみに適用する。

(3) 第一条d号に列挙した規定は、本章の適用上、（本章の施行の前後を問わず）コミュニティー指導監督命令を下すこととなるか、又は下すこととなった罪の有罪宣告には適用しない。

第一三五条　解釈：精神障害犯罪者

(1) 裁判所が第二項に該当する制定法規に基づく命令を下したときは、本章中の有罪宣告の中には、当該被告人が告発を受けた行為を行ったとの当該裁判所の略式手続における認定が含まれ、類似の文言は、これに応じて解釈するものとする。

(2) 第二項に該当する制定法規は、次の各号に掲げる制定法規とする。

(a) 一九八三年精神保健法（法律第二〇号）[c.20] 第三七条第三項

(b) 一九九五年刑事手続（スコットランド）法（法律第四六号）[c.46] 第五八条第三項

(c) 一九八六年精神保健（北アイルランド）命令（法律的文書第五九五号）[S.I.1986/595 (N.I.4)] 第四四条第四項

(3) 本章中の、行為無能力の状態にあって、罪についてこの者が告発を受けた行為を行った、とある者が認定されるか、又は認定されたということの中には、次のいずれかと認定されるか、又は認定されたことが含まれる。

(a) この者について当該罪を審理することが不適格

(b) この者が責任無能力であるために、当該罪についてこの者を審理することが不能

(c) 当該罪についてこの者が告発を受けた行為を行ったことを審理することが不適格

(4) 第一三三条において

(a) 一九九一年刑事手続（責任無能力及び訴答不適格）法（法律第二五号）[c.25] 附則一に基づく収容許可又は収容、及び同附則第二条第一項b号に基づく指示の中には、それぞれ、次の両者が含まれる。

(i) 一九六四年刑事手続（責任無能力）法（法律第八四号）[c.84] 附則一に基づく収容許可又は収容

(ii) 同附則第二条第一項によって下したものとみなされる行動規制命令

(b) 一九九五年刑事手続（スコットランド）法（法律第四六号）[c.46] 第六章の規定に基づく収容許可又は収容、

及び同法第五七条第二項b号又は第五九条に基づく命令の中には、それぞれ、次の両者が含まれる。

(i) 一九七五年刑事手続（スコットランド）法（法律第二一号）[c.21] 第一七四条第三項又は第三七六条第二項に基づく収容許可又は収容

(ii) 同法第一七八条第一項又は第三七九条第一項に基づいて下した行動規制命令

(c) 一九五五年陸軍法（法律第一八号）[3&4 Eliz.2 c.18] 若しくは一九五五年空軍法（法律第一九号）[3&4 Eliz.2 c.19] の第一一六条B第三項又は一九五七年海軍規律法（法律第五三号）[c.53] 第六三条Bに基づいて下した規則に基づく収容許可又は収容の中には、それぞれ、一九八三年精神保健法（法律第二〇号）[c.20] 第四六条、一九八四年精神保健（スコットランド）法（法律第三六号）[c.36] 第六九条又は一九八六年精神保健（北アイルランド）命令（法律的文書第五九五号）[S.I.1986/595 (N.I.4)] 第五二条に基づく次の両者が含まれる。

(i) 収容許可又は収容

(ii) 指示

（二〇〇四年家庭内暴力、犯罪及び被害者法（法律第二八号）[c.28] 附則一一により、c号の文言を削る）

【c号の文言を削る】

(c) 削除

【第一三五条の新正文は次のとおり】

第一三五条　解釈：精神障害犯罪者

(1) 裁判所が第二項に該当する制定法規に基づく命令を下したときは、本章中の有罪宣告の中には、当該被告人が告発を受けた行為を行ったとの当該裁判所の略式手続における認定が含まれ、類似の文言は、これに応じて解釈するものとする。

(2) 第二項に該当する制定法規は、次の各号に掲げる制定法規とする。

(a) 一九八三年精神保健法（法律第二〇号）[c.20] 第三七条第三項

(b) 一九九五年刑事手続（スコットランド）法（法律第四六号）[c.46] 第五八条第三項

(c) 一九八六年精神保健（北アイルランド）命令（法律的文書第五九五号）[S.I.1986/595 (N.I.4)] 第四四条第四項

(3) 本章中の、行為無能力の状態にあって、罪についてこの者が告発を受けた行為を行った、とある者が認定されるか、又は認定されたということの中には、次のいずれかと認定されるか、又は認定されたことが含まれる。

(a) この者について当該罪を審理することが不適格

(b) この者が責任無能力であるために、当該罪についてこの者を審理することが不能

(c) 当該罪についてこの者が告発を受けた行為を行ったことを審理することが不適格

(4) 第一三三条において

(a) 一九九一年刑事手続（責任無能力及び訴答不適格）法（法律第二五号）[c.25] 附則一に基づく収容許可又は収容、及び同附則第二条第一項b号に基づく指示の中には、それぞれ、次の両者が含まれる。

(i) 一九六四年刑事手続（責任無能力）法（法律第八四号）[c.84] 附則一に基づく収容許可又は収容

(ii)　同附則第二条第一項によって下したものとみなされる行動規制命令

(b)　一九九五年刑事手続（スコットランド）法（法律第四六号）[c.46] 第六章の規定に基づく収容許可又は収容、及び同法第五七条第二項b号又は第五九条に基づく命令の中には、それぞれ、次の両者が含まれる。

(i)　一九七五年刑事手続（スコットランド）法（法律第二一号）[c.21] 第一七四条第三項又は第三七六条第二項に基づく収容許可又は収容

(ii)　同法第一七八条第一項又は第三七九条第一項に基づいて下した行動規制命令

(c)　削除

第一三六条　第二章：北アイルランド地方

(1)　本章の規定は、次に掲げる変更を伴って、北アイルランド地方に適用する。

(2)　警察局長（a chief officer of police）は、「北アイルランド県警察長」（the Chief Constable of the Police Service of Northern Ireland）と読むものとする。

(3)　警察地域は、北アイルランド地方と読むものとする。

(4)　不服申立ては、一九八一年マジストレート裁判所（北アイルランド）命令（法律的文書第一六七五号）[S.I.1981/1675 (N.I.26)] 第八章に基づく不服申立てと読むものとする。

（二〇〇九年警備及び犯罪法（法律第二六号）[c.26] 第二二条第三項により、第四項Aを加える）[イングランド・ウェールズ・北アイルランド地方に適用]

【第四項Aを加える】[イングランド・ウェールズ・北アイルランド地方に適用]

(4A)　第一三二条A中の一九八〇年マジストレート裁判所法（法律第四三号）[c.43] 第一二七条は、一九八一年マジストレート裁判所（北アイルランド）命令（法律的文書第一六七五号）[S.I.1981/1675 (N.I.26)] 第七八条と読むものとする。

(5)　マジストレート裁判所は、第六項に従うことを条件にして、略式裁判権裁判所と読むものとする。

(6)　当該被告人が居住する地域のマジストレート裁判所は、当該被告人が居住する地域を含む治安判事小法廷地区の略式裁判権裁判所と読むものとする。

(7)　当該被告人が居住する地域の少年裁判所は、当該被告人が居住する地域を含む治安判事小法廷地区の少年裁判所と読むものとする。

（二〇〇六年暴力犯罪削減法（法律第三八号）[c.38] 第五八条第二項により、第七項Aを加える）[イングランド・ウェールズ・北アイルランド地方に適用]

【第七項Aを加える】[イングランド・ウェールズ・北アイルランド地方に適用]

(7A)　治安判事は、素人マジストレートと読むものとする。

(8)　第一〇一条、第一一〇条第一項・第二項・第三項b号・第四項・第五項、第一一九条及び第一二七条中の刑事法院は、県裁判所と読むものとする。

(9)　一九八一年マジストレート裁判所（北アイルランド）命令（法律的文書第一六七五号）[S.I.1981/1675 (N.I.26)] 第一

四三条に基づく上訴（他の事件における上訴）により、第八九条第一項に基づいて行った県裁判所の指示は、（略式裁判権裁判所が申立てを再審理する旨を指示する指示を除いて）第九〇条の適用上、県裁判所ではなく、上訴が提起された裁判所が行ったものとみなすものとする。

(10)　一九八一年マジストレート裁判所（北アイルランド）命令（法律的文書第一六七五号）[S.I.1981/1675（N.I.26）]　第一四三条に基づく上訴により行った県裁判所の命令は、（略式裁判権裁判所が申立てを再審理する旨を指示する指示を除いて）第一〇八条の適用上、県裁判所の命令ではなく、上訴が提起された裁判所の命令であったものとみなすものとする。

（二〇一〇年「一九九八年北アイルランド法」（警備及び司法職務の委譲）命令（法律的文書第九七六号）[S.I.2010/976] 附則一四第七七条第二項により、第一一項を加える）

【第一一項を加える】

(11)　主務大臣は、第九四条及び第九五条における場合を除き、北アイルランド地方の司法省と読むものとする。

【第一三六条の新正文は次のとおり】

第一三六条　第二章：北アイルランド地方

(1)　本章の規定は、次に掲げる変更を伴って、北アイルランド地方に適用する。

(2)　警察局長（a chief officer of police）は、「北アイルランド県警察長」（the Chief Constable of the Police Service of Northern Ireland）と読むものとする。

(3)　警察地域は、北アイルランド地方と読むものとする。

(4)　不服申立ては、一九八一年マジストレート裁判所（北アイルランド）命令（法律的文書第一六七五号）[S.I.1981/1675（N.I.26）]　第八章に基づく不服申立てと読むものとする。

(4A)　第一三二条A中の一九八〇年マジストレート裁判所法（法律第四三号）[c.43]　第一二七条は、一九八一年マジストレート裁判所（北アイルランド）命令（法律的文書第一六七五号）[S.I.1981/1675（N.I.26）]　第七八条と読むものとする。[イングランド・ウェールズ・北アイルランド地方に適用]

(5)　マジストレート裁判所は、第六項に従うことを条件にして、略式裁判権裁判所と読むものとする。

(6)　当該被告人が居住する地域のマジストレート裁判所は、当該被告人が居住する地域を含む治安判事小法廷地区の略式裁判権裁判所と読むものとする。

(7)　当該被告人が居住する地域の少年裁判所は、当該被告人が居住する地域を含む治安判事小法廷地区の少年裁判所と読むものとする。

(7A)　治安判事は、素人マジストレートと読むものとする。[イングランド・ウェールズ・北アイルランド地方に適用]

(8)　第一〇一条、第一一〇条第一項・第二項・第三項b号・第四項・第五項、第一一九条及び第一二七条中の刑事法院は、県裁判所と読むものとする。

(9)　一九八一年マジストレート裁判所（北アイルランド）命令（法律的文書第一六七五号）[S.I.1981/1675（N.I.26）]　第一四三条に基づく上訴（他の事件における上訴）により、第八九条第一項に基づいて行った県裁判所の指示は、

（略式裁判権裁判所が申立てを再審理する旨を指示する指示を除いて）第九〇条の適用上、県裁判所ではなく、上訴が提起された裁判所が行ったものとみなすものとする。

(10)　一九八一年マジストレート裁判所（北アイルランド）命令（法律的文書第一六七五号）[S.I.1981/1675 (N.I.26)] 第一四三条に基づく上訴により行った県裁判所の命令は、（略式裁判権裁判所が申立てを再審理する旨を指示する指示を除いて）第一〇八条の適用上、県裁判所の命令ではなく、上訴が提起された裁判所の命令であったものとみなすものとする。

(11)　主務大臣は、第九四条及び第九五条における場合を除き、北アイルランド地方の司法省と読むものとする。

（二〇〇九年警備及び犯罪法（法律第二六号）[c.26] 附則二第一条により、「第二章A　閉鎖命令」を加える）[イングランド・ウェールズ・北アイルランド地方に適用]

【第二章Aを加える】[イングランド・ウェールズ・北アイルランド地方に適用]

第二章A　閉鎖命令

基本的定義

第一三六条A　所定の売春の罪等の意味

(1)　本条の規定は、本章の目的のために適用する。

(2)　所定の売春の罪は、次の各号に定める罪とする。

(a)　本法第四七条又は二〇〇八年性犯罪（北アイルランド）命令（法律的文書第一七六九号）[S.I.2008/1769 (N.I.2)]（「北アイルランド命令」(the Northern Ireland Order)）第三七条に基づく罪

(b)　児童を売春者となるように強制又は勧誘することによって犯す、本法第四八条又は北アイルランド命令第三八条に基づく罪

(c)　児童の売春に関係する児童の行為を管理することによって犯す、本法第四九条又は北アイルランド命令第三九条に基づく罪

(d)　児童の売春を準備又は促進することによって犯す、本法第五〇条又は北アイルランド命令第四〇条に基づく罪

(e)　本法第五二条又は北アイルランド命令第六二条に基づく罪

(f)　本法第五三条又は北アイルランド命令第六三条に基づく罪

(3)　所定のポルノグラフィーの罪は、次の各号に定める罪とする。

(a)　児童をポルノグラフィーにかかわるように強制又は勧誘することによって犯す、本法第四八条又は北アイルランド命令第三八条に基づく罪

(b)　児童のポルノグラフィーへのかかわりに関係する児童の行為を管理することによって犯す、本法第四九条又は北アイルランド命令第三九条に基づく罪

(c)　児童のポルノグラフィーへのかかわりを準備又は促進することによって犯す、本法第五〇条又は北アイルランド命令第四〇条に基づく罪

(4)　敷地は、次の各号の両者の時点に、所定の売春の罪に関係する行為のために使用されるものとする。

(a)　本法第四七条又は北アイルランド

命令第三七条に基づく罪の事案において、本法第四七条第一項a号中に定める性的サービス、又は北アイルランド命令第三七条第一項a号中に定める性的サービスが、当該敷地上で提供される時点

(b) その他の所定の売春の罪の事案において、当該罪を犯す者が、売春者として、性的サービスを当該敷地上で提供している時点

(5) 敷地は、所定のポルノグラフィーの罪を犯す者が、男女の児童自身を対象とする品位を欠く画像の記録を可能にする何らかの行為を当該敷地上で行っている時点に、当該罪に関係する行為のために使用されるものとする。

(6) 本法に基づく罪の中には、次の各号に定める罪が含まれる。

(a) 一九五五年陸軍法（法律第一八号）[3&4 Eliz.2 c.18] 第七〇条、一九五五年空軍法（法律第一九号）[3&4 Eliz.2 c.19] 第七〇条又は一九五七年海軍規律法（法律第五三号）[c.53] 第四二条に基づく罪で、（当該法律の意味の枠内における）対応する通常の罪が、これらの罪に該当するもの

(b) 二〇〇六年軍事法（法律第五二号）[c.52] 第四二条に基づく罪で、当該罪に関して、（同条によって付与された意味の枠内における）イングランド及びウェールズ地方の法律に基づく対応する罪が、これらの罪に該当するもの

閉鎖通知

第一三六条Ｂ　閉鎖通知の発付を許可する権限

(1) 次に定める三条件を具備しているときは、警察の構成員で、警視以上の階級にある者（「権限を有する担当官」(the authorizing officer)）は、すべての敷地について、閉鎖通知の発付を許可する権限を有する。

(2) 第一の条件は、当該担当官が、第三項又は第四項の規定のいずれか（又は両者）が適用されると確信するための合理的な理由を有することとする。

(3) 関係期間中に、当該敷地が一以上の所定の売春の罪に関係する行為のために使用されたときは、第三項の規定が適用されることとする。ただし、（一回か否かを問わず）一人のみが当該性的サービスのすべてを得たときは、第三項の規定は適用されない。

(4) 関係期間中に、当該敷地が一以上の所定のポルノグラフィーの罪に関係する行為のために使用されたときは、第四項の規定が適用されることとする。

(5) 第三項と前項中の「関係期間」(the relevant period) とは、当該担当官が当該通知の発付を許可する権限を有するか否かを考慮している日を末日とする三か月の期間をいう。

(6) 第二の条件は、第一三六条Ｄに基づく閉鎖命令の発令が、一以上の所定の売春又はポルノグラフィーの罪に関係する行為のために当該敷地が使用されるのを防止するために必要である、と確信するための合理的な理由を当該担当官が有することとする。

(7) 第三の条件は、次の各号の両者とする。

(a) 当該敷地が置かれている地域の地方自治体が相談を受けた、と当該担当官が確信したこと

(b) 当該敷地上に居住する者又は当該敷地を管理し、当該敷地ために責任

を有し、若しくは当該敷地に利害関係を有する者の身分を確認するために、合理的な措置を講じた、と当該担当官が確信したこと

(8)　第二の条件の適用上、当該罪が行われた、又は当該罪が行われるであろう(又は閉鎖命令が下されなければ、当該罪が行われるであろう)、と当該担当官が確信したか否かは、重要ではない。

(9)　第一項に基づく許可は、口頭又は文書で付与することができる。ただし、許可権限が口頭で付与されたときは、権限を有する担当官は、実施可能な限り速やかに、文書でそれを確認しなければならない。

(10)　閉鎖通知の発付は、権限を有する担当官が行われたものと確信した所定の売春又はポルノグラフィーの罪により、ある者が有罪宣告を受けたか否かを問わず、許可することができる。

(11)　主務大臣は、規則をもって、本条の規定が適用されない敷地又はその範囲を定めることができる。

第一三六条C　閉鎖通知の内容及び送達

(1)　閉鎖通知には、次の各号に定める事項のすべてが記載されなければならない。

(a)　当該敷地上に定期的に居住している者、又は当該敷地を所有している者以外の者が、当該敷地上に立ち入り、又は滞在することができないこと

(b)　当該通知の不遵守が、罪となること

(c)　ある罪について、第一三六条D中の第一と第二の条件が具備されている、と権限を有する担当官が思料する場合における、当該罪

(d)　第一三六条Dに基づいて、当該敷地の閉鎖を求める申立てが行われること

(e)　当該申立てが審理される日時及び場所

(f)　第一三六条Dに基づく命令の効果の説明

(2)　閉鎖通知は、警察官が送達しなければならない。

(3)　送達は、次の各号のすべてを行うことをもって、有効とする。

(a)　当該敷地上の少なくとも一か所の主要な場所に当該通知の写しを固定すること

(b)　当該敷地への各通常の出入り手段に当該通知の写しを固定すること

(c)　当該警察官が当該敷地とともに使用するか、又は当該敷地の一部として使用する、と思料する附属建築物に、当該通知の写しを固定すること

(d)　第一三六条B第七項b号に従って身分が確認される者、及び当該警察官が当該規定中に定める範囲の者と認めるその他の者に、当該通知の写しを提示すること

(4)　閉鎖命令が下される場合において、前項に基づいて行為を行う時点に、当該敷地が置かれている建物又はその他の構造物の他の部分への人の出入りが妨げられる、と警察官が合理的に確信したときは、当該警察官は、当該建物又はその他の構造物を占有する者へも、当該通知の写しを送達しなければならない。

(5)　警察官に対し人に当該通知の写しを送達するように要求することが合理的に実施不可能であるときは、第三項d号又は前項の規定は、警察官に対しこれを送達するように要求しない。

(6)　第三項に基づいて行為を行う警察官は、同項ａ号からｃ号までの規定を遵守するために、必要に応じて、合理的な強制力を行使して、敷地に立ち入ることができる。

(7)　閉鎖通知は、第一三六条Ｄに基づいて閉鎖命令を求める申立てが決定されるまで、効力を有する。

(8)　ただし、閉鎖命令を求める申立ての審理が延期された場合において、マジストレート裁判所が第一三六条Ｅ第二項に基づく命令を下さなかったときは、閉鎖通知は、失効する。

閉鎖命令

第一三六条Ｄ　閉鎖命令を下す権限

(1)　閉鎖通知が発付されたときは、警察官は、マジストレート裁判所に対し、本条に基づいて、閉鎖命令を求める申立てを行わなければならない。

(2)　閉鎖命令は、当該命令が下された敷地が、当該命令中に定める三か月を超えない期間中、すべての者に対し閉鎖される命令をいう。

(3)　マジストレート裁判所は、当該通知が第一三六条Ｃ第三項ａ号に従って送達された後、四八時間を超えないで、当該申立てを審理しなければならない。

(4)　三つの条件が具備されたときは、マジストレート裁判所は、閉鎖命令を下すことができる。

(5)　第一の条件は、第六項又は第七項の規定のいずれか（又は両者）が適用される、と当該裁判所が確信したこととする。

(6)　関係期間中に、当該敷地が一以上の所定の売春の罪に関係する行為のために使用されたときは、第六項の規定が適用されることとする。ただし、（一回か否かを問わず）一人のみが当該性的サービスのすべてを得たときは、第六項の規定は適用されない。

(7)　関係期間中に、当該敷地が一以上の所定のポルノグラフィーの罪に関係する行為のために使用されたときは、第四項の規定が適用されることとする。

(8)　第六項と前項中の「関係期間」（the relevant period）とは、当該閉鎖通知の発付が許可された日を末日とする三か月の期間をいう。

(9)　第二の条件は、閉鎖命令の発令が、当該命令中に定められるべき期間中に、一以上の所定の売春又はポルノグラフィーの罪に関係する行為のために当該敷地が使用されるのを防止するために必要である、と当該裁判所が確信したこととする。

(10)　第三の条件は、次の各号の両者とする。

(a)　当該閉鎖通知の発付が許可されるに先立って、第一三六条Ｂ第七項ｂ号中に定める範囲の者の身分を確認するために、合理的な措置を講じた、と当該裁判所が確信したこと

(b)　警察官が、身分が確認された者に関して、前条第三項ｄ号を遵守した、と当該裁判所が確信したこと

(11)　第二の条件の適用上、当該罪が行われた、又は当該罪が行われるであろう（又は閉鎖命令が下されなければ、当該罪が行われるであろう）、と当該裁判所が確信したか否かは、重要ではない。

(12)　閉鎖命令の発令は、当該裁判所が行われたものと確信した所定の売春又はポルノグラフィーの罪により、ある者が有罪宣告を受けたか否かを問わず、行うことができる。

第一三六条E　閉鎖命令の発令：補則

(1) マジストレート裁判所は、次の各号に定める者に対し、閉鎖命令を下すべきでない理由を提示することができる一四日を超えない期間中に、閉鎖命令を求める申立ての審理を延期することができる。

(a) 当該敷地の占有者

(b) 当該敷地を管理し、又は当該敷地のために責任を有する者

(c) 当該敷地に利害関係を有するその他の者

(2) 当該裁判所が当該審理を延期したときは、当該裁判所は、当該閉鎖通知が延期の期間の終了まで引き続き効力を有する旨を命ずることができる。

(3) 閉鎖命令の中に、当該敷地が置かれている建物又はその他の構造物の他の部分への出入りに関係する、当該裁判所が適切と思料する規定を含めることができる。

(4) 閉鎖命令は、当該閉鎖通知が発付された敷地の全部又は一部について下すことができる。

執行

第一三六条F　閉鎖命令：執行

(1) 閉鎖命令が下されたときは、本条の規定を適用する。

(2) 警察官又は権限が付与された者は、次の各号に定める事項を行うことができる。

(a) 当該命令が下された敷地へ立ち入ること

(b) 人による敷地への立入りに対して当該敷地を確保するために、合理的に必要な何らかの行為を行うこと

(3) 前項の目的のために敷地へ立ち入ろうとする警察官又は権限が付与された者が、当該敷地を管理する所有者、占有者又はその他の者により、又はこれらの者に代わる者により要求を受けたときは、警察官又は権限が付与された者は、当該敷地へ立ち入るに先立って、当該警察官又は（場合により）権限が付与された者の身分及び権限の証拠を提示しなければならない。

(4) 警察官又は権限が付与された者は、当該敷地の本質的な維持又は当該敷地の修復を行うために、当該命令が効力を有している期間中のいつでも、当該敷地へ立ち入ることができる。

(5) 第二項から前項までの規定に基づいて行為を行う警察官又は権限が付与された者は、合理的な強制力を行使することができる。

(6) 本条中の「権限が付与された者」(authorised person) とは

(a) 本条の規定をイングランド及びウェールズ地方に適用するに当たっては、当該敷地が置かれている地域の警察局長によって権限が付与された者をいう。

(b) 本条の規定を北アイルランド地方に適用するに当たっては、北アイルランド地方の「県警察長」(the Chief Constable of the Police Service) によって権限が付与された者をいう。

第一三六条G　敷地の閉鎖：罪

(1) 閉鎖通知に違反して敷地上に滞在し、又は敷地へ立ち入った者は、罪を犯したものとする。

(2) 閉鎖命令に違反して敷地上に滞在し、又は敷地へ立ち入った者は、罪を犯したものとする。

(3) ある者が敷地上への滞在又は敷地への立入りのための合理的な免責事由を

有していたときは、この者は、第一項又は前項に基づく罪を犯していないものとする。

(4)　第一三六条C第三項若しくは第四項又は第一三六条F第二項若しくは第四項に基づいて行為を行う警察官又は権限が付与された者を妨害した者は、罪を犯したものとする。

(5)　本条に基づく罪により有罪となった者は、略式起訴に基づく有罪宣告により、次の各号のいずれかに処し、又は両者を併科する。

(a)　五一週以下の期間の拘禁

(b)　基準等級表のレベル五以下の罰金

(6)　二〇〇三年刑事司法法（法律第四四号）[c.44]　第二八一条第五項の施行前に犯した罪に関しては、項参照

訳者注

二〇〇三年刑事司法法第二八一条第五項は、ある者が同項の規定を適用する罪による有罪宣告によって処罰される拘禁刑の上限を五一週とし、同条第五項は、同第四項により、(a)関係制定法に基づく罪で、かつ(b)上限六か月の拘禁をもって処罰することができる略式の罪に適用されるとしている。そして、同第六項において、第五項は、同項の施行前に犯した罪に対する刑に影響を及ぼさないとしている。同第七項は、「関係制定法」を定義して、(a)この法律と同一の会期前もしくは同一の会期中に成立した法律中、または(b)この法律の成立前に制定された従位的立法中に含まれる制定法をいうとしている。

(7)　本条の規定を北アイルランド地方に適用するに当たっては

(a)　第五項a号中の五一週は、六か月と読むものとする。

(b)　前項を削る。

(8)　本条中の「権限が付与された者」(authorised person) は、第一三六条Fにおけると同一の意味を有する。

閉鎖命令の延長及び猶予

第一三六条H　閉鎖命令の延長を求める申立て

(1)　閉鎖命令が下されているか、又は延長されている期間の終了前のいつでも、警察官は、閉鎖命令が効力を有する期間の延長又はその後の延長を求めて、権限を有する司法担当官に対し、不服申立てを行うことができる。

(2)　警察の構成員で、警視の階級以上の者が不服申立てを許可しなかったときは、前項に基づく不服申立てを行うことができない。

(3)　二つの条件が具備されているときは、前項に基づく許可を付与することができる。

(4)　第一の条件は、第一三六条D第九項の規定が適用される所定の売春又はポルノグラフィーの罪に関係する行為のために当該敷地が使用されるのを防止するために、当該命令が効力を有する期間を延長することが必要である、と確信するための合理的な理由を当該担当官が有することとする。

(5)　第二の条件は、地方自治体が不服申立てを行う目的について相談を受けた、と当該担当官が確信したこととする。

(6)　第一項に基づいて不服申立てが行われたときは、権限を有する司法担当官は、次の各号のいずれかに掲げた者に宛てた、これらの者に対し不服申立てに回答するためにマジストレート裁判

所の許に出頭するように要求する召喚状を発付することができる。

(a) 第一三六条C第三項d号又は第四項に基づいて、閉鎖される敷地に関係する閉鎖通知が送達された者

(b) 閉鎖される敷地に利害関係を有する、と当該司法担当官が認めたが、閉鎖通知が送達されなかったその他の者

(7) 前項に従って召喚状が発付されたときは、次の各号に掲げる者のすべてに、当該不服申立てについて審理される日時及び場所を記載した通知が送達されなければならない。

(a) 当該召喚状が宛てられる対象者

(b) (不服申立て人が警察官でない場合において) 当該司法担当官が適切と思料する警察官

(c) 地方自治体

(8) 本条中の「権限を有する司法担当官」(the appropriate judicial officer) とは、次の各号に掲げる者をいう。

(a) 本条の規定をイングランド及びウェールズ地方に適用するに当たっては、治安判事

(b) 本条の規定を北アイルランド地方に適用するに当たっては、素人マジストレート

第一三六条I　閉鎖命令を延長する命令

(1) 第一三六条Hに基づいて不服申立てが行われたときは、本条の規定を適用する。

(2) 第一三六条D第九項の規定が適用される所定の売春又はポルノグラフィーの罪に関係する行為のために当該敷地が使用されるのを防止するために、閉鎖命令が効力を有する期間を延長することが必要である、と裁判所が確信したときは、当該裁判所は、当該命令中に定める期間まで、閉鎖命令が効力を有する期間を延長する命令を下すことができる。

(3) 当該命令中に定める期間は、三か月を超えることができない。

(4) 閉鎖命令が効力を有する全期間は、六か月を超えることができない。

(5) 本条に基づく命令の中に、当該敷地が置かれている建物又はその他の構造物のその他の部分への出入りに関係する、当該裁判所が適切と思料する規定を含めることができる。

第一三六条J　閉鎖命令の猶予

(1) 次の各号に掲げる者は、閉鎖命令を猶予する命令を求めて、権限を有する司法担当官に対し、不服申立てを行うことができる。

(a) 警察官

(b) 地方自治体

(c) 第一三六条C第三項d号又は第四項に基づいて、閉鎖される敷地に関係する閉鎖通知が送達された者

(d) 閉鎖される敷地に利害関係を有するが、閉鎖通知が送達されなかったその他の者

(2) 警察官以外の者が前項に基づいて不服申立てを行ったときは、司法担当官は、当該担当官が適切と思料する警察官に宛てた、当該警察官に対し不服申立てに回答するためにマジストレート裁判所の許に出頭するように要求する召喚状を発付することができる。

(3) 第一三六条D第九項の規定が適用される所定の売春又はポルノグラフィーの罪に関係する行為のために当該敷地が使用されるのを防止するために閉鎖命令が必要でない、と裁判所が確信しなかったときは、当該裁判所は、閉鎖

命令を猶予する命令を下すことができない。

(4) 第一項に基づいて不服申立てが行われたときは、次の各号に掲げる者のすべてに、当該不服申立てについて審理される日時及び場所を記載した通知が送達されなければならない。

(a) （不服申立て人以外の）第一項c号及びd号に掲げた者

(b) （警察官が不服申立て人でない場合において）警察官

(c) （地方自治体が不服申立て人でない場合において）地方自治体

(5) 本条中の「権限を有する司法担当官」(appropriate judicial officer) は、第一三六条Hにおける同一の意味を有する。

閉鎖命令等に対する上訴

第一三六条K　上訴

(1) 第一三六条D又は第一三六条Iに基づく命令に対する上訴又は第一三六条Jに基づいて命令を下さない決定に対する上訴は、次の各号に掲げる者のいずれかが、権限を有する上訴裁判所へ行うことができる。

(a) 第一三六条C第三項d号に基づいて、閉鎖される敷地に関係する閉鎖通知が送達された者

(b) 閉鎖される敷地に利害関係を有するが、閉鎖通知が送達されなかったその他の者

(2) 第一三六条D又は第一三六条Iに基づく命令を下さない裁判所の決定に対する上訴又は第一三六条Jに基づく命令に対する上訴は、次の各号に掲げる者のいずれかが、権限を有する上訴裁判所へ行うことができる。

(a) 警察官

(b) 地方自治体

(3) 第一項又は前項に基づく上訴は、当該命令又は決定を下した日から起算して二一日の期間の終了前に行わなければならない。

(4) 本条に基づく上訴が行われたときは、当該裁判所は、自己が適切と思料する命令を下すことができる。

(5) 本条中の「権限を有する上訴裁判所」(the appropriate appeal court) とは、次の各号に掲げる裁判所をいう。

(a) 本条の規定をイングランド及びウェールズ地方に適用するに当たっては、刑事法院

(b) 本条の規定を北アイルランド地方に適用するに当たっては、県裁判所

他の敷地への出入り

第一三六条L　他の敷地への出入り

(1) 本条の規定は、次の各号の両者に該当する建物又はその他の構造物の一部を占有し、又はその一部に利害関係を有する者に適用する。

(a) 閉鎖される敷地が置かれている建物又はその他の構造物

(b) 閉鎖命令が効力を有しない建物又はその他の構造物

(2) 本条の規定が適用される者は、閉鎖命令が効力を有する期間中のいつでも、次の各号に掲げる裁判所のいずれかへ申立てを行うことができる。

(a) 第一三六条D又は第一三六条Iに基づいて下した命令について、マジストレート裁判所

(b) 第一三六条Kに基づいて権限を有する上訴裁判所が下した命令について、当該裁判所

(3) 本条に基づいて申立てが行われたときは、次の各号に掲げる者のすべてに、

当該申立てを考慮する審理が行われる日時及び場所の通知が提示されなければならない。

(a) 警察官

(b) 地方自治体

(c) 第一三六条D第三項d号又は第四項に基づいて、閉鎖される敷地に関係する閉鎖通知が送達された各人

(d) 閉鎖される敷地に利害関係を有する、と当該裁判所が認めたが、閉鎖通知が送達されなかったその他の者

(4) 本条に基づく申立てが行われたときは、当該裁判所は、閉鎖される敷地が置かれている建物又はその他の構造物の他の部分への出入りに関して、自己が適切と思料する命令を下すことができる。

(5) 第一三六条E第三項又は第一三六条I第五項中に定めるような規定を定めたか否かは、重要ではない。

(6) 本条中の「権限を有する上訴裁判所」(appropriate appeal court) は、第一三六条Kにおける同一の意味を有する。

費用の補填、補償等

第一三六条M　費用の補填

(1) 閉鎖される敷地を清掃し、保全し、修復し、又は維持する目的のために支出を負担した警察当局又は地方自治体は、当該閉鎖命令を下した裁判所へ本条に基づく命令を求める申立てを行うことができる。

(2) 本条に基づく申立てが行われたときは、当該裁判所は、当該敷地の所有者による、前項に定めた費用の(全部又は一部の) 補填のための状況上、自己が適切と思料する命令を下すことができる。

(3) 閉鎖命令が失効した日から起算して三か月の期間の終了前に、本条に基づく申立てが行われなかったときは、当該申立てを顧慮してはならない。

(4) 本条に基づく申立ては、次の各号に掲げる者のすべてに送達されなければならない。

(a) 地方自治体が当該申立てを行ったときは、当該敷地が置かれている地域の警察当局

(b) 警察当局が当該申立てを行ったときは、地方自治体

(c) 当該敷地の所有者

(5) 本条の規定を北アイルランド地方に適用するに当っては、警察当局は、「北アイルランド警備局」(the Northern Ireland Policing Board) と読むものとする。

第一三六条N　特定の損害に対する責任の免除

(1) 警察官は、本章に基づく当該警察官の職務の執行において、又は職務の執行であると表明して、当該警察官が行った何らかの作為又は不作為につき、関係する損害の責任を負わない。

(2) 警察官を指示又は管理する警察局長は、本章に基づく当該警察官の職務の執行において、又は職務の執行であると表明して、当該警察官が行った何らかの作為又は不作為につき、関係する損害の責任を負わない。

(3) 権限が付与された者は、本章に基づく当該の権限が付与された者の職務の執行において、又は職務の執行であると表明して、当該の権限が付与された者が行った何らかの作為又は不作為につき、関係する損害の責任を負わない。

(4) 何人も、前項に掲げた、権限が付与された者が行った何らかの作為又は不

作為につき、代位責任を負わない。

(5) 次の各号に定める場合には、第一項から前項までの規定を適用しない。

(a) 当該作為又は不作為が、不誠実であったと証明されたとき

(b) 一九九八年人権法（法律第四二号）[c.42] 第六条第一項により、作為又は不作為が違法であったことを理由にして、当該作為又は不作為について行った損害の認定を防止するために

(6) 本条の規定は、（コモン・ローであるとその他であるとを問わず）損害に対するその他の免責に影響を及ぼさない。

(7) 本条において

(a) 「権限が付与された者」（authorised person）は、第一三六条Fにおけると同一の意味を有する。

(b) 「関係する損害」（relevant damages）とは、司法審査のための手続又は過失による不法行為若しくは公務における失当行為のための手続における損害をいう。

(8) 本条の規定を北アイルランド地方に適用するに当たって、第二項中の警察局長は、北アイルランド地方の「県警察長」（the Chief Constable of the Police Service）と読むものとする。

第一三六条O　補償

(1) 閉鎖通知又は閉鎖命令の結果、金銭的損失を負担したと主張する者は、補償を求める申立てを行うことができる。

(2) 当該申立ては、次の各号に掲げる裁判所へ行わなければならない。

(a) 第一三六条Kに基づく上訴により、権限を有する上訴裁判所の命令によって、当該閉鎖命令が下されたか、又は延長されたときは、当該の権限を有する上訴裁判所

(b) その他の事案にあっては、閉鎖命令を求める申立てを考慮したマジストレート裁判所

(3) 閉鎖通知が発付されたが、閉鎖命令が下されなかった事案において、次の各号のいずれかの日から起算して三か月の期間の終了前に申立てが行われなかったときは、当該申立てを顧慮してはならない。

(a) マジストレート裁判所が閉鎖命令を下さないと決定した日

(b) 当該決定に対する上訴があったときは、権限を有する上訴裁判所が当該上訴を却下した日

(4) 閉鎖命令が下された事案において、当該閉鎖命令が失効した日から起算して三か月の期間の終了前に申立てが行われなかったときは、当該申立てを顧慮してはならない。

(5) 当該申立てを審理する裁判所が、次の各号に定める事項のすべてを確信したときは、当該裁判所は、中央基金からの補償の支払いを命ずることができる。

(a) この者が、行為に関して第一三六条B中の第一の条件を具備していた場合における、当該行為のための当該敷地の使用と結びついていなかったこと

(b) この者が当該敷地の所有者又は占有者であるときは、この者が当該敷地の使用を防止する合理的な措置を講じたこと

(c) この者が第一項中に定めた金銭的損失を負担したこと

(d) すべての状況を考慮して、当該損失について補償の支払いを命ずることが適切であること

(6) 本条において

(a) 「権限を有する上訴裁判所」

(appropriate appeal court) は、第一三六条Kにおける同一の意味を有する。

(b) 「中央基金」(central funds) は、費用の支払いを準備する制定法における同一の意味を有する。

(7) 本条の規定を北アイルランド地方に適用するに当たって

(a) 第五項中の「中央基金」(central funds) は、議会が準備した金銭と読むものとする。

(b) 前項b号を削除する。

通則

第一三六条P　指導

(1) 主務大臣は、警察官又は(第一三六条Fの意味の枠内における)権限が付与された者による、本章に基づく、又は本章の適用上、職務の遂行に関係する指導を発することができる。

(2) 本条に基づく指導が関係する職務を遂行する者は、当該職務を遂行するに当たって、当該指導を考慮しなければならない。

第一三六条Q　警察官以外の者による閉鎖通知の発付

(1) 主務大臣は、命令をもって、警察の構成員以外の者に閉鎖通知の発付を許可する権限を拡大するように、本章を改めることができる。

(2) 前項に基づく命令により、当該権限を警察の構成員以外の者へ拡大した結果、主務大臣が適切と思料するように本章をさらに改めることができる。

第一三六条R　解釈

(1) 本条の規定は、本章の目的のために適用する。

(2) 「閉鎖通知」(a closure notice) とは、第一三六条Bに基づいて発付する通知をいう。

(3) 「閉鎖命令」(a closure order) とは、次の各号に掲げる命令をいう。

(a) 第一三六条Dに基づいて下す命令

(b) 第一三六条Iに基づいて延長する命令

(c) 第一三六条D又は(場合により)第一三六条Iに基づいて下す命令又は延長する命令と同様の効果を有する、第一三六条Kに基づいて下す命令又は延長する命令

(4) 「閉鎖される敷地」(closcd premises) とは、閉鎖命令が効力を有する敷地をいう。

(5) 「地方自治体」(local authority) とは、イングランド地方に関して、次の各号に掲げる自治体をいう。

(a) 「ディストリクト・カウンシル」(district council)

(b) 「ロンドン・バラ・カウンシル」(London borough council)

(c) ディストリクト・カウンシルがない地域の「カウンティ・カウンシル」(county council)

(d) 地方自治体としての資格における「シティ・オブ・ロンドンのコモン・カウンシル」(Common Council of the City of London)

(e) 「シリー島のカウンシル」(Council of the Isles of Scilly)

(6) 「地方自治体」(local authority) とは、ウェールズ地方に関して、次の各号に掲げる自治体をいう。

(a) 「カウンティ・カウンシル」(county council)

(b) カウンティ・バラ・カウンシル (county borough council)

(7) 「地方自治体」(local authority) とは、北アイルランド地方に関して、

「ディストリクト・カウンシル」(district council) をいう。

(8) 本章の規定をイングランド及びウェールズ地方に適用するに当たって、地方自治体は、次の各号のいずれかに関して、当該敷地が置かれている地域の地方自治体とする。

(a) 敷地

(b) 敷地に関係する閉鎖通知

(c) 敷地に関係する閉鎖命令

（二〇〇九年警備及び犯罪法（法律第二六号）[c.26] 附則二第一条により、第八項Aを加える）

【第八項Aを加える】

(8A) 本章の規定を北アイルランド地方に適用するに当たっては、主務大臣は、北アイルランド司法省と読むものとする。

(9) 本章の規定を北アイルランド地方に適用するに当たっては、地方自治体は、次の各号のいずれかに関して、当該敷地が置かれているディストリクトのカウンシルとする。

(a) 敷地

(b) 敷地に関係する閉鎖通知

(c) 敷地に関係する閉鎖命令

(10) 本章の規定を北アイルランド地方に適用するに当たっては、第一三六条B第七項a号中の「地域」(area) は、「ディストリクト」(district)と読むものとする。

(11) 「所有者」(owner) とは、敷地に関して、次の各号に掲げる者をいう。

(a) 単独であると、他人と共同であるとを問わず、当分の間、現有であると、（現有でない譲渡抵当権者と異なる）財産復帰であるとを問わず、当該敷地において単純不動産権を処分する資格を有する者

(b) （承諾を得た場合において）三年以上の期間の不動産賃貸借に基づいて、当該敷地を保有し、又は当該敷地の地代及び収益を得る資格を有する者

(12) 「敷地」(premises) の中には、次の各号に掲げる事項が含まれる。

(a) 土地又はその他の場所（囲繞されていると否とを問わない）

(b) 当該敷地の一部に当たる、又は一部として使用される附属建築物

(13) 「所定の売春の罪」(specified prostitution offence) とは、第一三六条A第二項中に列挙する罪をいう。

(14) 「所定のポルノグラフィーの罪」(specified pornograhpy offence) とは、第一三六条A第三項中に列挙する罪をいう。

【第一三六条Rの新正文は次のとおり】

第一三六条R　解釈

(1) 本条の規定は、本章の目的のために適用する。

(2) 「閉鎖通知」(a closure notice) とは、第一三六条Bに基づいて発付する通知をいう。

(3) 「閉鎖命令」(a closure order) とは、次の各号に掲げる命令をいう。

(a) 第一三六条Dに基づいて下す命令

(b) 第一三六条Iに基づいて延長する命令

(c) 第一三六条D又は（場合により）第一三六条Iに基づいて下す命令又は延長する命令と同様の効果を有する、第一三六条Kに基づいて下す命令又は延長する命令

(4) 「閉鎖される敷地」(closed premises) とは、閉鎖命令が効力を有する敷地をいう。

(5)「地方自治体」(local authority) とは、イングランド地方に関して、次の各号に掲げる自治体をいう。

(a)「ディストリクト・カウンシル」(district council)

(b)「ロンドン・バラ・カウンシル」(London borough council)

(c) ディストリクト・カウンシルがない地域の「カウンティ・カウンシル」(county council)

(d) 地方自治体としての資格における「シティ・オブ・ロンドンのコモン・カウンシル」(Common Council of the City of London)

(e)「シリー島のカウンシル」(Council of the Isles of Scilly)

(6)「地方自治体」(local authority) とは、ウェールズ地方に関して、次の各号に掲げる自治体をいう。

(a)「カウンティ・カウンシル」(county clouncil)

(b) カウンティ・バラ・カウンシル (county borough council)

(7)「地方自治体」(local authority) とは、北アイルランド地方に関して、「ディストリクト・カウンシル」(district council) をいう。

(8) 本章の規定をイングランド及びウェールズ地方に適用するに当たって、地方自治体は、次の各号のいずれかに関して、当該敷地が置かれている地域の地方自治体とする。

(a) 敷地

(b) 敷地に関係する閉鎖通知

(c) 敷地に関係する閉鎖命令

(8A) 本章の規定を北アイルランド地方に適用するに当たっては、主務大臣は、北アイルランド司法省と読むものとする。

(9) 本章の規定を北アイルランド地方に適用するに当たっては、地方自治体は、次の各号のいずれかに関して、当該敷地が置かれているディストリクトのカウンシルとする。

(a) 敷地

(b) 敷地に関係する閉鎖通知

(c) 敷地に関係する閉鎖命令

(10) 本章の規定を北アイルランド地方に適用に当たっては、第一三六条B第七項a号中の「地域」(area) は、「ディストリクト」(district) と読むものとする。

(11)「所有者」(owner) とは、敷地に関して、次の各号に掲げる者をいう。

(a) 単独であると、他人と共同であるとを問わず、当分の間、現有であると、(現有でない譲渡抵当権者と異なる) 財産復帰であるとを問わず、当該敷地において単純不動産権を処分する資格を有する者

(b) (承諾を得た場合において) 三年以上の期間の不動産賃貸借に基づいて、当該敷地を保有し、又は当該敷地の地代及び収益を得る資格を有する者

(12)「敷地」(premises) の中には、次の各号に掲げる事項が含まれる。

(a) 土地又はその他の場所 (囲繞されていると否とを問わない)

(b) 当該敷地の一部に当たる、又は一部として使用される附属建築物

(13)「所定の売春の罪」(specified prostitution offence) とは、第一三六条A第二項中に列挙する罪をいう。

(14)「所定のポルノグラフィーの罪」(specified pornograhpy offence) とは、第一三六条A第三項中に列挙する罪をいう。

第三章　通　則

(1) **第一三七条　兵役裁判所**

本法において

(a) 裁判所命令、有罪宣告又は認定の中には、兵役裁判所による命令、有罪宣告又は認定が含まれる。

(b) 罪の中には、兵役裁判所が審理することができる罪が含まれる。

(c) 「手続」(proceedings) の中には、兵役裁判所の許で行う手続が含まれる。

(d) 本法に基づく罪に対する手続の中には、本法に基づく罪が、対応する通常の罪に当たる一九五五年陸軍法（法律第一八号）[3&4 Eliz.2 c.18] 若しくは一九五五年空軍法（法律第一九号）[3&4 Eliz.2 c.19] の第七〇条又は一九五七年海軍規律法（法律第五三号）[c.53] 第四二条に基づく罪［（二〇〇六年軍事法（法律第五二号）[c.52] 第四二条によって付与された意味の枠内における）イングランド及びウェールズ地方の法律に基づく対応する罪が、同条に基づく罪に当たる、当該罪」（二〇〇六年軍事法（法律第五二号）[c.52] 附則一六第二一一条第二項により、下線部を括弧内の文言に読み替える）に対する手続が含まれる。

【d項を改める】

(d) 本法に基づく罪に対する手続の中には、（二〇〇六年軍事法（法律第五二号）[c.52] 第四二条によって付与された意味の枠内における）イングランド及びウェールズ地方の法律に基づく対応する罪が、同条に基づく罪に当たる、当該罪に対する手続が含まれる。

(2) 第九二条及び第一〇四条第一項中の「裁判所」(court) の中には、兵役裁判所が含まれる。

(3) 性犯罪防止命令を下す裁判所が兵役裁判所であったときは、次の各号の定めるところによる。

(a) 第一〇四条第一項a号及び同第四項から第六項まで、一〇五条、第一〇九条、第一一一条並びに第一一二条の各規定は、適用されない。

(b) 第一〇八条中の「権限を有する裁判所」(the appropriate court) とは、イングランド及びウェールズ地方の刑事法院をいう。

(c) 第一一〇条第三項a号中の刑事法院及び控訴院は、イングランド及びウェールズ地方の刑事法院及び控訴院とする。

(4) 本条中の「兵役裁判所」(service court) とは、軍法会議及び常設通常裁判所［軍法会議又は兵役通常裁判所］（二〇〇六年軍事法（法律第五二号）[c.52] 附則一六第二一一条第三項により、下線部を括弧内の文言に読み替える）をいう。

【第四項を改める】

(4) 本条中の「兵役裁判所」(service court) とは、軍法会議又は兵役通常裁判所をいう。

（二〇〇六年軍事法（法律第五二号）[c.52] 附則一六第二一一条第四項により、第五項を加える）

【第五項を加える】

(5) 第一項a号中の兵役裁判所の中には、次の各号の裁判所が含まれる。

(a) 軍法会議上訴裁判所

(b) 軍法会議上訴裁判所から提起され

た上告による最高裁判所
（c）軍法会議
（d）常設通常裁判所

【第一三七条の新正文は次のとおり】

第一三七条　兵役裁判所

（1）本法において
（a）裁判所命令、有罪宣告又は認定の中には、兵役裁判所による命令、有罪宣告又は認定が含まれる。
（b）罪の中には、兵役裁判所が審理することができる罪が含まれる。
（c）「手続」（proceedings）の中には、兵役裁判所の許で行う手続が含まれる。
（d）本法に基づく罪に対する手続の中には、（二〇〇六年軍事法（法律第五二号）［c.52］第四二条によって付与された意味の枠内における）イングランド及びウェールズ地方の法律に基づく対応する罪が、同条に基づく罪に当たる、当該罪に対する手続が含まれる。

（2）第九二条及び第一〇四条第一項中の「裁判所」（court）の中には、兵役裁判所が含まれる。

（3）性犯罪防止命令を下す裁判所が兵役裁判所であったときは、次の各号の定めるところによる。
（a）第一〇四条第一項a号及び同第四項から第六項まで、一〇五条、第一〇九条、第一一一条並びに第一一二条の各規定は、適用されない。
（b）第一〇八条中の「権限を有する裁判所」（the appropriate court）とは、イングランド及びウェールズ地方の刑事法院をいう。
（c）第一一〇条第三項a号中の刑事法院及び控訴院は、イングランド及びウェールズ地方の刑事法院及び控訴院とする。

（4）本条中の「兵役裁判所」（service court）とは、軍法会議又は兵役通常裁判所をいう。

（5）第一項a号中の兵役裁判所の中には、次の各号の裁判所が含まれる。
（a）軍法会議上訴裁判所
（b）軍法会議上訴裁判所から提起された上告による最高裁判所
（c）軍法会議
（d）常設通常裁判所

第一三八条　命令及び規則［イングランド・ウェールズ・北アイルランド地方に適用］

（1）本法により主務大臣に付与された命令及び規則を定める権限は、法律的文書をもって執行することができる。

（2）第二一条、第八六条又は第一三〇条［第八三条から第八六条まで又は第一三〇条］（二〇〇八年刑事司法及び移民法（法律第四号）［c.4］第一四二条第一〇項により、下線部を括弧内の文言に読み替える）［イングランド・ウェールズ・北アイルランド地方に適用］の規定に基づく命令又は規則を含む法律的文書は、その草案が議会の各院で起草されず、かつ議会の各院の決議によって承認されなかったときは、定めることができない。

【第二項を改める】（その後再度改める：後述）

（2）第二一条、第八三条から第八六条まで又は第一三〇条［第一三〇条又は第一三六条Q第一項］（二〇〇九年警備及び犯罪法（法律第二六号）［c.26］附則二第二条により、下線部を括弧内の文言に読み替える）［イングランド・

ウェールズ・北アイルランド地方に適用」の規定に基づく命令又は規則を含む法律的文書は、その草案が議会の各院で起草されず、かつ議会の各院の決議によって承認されなかったときは、定めることができない。

【第二項を再度改める】

(2) 第二一条、第八三条から第八六条まで、第一三〇条又は第一三六条Q第一項の規定に基づく命令又は規則を含む法律的文書は、その草案が議会の各院で起草されず、かつ議会の各院の決議によって承認されなかったときは、定めることができない。

(3) その他の法律的文書は、第一四一条に基づく命令を含む法律的文書を除いて、議会の一院の決議に従って無効に服する。

（二〇〇八年刑事司法及び移民法（法律第四号）[c.4] 附則二六第五七条第一項により、第四項を加える）「イングランド・ウェールズ・北アイルランド地方に適用」

【第四項を加える】「イングランド・ウェールズ・北アイルランド地方に適用」

(4) 本法に基づいて主務大臣が定める命令又は規則は、次の各号の定めるところによる。

(a) 異なる目的のために、異なる規定を定めることができる。

(b) この中には、補充規定、付随規定、経過規定、一時規定又は留保規定が含まれる。

（二〇一〇年「一九九八年北アイルランド法」（警備及び司法職務の委譲）命令（法律的文書第九七六号）[S.I.2010/976] 附則一四第七七条第三項により、第五項から第九項までの規定を加える）

【第五項から第九項までの規定を加える】

(5) 本法に基づいて北アイルランド司法省が命令又は規則を定める権限は、一九七九年法律的準則（北アイルランド）命令（法律的文書第一五七三号）[S.I.1979/1573] の適用上、法律的準則をもって執行することができる。

(6) 第八三条から第八六条まで又は第一三〇条に基づく命令又は規則は、当該命令又は規則の草案が北アイルランド議会で起草されず、かつ北アイルランド議会の決議によって承認されなかったときは、司法省が定めることができない。

(7) 一九五四年解釈法（北アイルランド）（法律第三三号）[c.33] 第四一条第三項の規定は、制定法に基づく法律的文書の起草に関して適用すると同様に、草案の起草に関して、前項の目的のために適用する。

(8) 司法省が定めたその他の命令又は規則は、（一九五四年解釈法（北アイルランド）（法律第三三号）[c.33] 第四一条第六項の意味の枠内における）反対決議に服する。

(9) 司法省が定めた命令又は規則は、次の各号の定めるところによる。

(a) 異なる目的のために、異なる規定を定めることができる。

(b) この中には、補充規定、付随規定、経過規定、一時規定又は留保規定が含まれる。

【第一三八条「イングランド・ウェールズ・北アイルランド地方に適用」の新正

文は次のとおり】

第一三八条　命令及び規則［イングランド・ウェールズ・北アイルランド地方に適用］

(1) 本法により主務大臣に付与された命令及び規則を定める権限は、法律的文書をもって執行することができる。

(2) 第二一条、第八三条から第八六条まで、第一三〇条又は第一三六条Q第一項の規定に基づく命令又は規則を含む法律的文書は、その草案が議会の各院で起草されず、かつ議会の各院の決議によって承認されなかったときは、定めることができない。

(3) その他の法律的文書は、第一四一条に基づく命令を含む法律的文書を除いて、議会の一院の決議に従って無効に服する。

(4) 本法に基づいて主務大臣が定める命令又は規則は、次の各号の定めるところによる。

(a) 異なる目的のために、異なる規定を定めることができる。

(b) この中には、補充規定、付随規定、派生規定、経過規定、一時規定又は留保規定が含まれる。

(5) 本法に基づいて北アイルランド司法省が命令又は規則を定める権限は、一九七九年法律的準則（北アイルランド）命令（法律的文書第一五七三号）［S.I.1979/1573］の適用上、法律的準則をもって執行することができる。

(6) 第八三条から第八六条まで又は第一三〇条に基づく命令又は規則は、当該命令又は規則の草案が北アイルランド議会で起草されず、かつ北アイルランド議会の決議によって承認されなかったときは、司法省が定めることができない。

(7) 一九五四年解釈法（北アイルランド）（法律第三三号）［c.33］第四一条第三項の規定は、制定法に基づく法律的文書の起草に関して適用すると同様に、草案の起草に関して、前項の目的のために適用する。

(8) 司法省が定めたその他の命令又は規則は、（一九五四年解釈法（北アイルランド）（法律第三三号）［c.33］第四一条第六項の意味の枠内における）反対決議に服する。

(9) 司法省が定めた命令又は規則は、次の各号の定めるところによる。

(a) 異なる目的のために、異なる規定を定めることができる。

(b) この中には、補充規定、付随規定、派生規定、経過規定、一時規定又は留保規定が含まれる。

第一三八条　命令及び規則［スコットランド地方に適用］

(1) 本法により主務大臣に付与された命令及び規則を定める権限は、法律的文書をもって執行することができる。

(2) 第二一条、［第八三条、第八四条、］（二〇〇六年警察、公共の秩序及び刑事司法（スコットランド）法（法律第一〇号）［asp 10］第七八条第九号により、括弧内の文言を加える）［スコットランド地方に適用］［第八五条、］（二〇一〇年刑事司法及び許可（スコットランド）法（法律第一三号）［asp 13］第一〇二条第六項により、括弧内の文言を加える）［スコットランド地方に適用］第八六条［、第八八条H］（二〇一〇年「二〇〇三年性犯罪法」（救済）（スコットランド）命令（スコットランド法律的文書三七〇号）［S.S.I.2010/370］第四条第二項により、および（二〇一一年「二〇〇三年性犯罪法」（救済）（スコットランド）命令（スコットランド法律的文書第四五号）［S.S.I.2011/45］第四条第三項により、括弧内の文言を加える）［スコットランド地方に適用］又は第一三〇条の規定に基づく命令又は規則を含む法律的文書は、その草案が議会の各院で起草されず、かつ議会の各院の決議によって承認されなかったときは、定めることができない。

【第二項を改める】

(2)　第二一条、［第八三条、第八四条、第八五条、］［スコットランド地方に適用］第八六条［、第八八条H］［スコットランド地方に適用］又は第一三〇条の規定に基づく命令又は規則を含む法律的文書は、その草案が議会の各院で起草されず、かつ議会の各院の決議によって承認されなかったときは、定めることができない。

(3)　その他の法律的文書は、第一四一条に基づく命令を含む法律的文書を除いて、議会の一院の決議に従って無効に服する。（二〇一〇年刑事司法及び許可（スコットランド）法（法律第一三号）［asp 13］第一〇二条第六項により、第四項を加える）［スコットランド地方に適用］

【第四項を加える】［スコットランド地方に適用］

(4)　本法に基づいてスコットランドの大臣が定める命令又は規則は、次の各号の定めるところによる。

(a)　異なる目的のために、異なる規定を定めることができる。

(b)　この中には、補充規定、付随規定、派生規定、経過規定、一時規定又は留保規定が含まれる。

【第一三八条［スコットランド地方に適用］の新正文は次のとおり】

第一三八条　命令及び規則［スコットランド地方に適用］

(1)　本法により主務大臣に付与された命令及び規則を定める権限は、法律的文書をもって執行することができる。

(2)　第二一条、第八三条、第八四条、第八五条、第八六条、第八八条H又は第一三〇条の規定に基づく命令又は規則を含む法律的文書は、その草案が議会の各院で起草されず、かつ議会の各院の決議によって承認されなかったときは、定めることができない。

(3)　その他の法律的文書は、第一四一条に基づく命令を含む法律的文書を除いて、議会の一院の決議に従って無効に服する。

(4)　本法に基づいてスコットランドの大臣が定める命令又は規則は、次の各号の定めるところによる。

(a)　異なる目的のために、異なる規定を定めることができる。

(b)　この中には、補充規定、付随規定、派生規定、経過規定、一時規定又は留保規定が含まれる。

第一三九条　小改正及び派生的改正

附則六の規定により、小改正及び派生的改正を定める。

第一四〇条　廃止及び削除

附則七中に列挙した規定は、所定の範囲まで廃止又は削除する。

第一四一条　施行

(1)　本法は、本条、第一三八条、第一四二条及び第一四三条を除いて、主務大臣が命令で定めた規定に従って施行される。

(2)　前項に基づく命令は、次の各号の定めるところによる。

(a)　異なる目的のために、異なる規定を定めることができる。

(b)　この中には、補充規定、付随規定、留保規定又は経過規定が含まれる。

第一四二条　適用範囲、留保等

(1)　本法は、第一三七条及び第二項から第四項までの規定に従うことを条件にして、イングランド及びウェールズ地方のみに効力が及ぶ。

(2)　次の各号に定める規定は、北アイルランド地方にも効力が及ぶ。

(a)　第一五条から第二四条まで、第四六条から第五四条まで、第五七条から第六〇条［第六〇条C］（二〇〇六年暴力犯罪削減法（法律第三八号）［c.38］附則四第三条により、下線部を括弧内の文言に読み替える）まで、第六六条から第七二条まで、第七八条及び第七九条の規定

【a号を改める】（その後再度改める：後述）

(a)　第一五条から第二四条まで、第四六条から第五四条まで、第五七条から第六〇条Cまで、第六六条から第七二条まで、第七八条及び第七九条の規定［第四六条及び第五七条から第六〇条Cまでの規定］（二〇〇八年性犯罪（北アイルランド派生的改正）命令（法律的文書第一七七九号）［S.I.2008/1779］第一一条a項により、下線部を括弧内の文言に読み替える）［イングランド・ウェールズ・北アイルランド地方に適用］

【a号を再度改める】［イングランド・ウェールズ・北アイルランド地方に適用］

(a)　第四六条及び第五七条から第六〇条Cまでの規定

(b)　附則二（二〇〇八年性犯罪（北アイルランド派生的改正）命令（法律的文書第一七七九号）［S.I.2008/1779］第一一条b項により、下線部を削る）［イングランド・ウェールズ・北アイルランド地方に適用］

【b号の文言を削る】［イングランド・ウェールズ・北アイルランド地方に適用］

(b)　附則二

(c)　第二章［第二章及び第二章A］（二〇〇九年警備及び犯罪法（法律第二六号）［c.26］附則二第三条により、下線部を括弧内の文言に読み替える）［イングランド・ウェールズ・北アイルランド地方に適用］

【c号の文言を改める】［イングランド・ウェールズ・北アイルランド地方に適用］

(c)　第二章及び第二章A

(d)　第一三八条、第一四一条、第一四三条及び本条

(3)　次の各号に定める規定は、スコットランド地方にも効力が及ぶ。

(a)　第九三条、［第一一〇条］（二〇〇五年児童保護及び性犯罪防止（スコットランド）法（法律第九号）［asp 9］第一七条第六項により、括弧内の文言を加える）及び第一二三条から第一二九条までの規定を除く第二章並びに附則四

【a号を改める】

(a) 第九三条、第一一〇条及び第一二三条から第一二九条までの規定を除く第二章並びに附則四

(b) 第一三八条、第一四一条、第一四三条及び本条の規定

(4) 別段の定めのない限り、本法で定めた改正、廃止又は削除は、それらが関係する規定と同一の適用範囲を有する。

(5) 一九九五年刑事法律（統合）（スコットランド）法（法律第三九号）[c.39] 第一六条Bの規定は、本法で一九九七年性犯罪者法（法律第五一号）[c.51] 第八条を廃止しても、引き続き効力を有する。

（二〇〇九年性犯罪（スコットランド）法（法律第九号）[asp 9] 附則六により、第五項を廃止する）[スコットランド地方に適用]

【第五項を廃止する】[スコットランド地方に適用]

一九九五年刑事法律（統合）（スコットランド）法（法律第三九号）[c.39] 第一六条Bの規定は、本法で一九九七年性犯罪者法（法律第五一号）[c.51] 第八条を廃止しても、引き続き効力を有する。

(6) 一九九八年スコットランド法（法律第四六号）[c.46] の適用上、本法は、施行前の制定法とみなすものとする。

【第一四二条の新正文は次のとおり】

第一四二条　適用範囲、留保等

(1) 本法は、第一三七条及び第二項から第四項までの規定に従うことを条件にして、イングランド及びウェールズ地方のみに効力が及ぶ。

(2) 次の各号に定める規定は、北アイルランド地方にも効力が及ぶ。

(a) 第四六条及び第五七条から第六〇条Cまでの規定 [イングランド・ウェールズ・北アイルランド地方に適用]

(b) 附則二 [イングランド・ウェールズ・北アイルランド地方に適用]

(c) 第二章及び第二章A [イングランド・ウェールズ・北アイルランド地方に適用]

(d) 第一三八条、第一四一条、第一四三条及び本条

(3) 次の各号に定める規定は、スコットランド地方にも効力が及ぶ。

(a) 第九三条、第一一〇条及び第一二三条から第一二九条までの規定を除く第二章並びに附則四

(b) 第一三八条、第一四一条、第一四三条及び本条の規定

(4) 別段の定めのない限り、本法で定めた改正、廃止又は削除は、それらが関係する規定と同一の適用範囲を有する。

(5) 一九九五年刑事法律（統合）（スコットランド）法（法律第三九号）[c.39] 第一六条Bの規定は、本法で一九九七年性犯罪者法（法律第五一号）[c.51] 第八条を廃止しても、引き続き効力を有する。（第五項を廃止する）[スコットランド地方に適用]

(6) 一九九八年スコットランド法（法律第四六号）[c.46] の適用上、本法は、施行前の制定法とみなすものとする。

第一四三条　略称

本法は、二〇〇三年性犯罪法と引用することができる。

編訳者紹介

横山　潔（よこやま　きよし）

［略歴］

昭和15年　愛知県に生まれる
昭和40年　立教大学法学部卒業
昭和45年　中央大学大学院法学研究科博士課程刑事法専攻修業年限終了退学
同　　年　国立国会図書館入館（調査及び立法考査局に勤務）
平成12年　専門調査員（法令議会資料調査室主任）
平成13年　国立国会図書館退職
平成22年　瑞寶中綬章叙勲
平成29年　春の園遊会へのお招きにあずかる

財団法人矯正協会附属中央研究所客員研究員、八洲学園大学講師、桐蔭横浜大学法科大学院講師等を経て、犯罪と非行に関する全国協議会（JCCD）理事・副会長、鶴ヶ島市立図書館協議会委員、敬愛大学総合地域研究所特別研究員

日本刑法学会特別会員、日本被害者学会会員、世界被害者学会終身会員（Life Member）

［主要著作］

『西ドイツの刑事補償法』（調査資料76—1）（国立国会図書館、昭和51年）
『イタリア刑法典』（調査資料79—1）（国立国会図書館、昭和54年）
『イギリスの少年刑事司法』（成文堂、平成18年）
『イギリス性犯罪法論』（成文堂、平成29年）

イギリス二〇〇三年性犯罪法

2017年11月20日　初版第１刷発行

編訳者　横　山　　潔

発行者　阿　部　成　一

〒162-0041　東京都新宿区早稲田鶴巻町514番地

発行所　株式会社　成　文　堂

電話 03(3203)9201(代)　Fax 03(3203)9206

http://www.seibundoh.co.jp

製版・印刷　藤原印刷　　製本　弘伸製本

ISBN978-4-7923-5226-4 C3032

定価（本体5,000円＋税）